APROXIMÁNDOSE ACELERADAMENTE A LA TIERRA

¿ESTAMOS YA EN LOS ÚLTIMOS TIEMPOS?

TOMO I
¿Hacia dónde nos dirigimos?

Alejandro Orozco Rubio

CONTENIDO TOMO I

PRIMERA SECCIÓN

PREFACIO

PRÓLOGO

CAPÍTULO I. CAMBIO CLIMÁTICO:

¿QUÉ ESTÁ SUCEDIENDO EN EL MUNDO?

¿QUÉ DICE LA CIENCIA?

LAS SEÑALES: EFECTOS DEL CAMBIO CLIMÁTICO Y EL CALENTAMIENTO GLOBAL.

a) Aumento en el nivel del mar

b) Calentamiento e incendios forestales

c) Deforestación y extinción de especies

d) Contaminación del agua, el espacio y el suelo

e) Impacto ambiental de las criptomonedas

f) Sequías y hambruna

g) Desplazamiento humano por violencia y cambio climático

h) Efectos de las guerras en el medio ambiente

i) Enfermedades, epidemias y cambio climático

j) Terremotos y sismos

CAPÍTULO II. ¿QUÉ ESTÁ PASANDO CON EL SER HUMANO?

LAS TRAMPAS DEL PENSAMIENTO

LAS SEÑALES: AUMENTO DE LA MALDAD EN EL SER HUMANO.

a) Delincuencia organizada

b) Terrorismo

c) Guerras

DESCOMPOSICIÓN Y MUERTE SOCIAL, FAMILIAR E INDIVIDUAL

a) Exterminios masivos

b) Violación, mutilación y muerte de niñas y niños

c) Adoctrinamiento de niñas y niños

d) Diversidad sexual e identidad de género

e) Aborto

f) Suicidio y eutanasia

g) Trata de personas

h) Persecución por creencias religiosas

i) Otras ideologías religiosas

j) Otras formas de pensamiento

k) Transhumanismo, transgénero y transespecie

l) Crueldad con los animales

m) Pobreza

n) Racismo y discriminación

CAPÍTULO III. TIEMPOS DIFÍCILES: ¿QUÉ ESTÁN HACIENDO LOS GOBIERNOS POR EL MUNDO?

POSTURA DE LOS GOBIERNOS Y ORGANISMOS INTERNACIONALES RESPECTO AL CAMBIO CLIMÁTICO

a) Conferencia de las Naciones Unidas sobre el Cambio Climático COP26 realizada en Glasgow, Escocia, en noviembre de 2021

b) Sexto Informe sobre Cambio Climático de las Naciones Unidas (IPCC) en 2022. Avances del Grupo II Intergubernamental de Expertos sobre Cambio Climático.

c) El papel de los grupos ecologistas en el rescate del planeta

d) La indiferencia y el impacto en el ser humano

e) Las guerras

POSTURA DE LOS GOBIERNOS Y ORGANISMOS INTERNACIONALES FRENTE A LOS PROBLEMAS QUE AZOTAN A LA HUMANIDAD

a) Foro Económico Mundial: El Gran Reinicio (Davos 2022)

b) Cumbre del G-20 en 2022.

c) Cumbre de la Unión Europea y la Asociación de Naciones de Asia Sudoriental (ASEN)

CAPÍTULO IV. REINVENTANDO EL FUTURO O EL VACÍO DEL PROGRESO

EL AVANCE DEL PROGRESO TECNOLÓGICO Y LA DESHUMANIZACIÓN

a) La partícula de Dios.

b) Microchips en cabeza y mano.

c) Circuitos integrados: la lucha por su producción

d) El impacto del avance tecnológico y Big Tech

e) El metaverso y la inteligencia artificial

CAPÍTULO V. REPLANTEANDO EL CONTROL: EL NUEVO ORDEN MUNDIAL O EL PRINCIPIO DEL FIN

LO QUE DECIDIMOS CREER ¿NOS DA ESPERANZA?

a) El nuevo orden mundial: Principios y propósitos.

b) Alcances del nuevo orden mundial: ¿Globalismo o patriotismo?

Es una obra monumental. Más que un libro, este trabajo de investigación y reflexión que Alejandro Orozco nos comparte, me parece "una colección de libros". Algo así como obtener una biblioteca en un solo volumen. Alejandro no solo conoce a Dios; no solo conoce Su Palabra, él también conoce el mundo en el cual vivimos. Una virtud escasa en el liderazgo cristiano. Lo extraordinario de esta obra es que, a pesar de incursionar en muchos temas y compartirnos mucha información, está escrita de una forma comprensible a cualquier lector. Además de su erudición Alejandro nos indica el único camino sabio en un mundo lleno de incertidumbres, seguir a Jesús, imitar a Jesús. Voy a leer este libro otra vez. He decidido tenerlo en mi escritorio como libro de consulta y apoyo permanente Te lo recomiendo con todo mi corazón.
Alberto H. Mottesi.

Está obra de Alejandro Orozco , es única ya que analiza minuciosamente los hechos y acontecimientos mundiales y paralelamente el desarrollo de la Iglesia y el por qué no ha avanzado a un ritmo mayor , enfatiza el hecho de que estamos en los tiempos finales y cuál debe ser nuestra actitud al respecto, este libro nos reta desafía, y coincido plenamente que llegó el tiempo de dejar de lado nuestras diferencias y trabajar en unidad en la tarea de alcanzar al resto de la población mundial para hacerlos discípulos de Jesucristo, recomiendo leer este libro contiene información muy relevante que nos ayudará en esta tarea.
Dr. Pedro Hornung.

No debió haberme sorprendido que un hombre de la estatura de Alejandro Orozco nos ofrezca su "magnum opus" a esta altura de su vida: un legado digno de la rica experiencia que Dios le ha concedido. Este es un libro enciclopédico en alcance, pero al mismo tiempo, es de candente actualidad. Es, en mi opinión, un tomo que nos ayudará a evaluar juiciosa y sabiamente el posible destino al que apuntan los cambios radicales que se suceden, uno tras otro, a nuestro alrededor.

Lo que me tomó por sorpresa es la variedad de fuentes sobre las que basa su argumento sólido y sereno, sobre un tema tan tenue, complejo y delicado como la inminencia de los últimos tiempos. Él lo hace con erudición poco común pero además sin miedo, despreocupado de las opiniones divergentes sobre estos temas, por más que estas abunden.

Habiendo sido en su tiempo un destacado líder nacional en temas de ancianidad en el querido México, Orozco aquí aplica su propia sabiduría para sugerir a los más jóvenes algunas cosas

no tan obvias que todos debemos de tomar en cuenta, al meditar sobre la probable cercanía de ese "resplandor" esplendoroso que se aproxima.

José L. González.

Alejandro, nos presenta esta obra literaria que nos permite recrear y nos inspira a profundizar en nuestro diario vivir a lograr una plena comunión con Dios. Más que un libro, tienes en tus manos un instrumento útil que te desafiará a ser influyente a través de tus sólidas convicciones y exponer con libertad y firmeza tus principios y valores cristianos, en un mundo lleno de teorías y ausente de certezas. Recomiendo este libro para que cada lector, amplíe, documente su visión y pueda tomar acción constante enfrentando el mundo actual con su manera de vivir. Es un libro que no solo nos presenta la problemática, nos guía a cómo Dios tiene la respuesta, el camino y cómo ayudar a otros a conocerla, enfrentarla y encontrar la solución. Es muy importante que usted y yo podamos dedicar tiempo para ampliar nuestro panorama a través de tan enriquecedora lectura.
John Milton Rodríguez.

Alejandro Orozco tiene una trayectoria reconocida en México de ayudar a personas de diferentes trasfondos a desarrollar una relación personal con Dios. En estos tiempos tan caóticos en las naciones, Alex nos ofrece, desde su experiencia e investigación multidisciplinaria, una perspectiva que estoy seguro aportará a tu visión hacia el futuro.
Andrés Spyker.

Sin duda el título de esta obra, en sí mismo, es un elemento tan llamativo que nos atrae a su lectura:
"Aproximándose Aceleradamente a la Tierra"
"¿Estamos ya en los últimos tiempos?".

Felicito a su autor, Alejandro Orozco, por esta extraordinaria obra, que ofrece una exploración profunda y cautivadora de los desafíos y fenómenos que enfrentamos en nuestra era. Desde el cambio climático y los desastres naturales hasta la creciente deshumanización en la era tecnológica, este libro presenta una narrativa integral que combina ciencia, observaciones sociales y reflexiones espirituales.

A través de sus diez capítulos bien estructurados, el autor analiza meticulosamente temas de gran relevancia como el aumento en el nivel del mar, la deforestación, el impacto de las criptomonedas en el medio ambiente, la delincuencia organizada, y las ideologías emergentes que están moldeando nuestro futuro. Su enfoque no solo destaca los problemas, sino que también ofrece una visión crítica sobre las respuestas gubernamentales y de organismos internacionales ante estas crisis.

El libro también se adentra en el corazón de la condición humana, explorando las trampas del pensamiento y el aumento de la maldad, proporcionando una visión clara y alarmante de la descomposición social y moral. La segunda sección del libro, rica en análisis y reflexiones, nos lleva a un viaje de autoconocimiento y espiritualidad, donde se plantea el propósito de nuestra existencia y las señales que, según la palabra de Dios, indican el fin de los tiempos.

"Aproximándose Aceleradamente a la Tierra" no solo es un llamado a la acción y a la reflexión, sino también una guía para encontrar esperanza y propósito en tiempos difíciles. La habilidad de Alejandro Orozco para interconectar datos científicos, eventos contemporáneos y creencias espirituales lo convierte en una lectura esencial e imprescindible para cualquier persona interesada en comprender el estado actual del mundo y su posible futuro.

Recomiendo y animo a la lectura y estudio de este libro, ya que es una herramienta invaluable para pastores, educadores, líderes comunitarios, y todos aquellos que buscan una comprensión más profunda de los desafíos globales y las respuestas necesarias para enfrentarlos. Alejandro Orozco nos entrega una obra monumental, que es tanto un análisis riguroso como un faro de esperanza, iluminando el camino hacia un futuro más consciente y compasivo.
Marcos Zapata.
Presidente de la Alianza Evangélica Española.

Hace dos mil años el apóstol Pedro escribió "¿Dónde está la promesa de su advenimiento? Porque desde el día en que los padres durmieron, todas las cosas permanecen, así como desde el principio de la creación" (2Pedro. 2:3). Y la promesa de su venida sigue vigente. ¿por qué no ha venido?, Desde ese tiempo la gente decía que ya vendría, y ya pasaron dos mil años. Hoy día, los predicadores decimos otra vez que ya viene, pero ¿Cuál es el fundamento?, Sin lugar a duda, lo que Alejandro Orozco nos presenta en este libro, nos confirma que ahora si "esta mas cerca nuestra redención que cuando creímos", por todos los datos que nos da basados no en suposiciones sino en evidencias científicas y espirituales que confirman las señales que la Biblia menciona que veríamos antes de su venida. Como ovejas del Señor nos preguntamos ante tantas evidencias ¿Cómo me estoy preparando como esposa de Cristo para ese glorioso encuentro? Como líderes ¿Cómo estamos preparando a la novia de Cristo para el encuentro con su amado?, la respuesta la da Alex y dice: "Es simple… necesitamos más a Dios, necesitamos más de Dios". Recomiendo ampliamente este libro para sacudirnos y despertarnos ante el RESPLANDOR QUE SE APROXIMA ACELERADAMENTE A LA TIERRA.
Andrés Castelazo.

Jesús dijo en Mateo 24:12 y 13 "Habrá tanta maldad que el amor de muchos se enfriará, pero el que se mantenga firme hasta el fin será salvo." (NVI)

Sin duda alguna la pandemia del COVID-19 demostró lo frágil que somos como humanidad; el individualismo predomina en las sociedades y se sigue diciendo "¿Soy yo acaso guarda de mi hermano?" En este contexto, la obra de Alejandro Orozco se presenta como un llamado urgente a la reflexión sobre nuestra realidad actual.
Este libro no solo destaca las señales que debemos reconocer, sino que también ofrece una esperanza sólida basada en la Palabra de Dios.
Dr. Jorge H. López.
Pastor Fundador Fraternidad Cristiana de Guatemala.

Le damos gracias a Dios por esta obra literaria y teológica monumental, la cual estamos seguros será recibida por toda clase de público, pues contiene información enciclopédica, muy detallada y claramente escrita, que llena el vacío que se ha encontrado por mucho tiempo en otras obras literarias, que apenas abordan los temas descritos a lo largo de este libro.

El mundo actual se encuentra en una espiral precipitada de autodestrucción, una confusión total que proviene de la falta de información adecuada y verdadera acerca de las razones que han llevado a la humanidad a la orilla de un abismo.

No cabe duda que esta maravillosa obra, que proviene del conocimiento de un hombre como Alejandro Orozco, versado profundamente en estos temas, podrá orientar e informar a millones de personas que buscan una luz en la oscuridad que nos rodea, a la vez que dará una esperanza real en medio de un mundo en bancarrota.
Dr. Armando Alducín.

Detenernos para conocer las investigaciones que nos revelan el estado del mundo moderno, nos ayuda a tener una visión más clara de los tiempos que vivimos y nos impone la prioridad de predicar a Cristo más que nunca. Alejandro hace un acercamiento al tema desde una perspectiva bíblica, por eso, le recomiendo leer este libro con un corazón abierto y deseoso de responder al llamado urgente de parte de Dios.
Sixto Porras.

Desde que le conozco, he comprobado que Alex Orozco es un hombre dedicado, serio y profesional en todo lo que emprende. El nivel de meticulosidad que encuentro en este libro subraya estas maravillosas cualidades suyas.

Después de reflexionar en los resultados que arrojan esta exhaustiva investigación, me quedo con dos pensamientos claros: 1) Sobre todo no quitemos nuestros ojos de Jesús y 2) Nos necesitamos el uno al otro más ahora que nunca para cumplir la gran comisión que nos encargó nuestro Señor.

Cada día vemos una multitud de señales que indican que estamos en los últimos tiempos; permitamos que nos sirvan como motivadores para trabajar juntos proclamando el glorioso mensaje de Jesucristo con mayor entrega y dedicación. La eternidad está en la balanza para millones de personas. Seamos intencionales en unir esfuerzos para que todos lleguen al conocimiento del amor eterno de nuestro Dios, contenido en el glorioso Evangelio.

Mi profundo agradecimiento a Alex por tomarse el tiempo para realizar esta investigación que nos inspira a la unidad como Cristo creyentes y nos alienta a seguir siendo luz en un mundo que es cada vez más oscuro.
Marcos Witt.

A través de una investigación documental y recopilación magistral sobre el acontecer mundial, Alejandro Orozco hace la pregunta ¿Hacia dónde nos dirigimos?, planteando la importancia de encontrar el propósito de nuestra vida, buscar la unidad en el cuerpo de Cristo y ejercer el discipulado como Jesús lo hizo. Una lectura recomendada para este tiempo, en donde necesitamos ser desafiados a conocer la situación actual y en unidad abrazar el mandato que Jesús nos dejó desde que ascendió a los cielos. Debemos alzar nuestros ojos y ver que la cosecha ya está lista.
Dr. Cash Luna.

AGRADECIMIENTOS

La primera sección de esta investigación fue realizada por Blanca Y. Casas de la Torre, quien tiene una experiencia de más de 30 años en trabajos similares, y por la gran importancia del tema, además de su calidad profesional, puso el corazón por delante para realizar este trabajo. Gracias por tu gran esfuerzo.

La segunda sección, que desarrolla los temas espirituales, ha sido escrita por mí.

Agradezco profundamente a mi esposa. Rosi, me inspiras, me impulsas, me alientas. Brindo también las gracias a mis hijos, mis nueras y nietos; en verdad, estoy muy agradecido por su apoyo y respaldo, en especial, por su paciencia, pues he dedicado a diario muchas horas en este libro durante los casi 5 años que tardamos en lograr esta investigación documental.

Mantengo un profundo agradecimiento a todos los amigos que me han enseñado tanto durante los últimos 40 años, con su ejemplo, sus luchas, sus avances, quienes, a pesar de dificultades y circunstancias adversas, no han dejado de avanzar confiando en el que todo lo puede. En especial, por su participación en esta investigación, le doy gracias a Aarón Lara, Blanca Casas, Daniel Valencia, Edgar Pérez, Edgar Vargas, Juliana Loaiza, Pablo Orozco, Paty Anaya, Karen Delgado y, desde luego, de una manera contundente, a mis amigos eternos de cada una de las sedes de Casa Sobre la Roca. Gracias por todo, gracias por tanto, gracias por siempre.

PREFACIO PRIMERA SECCIÓN.

En este apartado llevamos a cabo una recopilación e investigación documental, con el mayor cuidado y la firme intención de conjuntar información, para poder crear conciencia, la cual pretende ser útil en llevarte a la decisión de planear qué hacer, qué cambiar y en qué creer en estos últimos tiempos.
El presente libro está dirigido a todas aquellas personas interesadas en tener más información sobre lo que está sucediendo en el mundo, con nuestro planeta, en nuestro entorno, con la sociedad y con los grupos poderosos que hoy definen el rumbo y destino de la humanidad.

Todo esto resulta importante para conocer las circunstancias que generan la destrucción y deterioro del planeta, el resquebrajamiento de la sociedad, de la familia y del propio ser humano.

Es fundamental poder tomar la decisión de intervenir y actuar ahora, cuando aún tenemos tiempo para hacerlo. Debemos actuar para conservar el planeta como el único lugar que tenemos para vivir, no solo algunos, sino todos los seres vivos con los que debemos estar en armonía, ya que el planeta no solo es nuestro, también es hogar de los demás, también le pertenece a toda la biodiversidad que existe y que el ser humano se ha empeñado en destruir; es momento de actuar para evitar el deterioro de valores y principios que están deshumanizando a la sociedad e incrementando la maldad en todo el mundo; actuemos para dejar no solo un mejor mundo a nuestros hijos, sino mejores seres humanos para el mundo.

La revisión y análisis de lo que sucede en los tiempos actuales nos conduce a preguntarnos:

¿Es verdad?
¿Nos afecta de alguna manera?
¿Estamos frente al fin de la humanidad?
¿Se acerca el final de los tiempos?
¿Podríamos estar viendo el inicio del tiempo antes del fin?
¿Esas declaraciones qué tienen que ver conmigo?
¿Son sólo para los que lo creen?

Y, posteriormente, podemos considerar lo que hemos hecho y lo que podemos hacer, planteándonos las siguientes preguntas:

¿Somos parte?

¿Algo debemos hacer?
¿Algo que mejorar?
¿Algo que cambiar?
¿Qué sigue?
¿Cómo lo hago?

¡La cantidad ilimitada y el libre y fácil acceso a la información se ha convertido hoy, contradictoriamente, en la nueva ignorancia!

La mayoría de las personas no saben qué es lo que está pasando en el mundo, y lo más grave es que no saben que no saben.

PRÓLOGO

A continuación te presentaré unas datos generales sobre las personas que habitamos el planeta. La población actual en el mundo, por ejemplo, es de 8,1 mil millones de personas. Los países más habitados son los siguientes:[1]

#	País	Población	#	País	Población
1	China	1.454.533.928	11	Japón	125.436.075
2	India	1.417.728.834	12	Etiopía	123.209.815
3	Estados Unidos	336.342.675	13	Filipinas	113.674.432
4	Indonesia	281.581.687	14	Egipto	107.833.485
5	Brasil	216.730.162	15	Vietnam	99.768.323
6	Pakistán	233.131.031	16	RD Congo	97.571.651
7	Nigeria	220.935.350	17	Turquía	86.868.713
8	Bangladesh	169.253.068	18	Irán	87.006.052
9	Rusia	146.104.158	19	Alemania	84.515.789
10	Mexico	132.706.050	20	Tailandia	70.277.569

TOP 20 DE LOS PAÍSES MÁS GRANDES POR POBLACIÓN (EN VIVO)

La densidad poblacional actualmente se encuentra distribuida de la siguiente manera

---

[1] Worldmeter (s.f.). *Población mundial actual*. https://www.worldometers.info/es/poblacion-mundial/

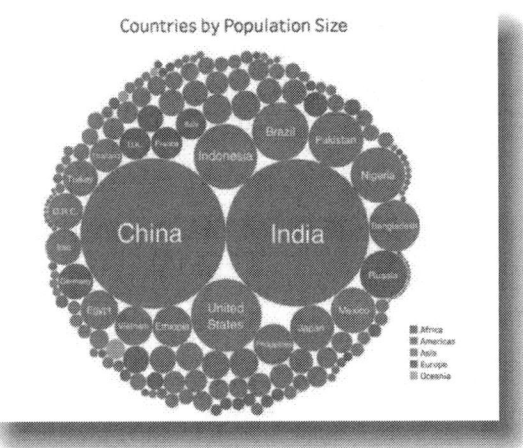

Para saber más, en el siguiente link se encuentra una información detallada sobre la población mundial, con los detalles de nacimientos, muertes, crecimiento poblacional y otras características:

https://www.worldometers.info/es/poblacion-mundial/

Analizando algunos datos de manera particular, encontramos grandes desigualdades; por ejemplo, el 77% de la población tiene casa propia, mientras el 23% no tienen dónde vivir; el 21% está sobre alimentada, mientras el 63% come comidas completas y el 15% están desnutridos o sólo hacen una última comida; el 87% de las personas cuenta con agua potable limpia, mientras el 13% carece de ella o sólo tienen acceso a una fuente contaminada; el 75% tiene teléfono móvil y el 25% no; el 7% recibieron educación universitaria y el 93% no asistió a la Universidad; el 83% puede leer, y el 17% son analfabetas; el 75% vive en países plagados por la criminalidad.

A la creciente densidad poblacional y a las inequidades, se suma la pregunta acerca del futuro: ¿qué le espera a la humanidad y al planeta? El porvenir del mundo está determinado por algunos factores que hoy resultan críticos, como el incremento de la pobreza, la escasez de alimentos y agua en algunas partes del mundo, la desaparición de algunas especies de plantas y animales, el calentamiento global y la violencia, sólo por mencionar algunos.

En uno de los capítulos más adelante, mencionamos el cambio climático; con el énfasis en que no todos los países realizan acciones para enfrentar las consecuencias derivadas del mismo, aunque muchos de ellos son los principales causantes.

La Universidad de Notre Dame elaboró un índice que mide la preparación de las naciones frente a la crisis climática que contempla dos dimensiones: la vulnerabilidad y la respuesta de 182 países.

Noruega encabeza la lista del índice, le siguen Nueva Zelanda, Finlandia, Suiza, Suecia, Austria, Dinamarca, Islandia, Singapur y Alemania. Todos los países que encabezan el ranking son reconocidos por tener ingresos elevados. Estados Unidos, por ejemplo, está ubicado en el lugar 19.

En el lado opuesto, cierran el final de la lista países con ingresos limitados:[2] Chad, República Centroafricana, Eritrea, Guinea-Bisáu, República Democrática del Congo, Sudán, Nigeria, Afganistán, Somalia y Liberia.

Además, los efectos del cambio climático que actualmente afectan al planeta y la humanidad no sólo se encuentran asociados con el "clima", sino también con factores políticos, económicos, de salud, de educación y desarrollo.

En esta investigación analizamos lo que estamos viviendo actualmente en el mundo; no es un sueño, ni ciencia ficción, es una realidad que rápidamente está configurando escenarios catastróficos para la vida en nuestro planeta, por eso, hoy más que nunca la humanidad tiene la oportunidad de cambiar su papel pernicioso con la naturaleza y con el propio ser humano, para convertirse en lo que debería ser: su custodio.

Las guerras, el dominio de unos países sobre otros, el aceleramiento del cambio climático, la desintegración familiar y social, la violencia, la deshumanización y el aumento de la maldad son algunos de los hechos que están dando paso al Nuevo Orden Mundial (NOM) sobre todas las naciones de la Tierra, el cual cederá el poder político, social, económico y religioso a sólo unos cuantos, quienes decidirán el nuevo rumbo de la humanidad, estableciendo lo qué pasará con nuestras generaciones, con nuestra economía, con nuestra ideología, con nuestras costumbres, creencias, con prácticamente todo lo que somos, hacemos y tenemos.

Ahora bien, la presente investigación está organizada en los siguientes apartados o capítulos.

En el primero, se abordan temas que muestran el deterioro de la humanidad; y el cómo han trascendido estos daños al ser humano desde lo social: las muertes de miles de víctimas por actos terroristas, el deterioro del concepto de la familia con asesinatos entre padres e hijos -

---

[2] Mariolv (s/f). Ranking de país vulnerables al cambio climático. https://mariolv.carto.com/viz/678da48a-d80c-11e6-976e-0e05a8b3e3d7/public_map

quizá por la falta de valor y aprecio de unos a otros-, y han continuado hasta el ámbito personal, como en el suicidio y la muerte asistida, que aumentan día a día de manera alarmante. Todos estos efectos son producto del incremento de la maldad, la cual ha crecido a niveles inimaginables, y ha terminado por arrasar con los principios que mantenían un equilibrio entre las personas, con los animales y el medio ambiente.

Con estas circunstancias, se presentan las siguientes preguntas en las que valdría la pena detenerse y reflexionar profundamente:

¿Cómo librarnos o excluirnos de esto?
¿Cómo protegernos y alejarnos?
¿Cómo prevenir el incremento de la deshumanización y la maldad?
¿Qué tengo que ver con todo esto?
¿Qué puedo hacer?

En el segundo capítulo, examinaremos con base en evidencias científicas y compilación de datos, los indicios que muestran el proceso de no retorno y deterioro que está sufriendo el mundo y el propio ser humano, como consecuencia del cambio climático, las guerras, la ambición, la maldad y los intereses económicos y políticos del ser humano.

Nos encontramos ante hechos innegables que muestran la destrucción del mundo tal como lo conocemos: calentamiento global, escasez de agua y alimento, extinción de especies, violencia y desplazamientos humanos forzados, guerras, enfermedades y epidemias.

El cambio climático hoy avanza más aceleradamente que nunca; ahora se presentan más lluvias torrenciales, inundaciones, sequías, erosión de la tierra, y los fenómenos meteorológicos se han vuelto más frecuentes: hemos roto el equilibrio de la atmósfera con contaminación de CO_2, se están derritiendo los polos, los glaciares, y hay basura a más de mil kilómetros de profundidad en los océanos, a donde ni siquiera llega luz; existe un cinturón de basura espacial girando alrededor del planeta, y en los últimos cincuenta años ha desaparecido el 50% de la biodiversidad mundial.

Las preguntas que deberíamos hacernos ante todos estos acontecimientos son:

¿Es este el principio del fin del mundo y de la humanidad?
¿Cuánto tiempo nos queda?
¿Estamos preparados?
¿Qué podemos hacer?
¿Difícil de creer? Quizá ya no tan difícil cuando todo lo que conocemos, todo lo que vivimos, todo lo que por años hemos disfrutado se acaba, ¡sí! ¡se acaba! O, mejor dicho, nos lo acabamos desvalorándolo, lo mermamos utilizándolo y terminaremos destruyéndolo.

En el tercer capítulo, contemplamos las principales medidas ambientales que se han implementado por parte de los gobiernos y organismos internacionales que rigen las políticas en materia ambiental, sus alcances y efectividad, así como la postura que guardan los grupos ecologistas que buscan rescatar el planeta con una participación activa en las cumbres sobre cambio climático. Cabe destacar también la indiferencia de millones de personas ante esta crisis, misma que, sin duda, está destruyendo el planeta e impactando en la sociedad; un claro ejemplo de ello es la guerra entre Rusia y Ucrania, que no sólo ha cobrado miles de víctimas, sino además ha contribuido a incrementar los niveles de contaminación del planeta derivado de los movimientos y uso de las tropas y armas, así como del equipo bélico.

Nos estamos acabando el planeta y, aunque por un lado los gobiernos más poderosos del mundo impulsan políticas para controlar el cambio climático, por el otro son precisamente ellos los principales generadores del problema. Esperemos que cuando los cambios sucedan, si suceden, no sea demasiado tarde para la tierra y la humanidad.

A lo largo del tercer capítulo, analizaremos también lo que están haciendo los gobiernos más poderosos del mundo para disminuir otros grandes males que atentan contra la humanidad, como las guerras, el hambre, la pobreza y las grandes epidemias que azotan a toda la población en el mundo.
A partir de estos datos, me parece necesario detenerse, reflexionar y preguntarse lo siguiente:

¿Existe una voluntad genuina para detener el deterioro del planeta y de la humanidad?
¿Será autentica la intención de las grandes naciones para contribuir a resolver los problemas climáticos?
¿Por qué las políticas no han tenido los resultados esperados?
¿Es eso un verdadero cambio mundial?
¿Es algo digno de tomarse en cuenta?
¿Es esto parte del Nuevo Orden Mundial?
En el cuarto capítulo, consideramos el avance del progreso tecnológico y las innovaciones científicas más importantes que ha desarrollado el hombre en los últimos años, así como algunos de los riesgos que conllevan, pues su uso amenaza incluso la propia existencia del planeta y del ser humano.
Las preguntas derivadas de esta reflexión sobre el avance tecnológico son:
¿Los desarrollos científico y tecnológico podrán alcanzar el genuino beneficio de toda la raza humana?
¿Los riesgos del avance tecnológico ponen en riesgo al mundo tal y como lo conocemos?
¿Hasta dónde llevaremos los avances tecnológicos sin perder el control de nuestras vidas?
¿El avance tecnológico nos aleja de lo humano?
En el quinto capítulo, analizamos los principios y propósitos del Nuevo Orden Mundial (NOM): cómo surge, quiénes lo integran, cuáles han sido sus alcances hasta ahora, así como las políticas económicas, sociales, culturales y en materia de salud y educación, entre

otras, que están imponiendo veladamente en todo el mundo a través de la globalización y el poder supranacional, ya en vía de ser conformado.

Después de todos los capítulos que contienen la investigación, se presentan dos alternativas: a) creer todo lo que hemos incluido con sus soportes y referencias científicas de quién y cuándo y en dónde se dijo y emocionalmente debilitarnos al grado de solo esperar la muerte prematura en la mayoría de los casos o b) decidir creer que debe haber algo más después de todo esto, un algo o un alguien superior, más poderoso y capaz que proporcione una solución alternativa que, seguramente, ocurrirá más allá de lo físico, más allá de la imaginación o susceptibilidad humana. ¿Qué decides creer?, o quizá planteado de mejor manera, ¿en quién decides creer?

¿Eso nos libera de las consecuencias de habernos acabado el mundo como lo conocemos hasta hoy? ¡Claro que no! Pero sí cambia cómo responder a todo ello y la dirección que decidimos tomar con nuestro destino.

Y, por último, es importante señalar que la primera sección de esta investigación recaba y analiza, a través de una profunda recopilación, toda la información posible hasta los primeros meses del año 2023 acerca de los temas que se han mencionado a lo largo de este prólogo, por lo que es posible que cada tema sea susceptible de incorporar nueva información actualizándola, porque el mal, la destrucción del ser humano, del planeta y todo lo que hay en él no se detiene, al contrario, crece cada día de una manera vertiginosa.

Ambas partes de esta investigación tienen el propósito de compilar información suficiente para que tengas oportunidad -si lo requieres- de tener una visión general de lo que está sucediendo en el mundo desde los últimos años hasta principios del 2023; y, con la claridad que desde el punto de vista de científicos, organismos internacionales, gobiernos y medios de comunicación, consideremos que estamos en las últimas décadas de la existencia de la humanidad en el planeta, debido a su destrucción por el cambio climático, al calentamiento global, la agresión contra la flora y la fauna y su consecuencia en nuevos fenómenos meteorológicos, las guerras, terrorismo, delincuencia, descomposición social, hambre, sequías y, desde luego, al Nuevo Orden Mundial.

La segunda sección la dedicamos a los mismos temas, pero observados desde la perspectiva bíblica. Hemos incluido en ambas secciones un amplio número de referencias, gran cantidad de videos, recomendaciones de lecturas y páginas de internet; ha sido tanta la información que quizá te tome tiempo analizarla y definir los temas que despierten tú interés para que decidas poco a poco estudiarlos y compartir la información de la manera que consideres conveniente. Finalmente, me resta decir que me ha impactado enormemente la coincidencia generalizada de muchos amigos de creer que ya estamos en las décadas de los últimos tiempos.

CAPÍTULO I.

CAMBIO CLIMÁTICO: ¿QUÉ ESTÁ SUCEDIENDO EN EL MUNDO?

Y ¿QUÉ DICE LA CIENCIA?

LAS SEÑALES: EFECTOS DEL CAMBIO CLIMÁTICO Y EL CALENTAMIENTO GLOBAL

1. Desastres naturales

En la actualidad existe un sinnúmero de información que aborda el tema y los efectos del cambio climático en el mundo, sin embargo, a pesar de tantos estudios e investigaciones el deterioro del planeta continúa. El clima es cada vez más extremo en muchas partes del mundo; las estaciones del año ya no se diferencian como hace algunas décadas; la Antártida se está calentando; los ríos se están secando; el mar está incrementando su nivel; las altas temperaturas se incrementan; mucha de la flora y fauna está desapareciendo del planeta; animales mueren y plantas no florecen. Podemos decir que el cambio climático es la agonía de la tierra, que el hombre la está destruyendo sin detenerse a pensar que ya no queda tiempo, ni otro lugar para vivir; sólo basta imaginar qué planeta tan hostil y desolado heredaremos a nuestros hijos, nietos e hijos de ellos. Lo que resulta claro y consensuado por la ciencia es que las actividades humanas están propiciando y acelerando el cambio climático.

En junio de 2022 en Estados Unidos y gran parte de Europa, hubo temperaturas por arriba de los 40 ° centígrados, incluso los noticieros y diarios señalaban que el mundo estaba "ardiendo", literalmente. El excesivo calor afectó a gran parte de Estados Unidos con temperaturas por encima de los 34° Celsius (93 Fahrenheit) de costa a costa, y hasta 44 ° (111 Fahrenheit) en el sur y centro del país. Según el Servicio Meteorológico Nacional (NWS, en inglés), "no hay alivio a la vista y seguiremos acalorados y secos por el resto de la semana".

En junio y julio de 2022, olas de calor azotaron Europa, el norte de África, el Medio Oriente y Asia, mientras las temperaturas subieron por encima de los 40 ° Celsius (104 grados Fahrenheit) en algunos lugares y rompieron muchos récords de larga data.

El Reino Unido superó por primera vez los 40° centígrados, en lo que es hasta ahora la jornada más calurosa jamás registrada, según datos provisionales de la Oficina de Meteorología británica (Met Office en inglés). Gran parte de Inglaterra está en alerta roja por la ola de calor mientras que el resto del territorio del Reino Unido permanece en ámbar -una menos que la roja- por las elevadas temperaturas.

En España, se han quemado casi 60,000 hectáreas como resultado de incendios forestales producidos por las altas temperaturas, las cuales serán cada vez más frecuentes e incluso más intensas al menos hasta 2060, advirtió la Organización Meteorológica Mundial (OMM).[3]

En México, en el estado de Sonora en 2014 se reportó una temperatura máxima de 49.5° centígrados y en junio de 2022 de 47.5° centígrados.

En China, en julio de 2022 se declaró alerta roja en diversas ciudades donde la temperatura superó los 40 y 41° centígrados. El incremento en las temperaturas se acompañó de sequías en algunos lugares y con deshielo de glaciares de las zonas montañosas, lo que ocasionó inundaciones y desplazamiento de tierra.[4]

¿El aumento de los desastres naturales son señales de la cercanía del fin del mundo?
¿Somos los seres humanos los causantes de los desastres naturales?
¿Podemos hacer algo o ya es demasiado tarde?
¿Cuánto tiempo permanecerá el planeta como lo conocemos hasta hoy?

Consideremos algunas de las señales de desastres en el planeta que está provocando la humanidad:

    a) Aumento en el nivel del mar

Se calcula que el 70% de la superficie de la Tierra está cubierta por océanos, que es el hábitat más productivo. Informes de investigaciones recientes acerca del aumento en el nivel del mar muestran aspectos muy preocupantes como consecuencia del calentamiento global. El organismo científico del clima de la Organización de las Naciones Unidas (ONU), por ejemplo, pronostica aumentos de aproximadamente 40 a 60 cm para 2100. Además, existe descubrimientos recientes que señalan la existencia de una enorme cantidad de agua bajo la corteza de la tierra mayor a la cantidad de agua en los océanos.

---

[3] Amenaza "calor peligroso" gran parte de EUA (2022, 19 de julio). MobilNews.mx. https://mobilnews.mx/salud-y-ciencia/amenaza-calor-peligroso-gran-parte-de-eua

[4] *China, en alerta roja en medio de una ola de calor extremo* (2022, 24 de julio). *France 24*. https://www.france24.com/es/asia-pac%C3%ADfico/20220723-china-en-alerta-roja-en-medio-de-una-ola-de-calor-extremo

El 80% del calor adicional provocado por las emisiones de gases es absorbido por los océanos. Esto provoca que aumente la cantidad de agua en este ecosistema, lo que tiene consecuencias devastadoras, como la erosión, inundaciones de humedales, contaminación y pérdida de fauna y flora.

El estudio publicado por James Hansen y un equipo de investigadores en la *Revista Atmospheric Chemistry and Physics Discussion* reveló que, con un calentamiento de 2°C, el nivel del mar podría aumentar varios metros, sin embargo, los datos fueron considerados como alarmistas;[5] esto porque el informe del Grupo Intergubernamental de Expertos sobre el Cambio Climático de la ONU (IPCC por sus siglas en inglés) señaló que "es muy probable que haya un aumento significativo en la ocurrencia de futuros extremos del nivel del mar, y es prácticamente seguro que el aumento medio global del nivel del mar continuará durante muchos siglos después de 2100…".[6]

Sin embargo, las estimaciones del IPCC contrastan con las hechas por James Hansen y su grupo de investigadores, quienes señalaron los efectos del calentamiento de los océanos y las capas de hielo, y es que el IPCC no consideró las tasas de ruptura dinámica de la capa de hielo, a pesar de las mediciones de la gravedad realizadas por satélite y la información en los reportes de Hansen.

Se informó que en Groenlandia, por ejemplo, la pérdida de hielo alcanzó alrededor de 280 gigatoneladas de hielo cada año de 2003 a 2013, mientras que en la Antártida la pérdida alcanzó alrededor de 180 gigatoneladas de hielo cada año durante el mismo período. Queda claro que ambas capas de hielo parecen tener tasas aceleradas de derretimiento del hielo.

Hansen y su equipo llegaron a estas conclusiones con base en una metodología basada en la observación y contraste entre los datos actuales y los estimados durante la era interglacial de Eemian, un período entre las edades de hielo de hace unos 115,000- 130,000 años; todos estos datos llevaron a concluir que el nivel del mar aumentó alrededor de 6 a 7 metros, debido en gran medida al derretimiento de la capa antártica de hielo.

El estudio señala que durante el periodo de Eemian, entre el calentamiento del océano y las capas de hielo, se provocó la desintegración abrupta del hielo, lo que elevó el nivel del mar

---

5 Hansen, James. Científico, ex jefe del clima de la NASA, en la Universidad de Columbia, fue uno de los 17 autores del informe publicado.

6 El Grupo Intergubernamental de Expertos sobre el Cambio Climático (IPCC) es un Organismo de las Naciones Unidas, creado en 1988 para evaluar la ciencia del cambio climático y para facilitar evaluaciones integrales del estado de los conocimientos científicos, técnicos y socioeconómicos sobre el cambio climático, sus causas, posibles repercusiones y estrategias de respuesta. Ha presentado diversos informes en 2021 y el sexto será concluido y presentado en 2022.

a varios metros durante un lapso de 50 a 200 años, una tasa extrema que supera las estimaciones actuales del IPCC.

La preocupación de los científicos está centrada en que en el futuro puedan producirse tasas similares de calentamiento que conlleven un aumento del nivel del mar, lo que traería consecuencias catastróficas.

Por estas razones, el grupo de Hansen considera posible que el nivel del mar aumente varios metros a finales del presente siglo.

El mismo grupo de James Hansen afirma lo siguiente: "Llegamos a la conclusión de que el calentamiento global de 2°C por encima del nivel preindustrial, que provocaría más derretimiento de la plataforma de hielo, es altamente peligroso. El desequilibrio energético de la Tierra, que debe eliminarse para estabilizar el clima, proporciona una métrica crucial"; señala, además, que el aumento de varios metros del nivel del mar es inevitable. Los trastornos sociales y las consecuencias económicas de un aumento tan grande en el nivel del mar podrían ser devastadores. No resulta difícil imaginar que los conflictos derivados de las migraciones forzadas y el colapso económico puedan hacer que el planeta sea ingobernable, y amenazan de manera profunda el tejido de la civilización.

Las conclusiones de la investigación de Hansen y su grupo recibieron críticas por el método empleado durante el estudio y los resultados fueron tachados de catastróficos. Otros grupos de científicos señalaron que los resultados no podían ser usados para establecer políticas respecto al cambio climático, aunque también calificaron de conservadores los resultados presentados por el IPCC. Sin embargo, consideraron que, en algún punto intermedio entre ambas investigaciones, se encuentra la estimación real sobre el aumento que ocurrirá en el nivel del mar.

Lo que es un hecho es que aún no sabemos con certeza cuánto tiempo resta para que los niveles del mar crezcan como resultado de las altas temperaturas, sin embargo, las concentraciones atmosféricas de gases de efecto invernadero continúan incrementándose y de seguir así se desatará un cambio muy importante e irreversible en nuestro planeta.

Por otra parte, la Agencia EFE, la primera agencia de noticias en castellano, informó el 24 de noviembre de 2021 que, de acuerdo con los estudios publicados por la asociación *Science Advances*, realizados por un equipo internacional de investigadores, el Océano Ártico ha comenzado a calentarse desde inicios del siglo pasado, varias décadas antes de lo que se tenía registrado. Esto ha ocurrido por la entrada de agua más caliente del océano Atlántico, un fenómeno conocido como *Atlantificación*.

Tesi Tommaso, coautor del Instituto de Ciencias Polares del Consejo Nacional de Investigación de Bolonia, Italia, destacó que desde 1900, la temperatura del océano ha aumentado aproximadamente 2 grados centígrados, mientras que el hielo marino ha retrocedido y la salinidad ha aumentado; esta conexión puede influir en la variabilidad climática del Ártico y tener importantes repercusiones en el retroceso del hielo marino y el aumento del nivel del mar en todo el mundo, en tanto las capas de hielo polar sigan derritiéndose.

Todos los océanos del mundo se están calentando debido al cambio climático, pero el océano Ártico, el más pequeño y poco profundo de los océanos del mundo, es el que se está calentando más rápidamente, "más del doble de la media mundial", de acuerdo con Francesco Muschitiello, coautor del estudio y miembro del Departamento de Geografía de Cambridge. A medida que el océano Ártico se calienta, el hielo polar se derrite, sube el nivel global del mar y se derrite el permafrost, que almacena enormes cantidades de metano, un gas de efecto invernadero mucho más dañino que el dióxido de carbono.

El Ártico hace 100 años

¿Dónde quedó el glaciar?

El informe de la ONU (2021) sostiene, por investigadores de IPCC, que las emisiones continuas de gases de efecto invernadero podrían superar un límite clave de la temperatura global en poco más de una década.[7]

---

[7] Ferrer, Joan L. (29 de noviembre de 2021). ¿Qué es la "Atlantificación" del Océano Ártico? *Verde y azul*. https://verdeyazul.diarioinformacion.com/que-es-la-atlantificacion-del-oceano-artico.html

Hacia 2030, la temperatura media del planeta podría ser 1,6 grados centígrados mayor a la de los niveles de la era preindustrial y, de no actuar a tiempo, superaría los 2 grados para fines de siglo. Ahora bien, el nivel global de los océanos aumentó unos 20 centímetros desde 1900 debido a las capas de hielo que se derriten en la Antártida y en Groenlandia. Esto acarrearía un gran peligro, pues, si las temperaturas globales aumentan a 2 grados centígrados, el nivel de los océanos subirá medio metro en el siglo XXI y hasta dos metros para 2300.

Las consecuencias más notorias en los años por venir tendrán que ver con la intensificación del ciclo del agua, es decir, habrá lluvias intensas, inundaciones y sequías; como ejemplo tenemos las inundaciones provocadas por los huracanes en el Caribe y la Florida, en contraste con el bajo nivel de agua del lago Mead, en el río Colorado, debido a las sequías en 2021.

Por su parte, en 2022 National Geographic,[8] con base en datos de la Oficina Nacional de Océanos y Atmósfera (NOAA), informó que en 2050 las inundaciones ocurrirán con una frecuencia diez veces mayor que en la actualidad. Asimismo, en los próximos 30 años, el nivel del mar habrá aumentado entre 10 y 14 pulgadas en la costa este de Estados Unidos; entre 14 y 18 pulgadas en el golfo de México; entre 4 y 8 pulgadas en la costa oeste; entre 8 y 10 pulgadas en el Caribe y en Alaska; y entre 6 y 8 pulgadas en Hawái.

El estudio advierte que si no se frenan las emisiones de gases de efecto invernadero que provoca el cambio climático, el nivel del mar podría aumentar de entre 3,5 y 7 pies, según cada región, para 2100.

Las inundaciones afectan a todo tipo de poblaciones, ya sea en zonas rurales o urbanas, donde los sistemas de transporte subterráneo antiguos o nuevos no están preparados para las tormentas que se presentan. Un desastre natural de este tipo afectaría sensiblemente el uso de transporte colectivo y derivaría en el uso de automóviles particulares, cuyos combustibles fósiles aumentarían la contaminación y el calentamiento global.

Ejemplo de estas inundaciones se encuentran en los sistemas subterráneos de transporte de las ciudades de Zhengzhou, China, Londres, Nueva York, Tokio, Osaka y Alemania.

Un estudio realizado por la Administración Nacional de Aeronáutica y el Espacio (NASA por sus siglas en inglés),[9] a través de la toma de imágenes satelitales de la Antártida, mostraron el 21 de marzo de 2022 el desprendimiento de una enorme plataforma de trozos glaciares costeros. Este desprendimiento está sucediendo tan rápido que la naturaleza no

---

[8] Christina Nuñez (s.f.). ¿Qué es el aumento del nivel del mar? *National Geographic*. https://www.nationalgeographic.es/medio-ambiente/que-es-el-aumento-del-nivel-del-mar

[9] Reuters (2022, 11 de agosto). Imágenes satelitales de la Antártida demuestra que se desmorona más rápido de lo que se pensaba. *UnoTV*. https://www.unotv.com/ciencia-y-tecnologia/imagenes-satelitales-demuestran-rapido-desmoronamiento-de-la-antartida/

logra reponer el hielo que se está perdiendo; un suceso de este calibre duplicaría las estimaciones previas de la pérdida de la capa de hielo más grande en los últimos 25 años.

El primer estudio de su tipo, dirigido por investigadores del Laboratorio de Propulsión a Chorro (JPL, por sus siglas en inglés), junto con la NASA, y publicado en la revista *Nature*, plantea una nueva preocupación sobre la rapidez con que el cambio climático está debilitando las plataformas de hielo flotante de la Antártida y la manera en que va acelerando el aumento de los niveles del mar.

El calentamiento de los océanos y consecuente adelgazamiento y desgajamiento han reducido la masa de las plataformas de hielo de la Antártida en 12 billones de toneladas desde 1997, el doble de la estimación anterior. Asimismo, las imágenes satelitales mostraron una pérdida promedio de 149 millones de toneladas al año entre 2002 y 2020, según la NASA.[10]

La pérdida neta de la capa de hielo del continente solo por el desprendimiento en el último cuarto de siglo abarca casi 37,000 kilómetros cuadrados, un área casi del tamaño de Suiza, según el científico del JPL Chad Greene, autor principal del estudio, es decir, literalmente la Antártida se está deshaciendo y, cuando los glaciares y capas de hielo se debilitan y disminuyen, se tiende a aumentar el nivel del mar en todo el mundo. Las consecuencias pueden ser muy graves, ya que la Antártida tiene el 88% del potencial del nivel del mar de todo el hielo del mundo.[11] Por último, y en relación con el derretimiento del permafrost, desde la década de los años sesenta, se construyó un túnel cerca de la ciudad de Fairbanks, Alaska, con el propósito de identificar cómo reaccionar ante el cambio climático. Esta iniciativa forma parte del Laboratorio de Investigación e Ingeniería de las Regiones Frías (CRREL), donde los científicos estudian el comportamiento único del permafrost.

El permafrost se encuentra en Europa del Este, Rusia, China, Groenlandia y Alaska, bajo la tierra y en las profundidades de los océanos, y se produce como resultados de las bajas temperaturas durante años.

Pero debido al calentamiento del planeta, el permafrost está disminuyendo. *National Geographic* ha afirmado que, en el transcurso del siglo XX, las capas heladas del planeta aumentaron su temperatura en más de 40° F, y a medida que pase el tiempo, esta situación podría empeorar, ya que el suelo del Ártico se está calentando y con su descongelamiento se desencadenarán sucesos catastróficos.

Después de diversos experimentos, los científicos afirmaron que el permafrost contiene dos elementos que, con el calentamiento global, son potencialmente peligrosos.

Primero, contiene grandes cantidades de carbono congelado; se cree que aproximadamente 1.400 gigatoneladas del elemento se encuentran en el permafrost de todo el mundo.

---

[10] Ibidem.

[11] Ibidem.

Este total representa unas cuatro veces el nivel de carbono que los seres humanos han vertido al aire en los últimos 260 años. Incluso la atmósfera de nuestro planeta contiene actualmente sólo la mitad de esa cantidad. Alaska era conocida por absorber más dióxido de carbono de la atmósfera del que emite, pero a medida que el permafrost se descongela, este proceso podría invertirse y generar un desastre en el planeta.[12]

Segundo, el permafrost contiene dentro la bacteria llamada Bacillus anthracis, la cual se forma como una reacción natural dentro del suelo, pero, al subir la temperatura, se activa o vuelve a la vida. Esta bacteria da lugar al ántrax, que genera una infección potencialmente letal para el ser humano. "Las esporas de ántrax pueden permanecer vivas en el permafrost hasta 2.500 años", aseguró a The Daily Telegraph en 2019 el biólogo Boris Kershengolts, cuya sede se encuentra en Yakutsk.

Deshielo en el mundo, el tiempo pasa para todos

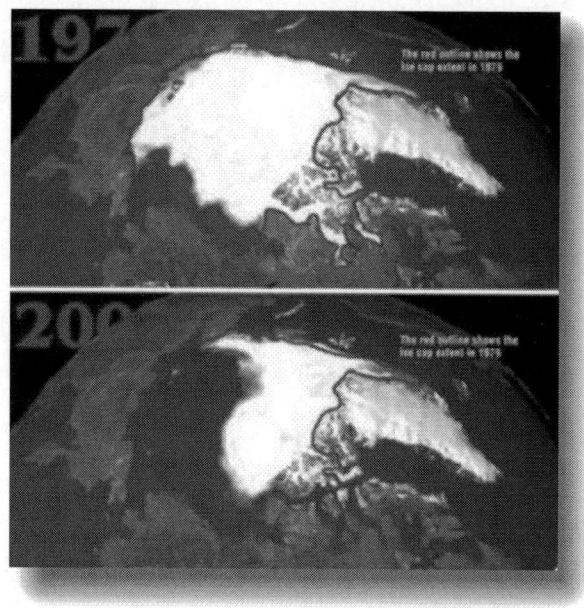

---

[12] Welch, Graig (2020, 6 de febrero). El Deshielo del Suelo Ártico libera una gran cantidad de gases peligrosos. *National Geographic*. https://www.nationalgeographic.es/ciencia/2020/02/deshielo-suelo-artico-libera-gran-cantidad-de-gases-peligrosos

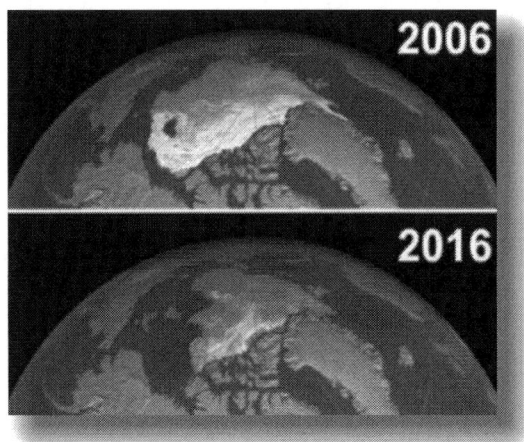

Cambios en el planeta

Con este panorama, no cabe duda de que el cambio climático alterará el mundo como hoy lo conocemos; el permafrost actúa como un adhesivo al pegar las capas de rocas y minerales que componen la superficie de nuestro planeta. Cuando se derrite, el paisaje puede cambiar drásticamente casi de la noche a la mañana; los lagos pueden vaciarse; los ríos pueden cambiar de dirección y las costas pueden desintegrarse.[13]

Para ahondar más en el tema, te recomendamos visitar el siguiente vínculo con un video sobre el desprendimiento de hielo en Chile:
https://m.facebook.com/ImagenTVMex/videos/glaciar-se-desprende-en-chile-por-el-cambioclim%C3%A1tico-imagennoticias-imageninform/1258069358347199/?_rdr

Y ahora, conociendo todo esto, que la naturaleza no es un lugar ajeno a nosotros, donde nosotros no vivimos o donde solo vamos de visita, se vuelve primordial estar conscientes de que la naturaleza es el lugar al que pertenecemos, del cual formamos parte y que lo que

---

[13] Welch, Graig (16 de agosto de 2019). El rápido derretimiento del permafrost del Ártico nos afecta a todos. *National Geographic*. https://www.nationalgeographic.es/medio-ambiente/2019/08/rapido-derretimiento-permafrost-artico-nos-afecta-todos

hacemos a la naturaleza nos lo hacemos a nosotros mismos, pues esa naturaleza y todas sus formas de vida son nuestro único hogar y en nuestras manos está cuidarla y preservarla.

Con toda esta información, es momento de parar un momento y pensar con sabiduría en lo siguiente:
¿Ahora qué nos corresponde hacer?
¿Podremos impedir el deshielo de los polos y detener el cambio climático?
¿Lograremos disminuir las temperaturas excesivas imposibles de soportar por las personas, plantas y animales?
¿Podemos salvar al mundo o solo posponer su final?
¿Tendremos tiempo?

    b) Calentamiento e incendios forestales.

El calentamiento del planeta y los incendios forestales resultan fenómenos que van de la mano y se presentan de manera más recurrente y en dimensiones cada vez mayores.
De acuerdo con datos reportados en enero de 2023 por la Agencia Estatal de Meteorología (Aemet), en España durante 2022, se presentó el año más caluroso registrado desde 1916 con casi 5000 muertes debido a las olas de calor registradas, asimismo, fue el tercer año más caluroso y seco de la historia.

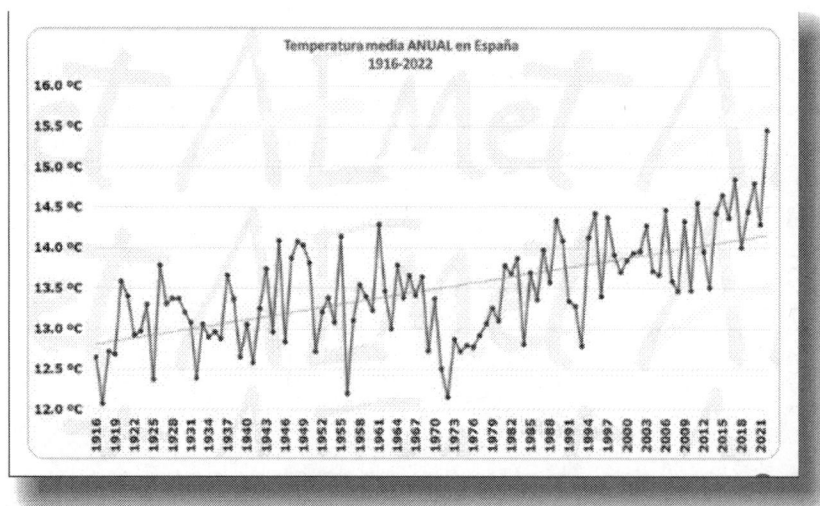

En cuanto a los incendios, el Sistema Europeo de Información sobre Incendios Forestales (EFFIS) reportó que en 2022 el fuego consumió más de 300.000 hectáreas, y las reservas de agua disminuyeron su capacidad de 53% a 43% en los últimos diez años.[14]

Los grandes incendios en diversas partes del mundo forman parte de otra manifestación de las alteraciones que está sufriendo el planeta: éstos arrasan cualquier tipo de vida a su paso. Por ejemplo, a mediados de 2022, en Honduras, un total de 98.516 hectáreas de bosques y vegetación se han visto afectadas por los incendios forestales y, en este país, se pierden cada año entre 60.000 y 65.000 hectáreas de bosque por la tala ilegal y los incendios forestales, asimismo, más del 90% de los incendios, según las autoridades hondureñas, son causados por el hombre.[15]

Otro ejemplo se encuentra en el incendio de 2021 en Yakutia, en la Siberia rusa, lugar donde no se había experimentado ningún tipo de incendio gracias a las bajas temperaturas del lugar, sin embargo, los incendios forestales consumieron más de 26 millones de hectáreas desde principios de ese año, de acuerdo con los datos reportados por el Servicios de Protección Forestal de ese país.

En la Columbia Británica en Canadá, en 2021 se registraron casi 300 incendios forestales que afectaron más de 3,000 kilómetros cuadrados.

También hay que recordar la enorme cantidad de incendios que se presentaron de 2017 a 2021 en *Estados Unidos*. En 2021, en el estado de California, en el marco de una importante sequía y de niveles muy bajos de precipitaciones y embalses, se tuvieron 297 incendios que provocaron la pérdida de 1,171 acres de tierra por el fuego.[16]

Ecuador registró más de 1.400 incendios forestales de enero a julio de 2021

Debido a los peores años de sequía, en Australia entre 2019 y 2020 se produjeron más de 180 incendios, cuyas flamas quemaron 7 millones de hectáreas e hicieron que más de 3,000

---

14 España tuvo en 2022 el año más caluroso en 100 años y murieron 5000 personas por ello (2023, 09 de enero). Cronista. https://www.cronista.com/espana/actualidad-es/espana-tuvo-en-2022-el-ano-mas-caluroso-en-100-anos-y-el-tercero-mas-seco-de-la-historia/

15 Agencia EFE (2022, 11 de julio). Más de 98.000 hectáreas afectadas por 1.202 incendios forestales en Honduras. Yahoo! News. https://es-us.noticias.yahoo.com/98-000-hect%C3%A1reas-afectadas-1-220050859.html

16 Departamento de Silvicultura y Protección contra Incendios de California (CAL FIRE). 2021. https://www.fire.ca.gov/about-us/?lang=es Departamento de Silvicultura y Protección contra Incendios de California (CAL FIRE). 2021. https://www.fire.ca.gov/about-us/?lang=es

millones de animales desaparecieran, lo que dejó un impacto ambiental de dimensiones incalculables.[17]

Los incendios forestales calcinaron un área similar a la del país de Siria; además, la intensidad y extensión generalizada de los incendios afectó incluso la estratósfera de la Tierra.
En 2020, los incendios se iniciaron en los primeros tres meses y se prolongaron hasta julio y se dice que, durante este tiempo, en países tan lejanos como Chile, se respiraban las partículas de los incendios de Australia.[18]

En Argentina, la Agencia EFE de noticias informó que entre enero y febrero de 2022, en el Parque Nacional del Iberá, un enclave natural de más de 183,000 hectáreas que alberga esteros, pastizales subtropicales y selvas de bosques nativos, las más de 4,000 especies de flora y fauna silvestres que convergen en él sufrieron un incendio que consumió la naturaleza al punto de calcinar el 40 % de la superficie del Parque; esta destrucción masiva dejó pérdidas "incalculables" en su biodiversidad.

Sebastián di Martino, biólogo y director de conservación de *Rewilding Argentina*, una organización responsable de varios proyectos de reintroducción de especies en Iberá, informó a la agencia EFE que el fuego se originó debido a una combinación fatídica de sequía prolongada, temperaturas extremas y baja humedad, y que consumió un total de 785.238 hectáreas (casi un 9 % de toda la superficie provincial), de las cuales 245.110 corresponden a esteros, 225.015 a pastizales y otras 28.733 a bosques nativos, de acuerdo con los datos del Instituto Nacional de Tecnología Agropecuaria (INTA).[19]

Aun con todo lo que ha sucedido, la ONU señaló que la probabilidad de incendios forestales que devasten enormes superficies, como los acontecidos en Argentina o Australia, aumentará en un 50% a lo largo de este siglo. Estos **crecimientos implican** un 9% y un 14% para 2030, entre 20 y 33% para 2050 y entre 31 y 52% para 2100.
"Incluso si se cumplen los esfuerzos más ambiciosos para reducir las emisiones de gases de efecto invernadero, el planeta sufrirá un aumento dramático de la frecuencia de las condiciones que favorecen los incendios extremos".[20]

---

17 Nunn, Gary (marzo de 2021). Australia: prueba de fuego. UNESCO. El Correo de la UNESCO. https://es.unesco.org/courier/2021-3/australia-prueba-fuego

18 Ibidem.

19 Castro Burgarin, Javier (23 febrero, 2022). EFE Verde. https://efeverde.com/fuego-biodiversidad-noreste-argentino/

20 París (AFP) (2022, 23 de febrero). La probabilidad de incendios forestales excepcionales aumentará de aquí a finales de siglo, alerta la

Los incendios forestales y el cambio climático se alimentan mutuamente, ya que los suelos se degradan, las emisiones de CO2 se incrementan y los bosques dejan de cumplir con su misión de captar el carbono.

Por su parte, Inger Andersen, directora general del Programa de Medio Ambiente de la ONU, señaló que la respuesta de los gobiernos consiste a menudo en gastar dinero donde no corresponde, ya que el costo de combatir los incendios es mucho mayor al que se invierte
en la prevención o limitación de los daños.[21]

Entonces qué haremos ahora…
¿Podremos controlar esos "accidentes de la naturaleza", varios de ellos provocados por el propio ser humano e impedir más destrucción?
¿Cómo podríamos alcanzar esta meta?
¿Tendremos todavía tiempo?

c) Deforestación y extinción de especies

Otro fenómeno que se ha presentado como consecuencia del cambio climático es el aumento de los gases de efecto invernadero en la atmósfera, esto debido principalmente a la deforestación provocada por la tala ilegal de grandes zonas de bosques, que son los encargados de absorber aproximadamente el 30% de las emisiones de dióxido de carbono. En 2020, el mundo perdió 258,000 kilómetros cuadrados de bosque, una superficie mayor que la del Reino Unido, según el *Global Forest Watch* del World Resourses Institute (WRI).

Las áreas tropicales perdieron 12.2 millones de hectáreas de árboles en 2020, de los cuales 4.2 millones de hectáreas son bosques primarios, especialmente importantes para el almacenamiento del carbono y la biodiversidad. Las emisiones de carbono resultantes de esta pérdida de carbono equivalen a las emisiones anuales de 570 millones de automóviles. Por último, la pérdida de bosques primarios fue un 12 % más alta en 2020 que el año anterior y ha sido el segundo año consecutivo en que la pérdida de bosques primarios empeoró en los trópicos.[22]

ONU. France24. https://www.france24.com/es/minuto-a-minuto/20220223-la-probabilidad-de-incendios-forestales-excepcionales-aumentar%C3%A1-de-aqu%C3%AD-a-finales-de-siglo-alerta-la-onu

21 *Informe Programa de las Naciones Unidas para el Medio Ambiente (PNUMA) y GRID-Arendal.*

22 Weisse, Mikaela y Goldman Elizabeth. Forest Pulse: Lo último sobre los bosques del mundo.(2021).World Resourses Institute (WRI). https://research.wri.org/gfr/forest-pulse

Pero quizá el caso más impresionante de deforestación por el cambio climático se encuentra en la región amazónica, donde el deterioro parece un destino sin retorno. Expertos en el tema señalan que esa región podría llegar a convertirse en una sabana en tan sólo unas décadas, debido a que las selvas han perdido su capacidad para recuperarse de las alteraciones del ecosistema. La selva conserva mucha humedad y la evaporación mantiene fresco el clima local, pero si los árboles mueren, la zona se volverá más cálida y seca, lo que hará que se pierdan más árboles, vegetación y fauna. Esto es muy grave debido a que tres cuartas partes de la masa forestal de esta región desempeña un papel crucial en la regulación del clima de todo el mundo.

Un análisis de imágenes satelitales mostró que las zonas más cercanas a la actividad humana, como espacios urbanos o de cultivo, así como las áreas que reciben menos lluvia de la selva, tienden a perder más rápido su resistencia a los cambios.
Los científicos describen ese proceso como una interacción entre periodos de sequía cada vez mayores, falta de renovación vegetal y un incremento de grandes incendios forestales, factores que disminuyen la masa verde de la zona cada vez más rápido.[23]

El Amazonas

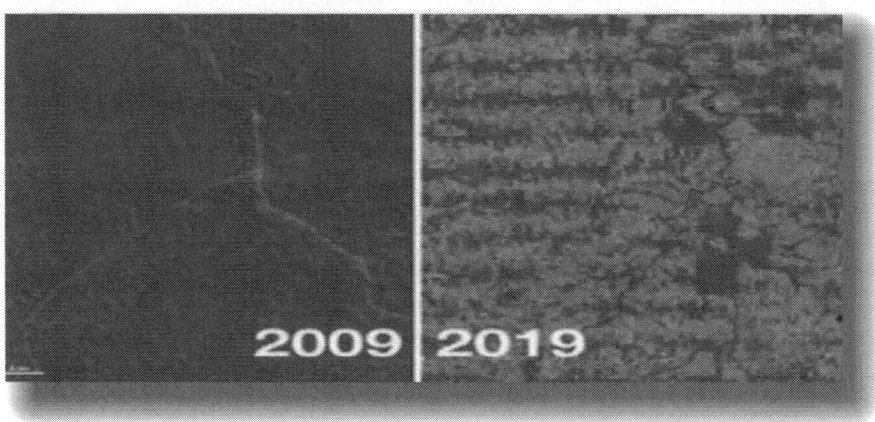

La deforestación en las zonas tropicales genera emisiones de carbono y conduce a climas locales más cálidos y secos, lo que deriva en una mayor cantidad de sequías y de incendios y, dependiendo de su magnitud, reduce las precipitaciones y modifica sus patrones globales. Ello es perjudicial para el clima, la seguridad alimentaria y los medios de subsistencia de millones de personas a nivel global.

---

[23] Revista Nature Climate Change, 7 de marzo 2022. https://rdcu.be/cIM5u

En México, el Instituto de Recursos Mundiales (WRI por sus siglas en inglés) reporta en su página electrónica que el 30% de los bosques a nivel mundial han desaparecido, el 20% se ha degradado y sólo el 15% de los bosques permanece intacto.

Tala de árboles en los últimos 10 años

Para el caso de México existen 139 millones de hectáreas de superficie forestal, de la cual el 60% son bosques y selvas. "La deforestación y la degradación de los bosques generan emisiones que representan alrededor del 9% del total de emisiones de carbono emitidas. México se ha propuesto alcanzar en el 2030 una tasa cero de deforestación".[24]

La deforestación y pérdida de bosques y selvas, así como el comercio ilegal, el cambio en el uso de la tierra y la contaminación han provocado también la extinción de la biodiversidad, es decir, la disminución o desaparición de la variedad de seres vivos que habitan en el mundo.
El planeta perdió cerca del 70% de su población de animales salvajes desde 1970, de acuerdo con el Fondo Mundial para la Naturaleza (WWF).

En su "Informe Planeta Vivo 2022", este organismo detalló que la velocidad y la escala del impacto negativo de las actividades humanas en la naturaleza fueron razones del descenso

---

[24] Bosques. Conservar los bosques para la gente y para el planeta (s.f.). *WRI México*. https://wrimexico.org/our-work/topics/forests

en la abundancia poblacional de mamíferos, reptiles, aves, peces y anfibios de todo el mundo.

El informe, que se publica cada dos años, confirmó nuevamente que Latinoamérica y el Caribe, una de las regiones más biodiversas del planeta, registra el declive regional más alto con una disminución de 94% en las poblaciones monitoreadas.

Las poblaciones de agua dulce muestran un mayor descenso general en el ámbito mundial con un 83%. Por ejemplo, una de las poblaciones evaluadas del delfín rosado del Amazonas sufrió una disminución del 65% debido al aumento de la pesca selectiva, así como a las presiones impuestas por el rápido crecimiento de la población humana.

Así mismo, la abundancia mundial de 18 de las 31 especies de tiburones y rayas oceánicas se ha reducido un 71% en los últimos cincuenta años.[25]

Otros de los grupos en peligro de extinción son las abejas, quienes juegan un rol fundamental en la naturaleza, ya que no solo forman parte de la biodiversidad, sino su papel polinizador resulta fundamental para la vida. Ellas forman parte de la reproducción de muchas plantas, ya que al recoger el néctar de todas flores que tocan, polinizan al mismo tiempo, lo que favorece a la reproducción de las mismas.

Las abejas tienen una importancia tan profunda para el mundo, que el 60% de la polinización mundial depende de ellas.

Con la desaparición de las abejas, todos los ecosistemas se verían alterados y degradados en especies vegetales y animales, y estos hechos provocarían una creciente falta de alimentos sobre la tierra.

La relevancia de estos polinizadores tiene implicaciones tan importantes en el mundo que Albert Einstein mencionó que la humanidad terminaría en cuatro años, si las abejas desaparecieran de la faz de la Tierra.

Por otra parte, la Universidad de Harvard[26] señaló que, entre las razones de su desaparición, se encuentran el uso de pesticidas, la pérdida de su hábitat, las prácticas agrícolas intensivas, el cambio climático y el uso excesivo de agroquímicos, como los pesticidas.

---

[25] Redacción AN/AG (2022, 12 de octubre). Cerca del 70% de la fauna salvaje desapareció desde 1970: WWF. *Aristegui Noticias.* https://aristeguinoticias.com/1210/mexico/cerca-del-70-de-la-fauna-salvaje-desaparecio-desde-1970-wwf-informe/

[26] La Red 21 (2015, 12 de junio). Segundo estudio de la Universidad de Harvard confirma causa de la desaparición de las abejas a nivel mundial. *La Biodiversidad.*

Entre toda esta destrucción, una de las especies más afectadas es el rinoceronte blanco: su caza indiscriminada ha hecho que actualmente solo queden dos rinocerontes blancos en todo el planeta, y ambas son hembras; se llaman Najin y Fatu y viven en Kenia. En la siguiente imagen vemos como los últimos ejemplares tienen que ser custodiados por un militar las 24 horas de día para evitar que las maten cazadores furtivos.

Esta foto fue publicada por *National Geographic* para generar conciencia en los seres humanos acerca de proteger la vida en todas sus expresiones.

---

https://www.biodiversidadla.org/Noticias/Segundo_estudio_de_la_Universidad_de_Harvard_confirma_causa_de_la_desaparicion_de_las_abejas_a_nivel_mundial

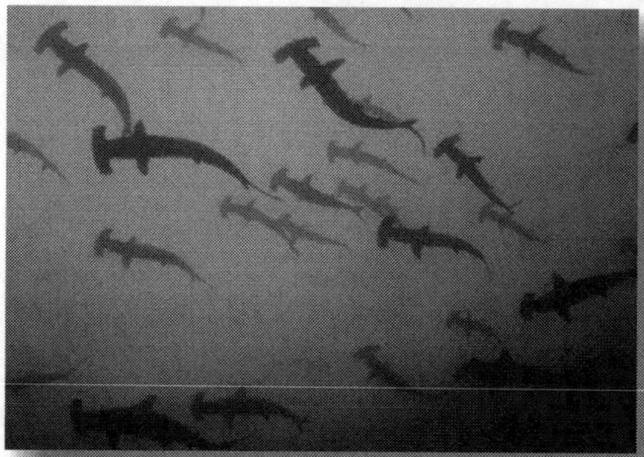

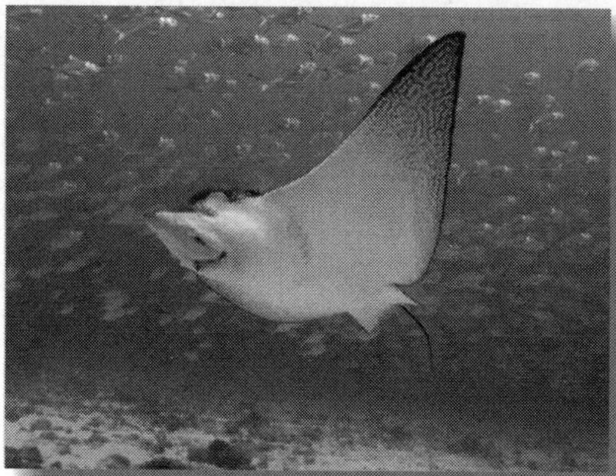

El Informe de la Plataforma Intergubernamental Científico-Normativa sobre Diversidad Biológica y Servicios de los Ecosistemas (IPBES, por sus siglas en inglés), elaborado de manera colaborativa con la ONU, PNUMA, FAO y PNUD en 2019, destaca lo siguiente:[27]

---

[27] Plataforma Intergubernamental Científico-Normativa sobre Diversidad Biológica y Servicios de los Ecosistemas (IPBES), 2019. Informe de la Evaluación Mundial sobre la Diversidad Biológica y los Servicios de los Ecosistemas. En colaboración con PNUMA-ONU-FAO-PNUD, Bonn, Alemania.

- La naturaleza es esencial para la existencia humana y muchas de sus contribuciones son irremplazables. Estas contribuciones generalmente están distribuidas de manera desigual en cuanto a espacio y tiempo, así como entre los diferentes segmentos de la sociedad.

- Tres cuartas partes del medio ambiente terrestre y alrededor del 66% del medio ambiente marino se han alterado considerablemente. Además, el 85% de la superficie de humedales se ha perdido.

- Más de un tercio de la superficie terrestre del mundo y casi el 75% de los recursos de agua dulce ahora se dedican a la producción agrícola o ganadera.

- Cerca de un millón de especies animales y plantas están en peligro de extinción, hoy más que nunca en la historia de la humanidad, se encuentran amenazadas por la alteración de su hábitat, la caza deportiva o comercial y el tráfico ilegal de especies. Algunas de estas especies son las siguientes: Caimanes, leopardos, nutrias, osos, rinocerontes, tigres, elefantes africanos, linces. En cuanto a la flora, una de cada diez especies de plantas, de las 250.000 descritas en el mundo, se encuentra en peligro de extinción y casi el 50% de todas las especies vegetales del planeta están en peligro de llegar a desaparecer.

- El cambio climático acelera la extinción de la flora y fauna de nuestro mundo. El aumento de temperaturas, la desertificación, la caza ilegal y la deforestación contribuyen a cambios irreversibles que se están produciendo en el hábitat de animales y plantas y que amenazan con poner en peligro a varias especies. Aunque el oso polar ha representado muchas veces la lucha contra el cambio climático, existen muchas especies más que se encuentran en la lista roja, como el orangután de Sumatra, la tortuga baula, el atún rojo, el elefante asiático, el leopardo de las nieves y la vaquita marina; este último se encuentra en estado crítico, pues, según datos recientes, solo quedan 30 ejemplares de esta especie.

Los osos polares son una de las especies más afectadas

- El cambio climático es un impulsor directo que exacerba cada vez más los efectos de otros destructores de la naturaleza. Se estima que el ser humano había causado un calentamiento observado de aproximadamente 1°C en 2017, con respecto a los niveles preindustriales, y que las temperaturas medias han aumentado 0,2°C por decenio a lo largo de los últimos 30 años. La frecuencia e intensidad de los fenómenos meteorológicos extremos que el cambio climático trae consigo, como incendios, inundaciones y sequías, han aumentado en los últimos 50 años, mientras que el nivel medio global del mar ha subido entre 16 y 21 cm. desde 1900, y a un ritmo de más de 3 mm. por año en los dos últimos decenios.

Destrucción de la Flora y Fauna Submarina

- En los últimos 50 años, la población humana se ha duplicado, la economía mundial se ha multiplicado casi por 4, mientras que el comercio global lo ha hecho por 10; la suma de estos factores ha hecho crecer la demanda de energía y materiales, lo que contribuye al calentamiento global.

- Por regla general, los incentivos económicos han favorecido la expansión de la actividad económica, y a menudo han derivado en daños ambientales, antes que en su conservación o la restauración.

- La conservación de la naturaleza es esencial para la vida del hombre, los animales y los seres vivos. Sin embargo, las tendencias negativas de la diversidad biológica y los ecosistemas socavarán los avances relacionados con el combate a la pobreza y el hambre, la salud, el agua, el clima, los océanos y las tierras.

El siguiente video muestra de manera clara la gravedad de los efectos que ocasiona el cambio climático y la forma en la que afecta la vida en el mundo y en especies animales.

Video Morsas se lanzan al vacío desde un acantilado:

https://www.youtube.com/watch?v=wXdujg0b8-0

[QR code] [28]

- Las zonas del mundo que sufrirán efectos negativos considerables a raíz de los cambios globales en materia de clima, diversidad biológica, funciones de los ecosistemas y contribuciones de la naturaleza a las personas, también albergan grandes concentraciones de pueblos indígenas y muchas de estas regiones son las más empobrecidas del planeta.

Como podemos observar, para la atención efectiva y oportuna del cambio climático, es necesario implementar soluciones que contemplen contextos sociales, económicos y ecológicos, así como el consumo responsable, la equidad y sostenibilidad para mitigar sus efectos. Sin duda, ha habido algunos resultados positivos, mas no suficientes para detener los impulsores directos e indirectos que deterioran día a día la naturaleza.

Entonces habrá que preguntarnos:

¿Podremos sustituir los animales extintos de estos tiempos y desarrollar nuevas plantas que sustituyan el orden ecológico?
¿Tendremos tiempo para lograr revertir estos efectos del cambio climático?
¿Cómo podemos participar para evitar la deforestación y extinción de especies?

d) Contaminación del agua, el espacio y el suelo.

---

[28] Conductor Amarillo (2019, 15 de abril). Aterrador: Morsas se lanza al vacíon desde el acantilado (VIDEO). *Youtube*. https://www.youtube.com/watch?v=wXdujg0b8-0

Otro de los problemas que afecta severamente nuestro planeta está relacionado con la contaminación del agua, el espacio y el suelo.

Los océanos y ríos se han convertido en tiraderos de basura y plásticos, y han afectado toda la vida marina del planeta. Según datos recientes,[29] en los espacios marinos hay unos 250 millones de toneladas de desechos plásticos, una cifra que se triplicará en 2040 si no hay "un cambio importante de paradigma", advierte Alberto Quesada, coordinador regional de contaminación de la fundación latinoamericana MarViva.

El Fondo Mundial para la Naturaleza (WWF, por sus siglas en inglés) ha alertado en un reciente informe que la contaminación por plásticos ha llegado a todos los lugares de los océanos y su masa es tal que, aunque se dejasen de arrojar desechos, el volumen se duplicaría para el 2050. Muy grave resulta también que el 88% de las especies marinas está afectadas por la contaminación plástica, y, además, el humano consume estos desechos al ingerir los productos pesqueros contaminados. El impacto en la salud aún se desconoce, pero evidentemente puede ser muy perjudicial, de acuerdo con la agencia Efe en Ginebra y el director para la política global del plástico de WWF, Eirik Lindebjerg.

Se ha encontrado basura de plástico a 50 metros de profundidad en los océanos, donde ni siquiera llega luz. El plástico impide que el fondo marino actúe como sumidero de gases de efecto invernadero, una tarea similar a la que realizan los árboles.

---

[29] *La contaminación marina por plásticos. Un análisis integral.* Costa Rica, Fundación MarViva, 2022. https://marviva.net/wp-content/uploads/2022/03/MarViva-ContaminacionMarinaPlasticosDigitalV11.pdf

23- Una botella de agua no cambia nada en 10 años

"La función de balance del clima, de regulación de la temperatura de la Tierra gracias al océano es dramática. Parte de la lucha contra el cambio climático tiene que ver con recuperar su salud", sostiene el activista Alberto Quesada.

Por más insólito que parezca, no existen iniciativas reales para combatir la contaminación del agua por plásticos, de hecho, a lo más que se ha llegado ha sido a las propuestas de recuperación y reciclaje, pero la mayoría de estas propuestas resultan voluntarias y no han tenido éxito.

"Reciclar los plásticos no es técnicamente sencillo, es bastante costoso y muchos ni siquiera son reciclables", afirma este activista, quien asevera que "las iniciativas voluntarias impulsadas por las empresas no han sido efectivas ni eficientes".

Un estudio publicado en 2017 indicó que solo el 9 % del plástico fabricado alguna vez se ha reciclado, cerca del 12 % se ha quemado, y el resto se ha arrojado a basureros. El reciclaje forma parte de una medida importante, pero no resulta suficiente para combatir la contaminación.

Se requiere una visión integral, reducir la producción no necesaria y no reciclable.[30]

En la siguiente imagen, observamos a un caballito de mar jalando con su cola un cubrebocas, lo que confirma que la especie más sucia y destructora es el ser humano.

En cuanto a la contaminación atmosférica, en el año 2021 se inició el denominado "turismo espacial", cuando el multimillonario británico fundador de *Virgin Group*, Richard Branson, y el fundador de Amazon, *Jeff Bezos*, iniciaron la carrera comercial para llevar turistas adinerados al espacio; esta experiencia ofrecía la posibilidad de vislumbrar la tierra desde el espacio, en gravedad cero, por cerca de diez minutos.

Y aunque ambos magnates han señalado que sus cohetes espaciales son "ecológicos", éstos utilizan hidrógeno líquido y propelentes de oxígeno líquido híbrido, compuesto por un combustible sólido a base de carbono, polibutadieno terminado en hidroxilo (HTPB) y un

---

[30] ¿Por qué urge nuevo tratado internacional sobre contaminación por plásticos? (2022, 23 de febrero). EFE Verde. https://efeverde.com/tratado-internacional-contaminacion-plasticos/

La contaminación marina por plásticos. Un análisis integral. Costa Rica, Fundación MarViva, 2022. https://marviva.net/wp-content/uploads/2022/03/MarViva-ContaminacionMarinaPlasticosDigitalV11.pdf

oxidante líquido, óxido nitroso (gas de la risa), así como queroseno líquido y oxígeno líquido, compuestos que contribuyen a la contaminación del aire más cerca de la Tierra.

Los efectos medioambientales del turismo espacial generan gases de efecto invernadero y contaminantes del aire que persisten alrededor de dos o tres años, y terminan afectando la atmósfera y estratósfera, ya que los óxidos de nitrógeno y las sustancias químicas que se forman a partir de la descomposición del vapor de agua convierten el ozono en oxígeno, y agotan la capa de ozono que protege la vida en la Tierra contra la dañina radiación ultravioleta; además, las emisiones de escape de CO_2 y el hollín atrapan el calor en la atmósfera, lo que contribuye al calentamiento global. Como ejemplo, las emisiones de CO_2 para los cuatro turistas en un vuelo espacial serán entre 50 y 100 veces más que las emisiones de una a tres toneladas por pasajero en un vuelo comercial de larga distancia.

Asimismo, durante el lanzamiento, los cohetes pueden emitir entre cuatro y diez veces más óxidos de nitrógeno que Drax, la planta de energía térmica más grande del Reino Unido, durante el mismo período.[31]

Asimismo, la atmósfera que rodea a la tierra también se encuentra muy contaminada por satélites obsoletos, partes de cohetes, combustibles líquidos y otros desechos espaciales que se mueven a grandes velocidades alrededor de la tierra.

Según la Oficina del Programa de Escombros Orbitales de la NASA, giran en torno a la Tierra unos 21.000 fragmentos de más de 10 centímetros, aproximadamente 500.000 de entre uno y 10 centímetros de diámetro y más de 100 millones de partículas de menos de un centímetro. Asimismo, la cantidad total de material que está dando vueltas alrededor de nuestro planeta supera las 7.600 toneladas.

Estos desechos pueden tener consecuencias graves porque producen colisiones que generan más basura espacial.-En la siguiente imagen, proporcionada por la web Stuff in Space, se aprecia todos los desechos espaciales que rodean la tierra diferenciados por colores.

---

[31] Artículos sobre turismo espacial (2023, 20 de julio). *The Conversation.* https://theconversation-com.translate.goog/us/topics/space-tourism-4916?_x_tr_sl=en&_x_tr_tl=es&_x_tr_hl=es-419&_x_tr_pto=sc

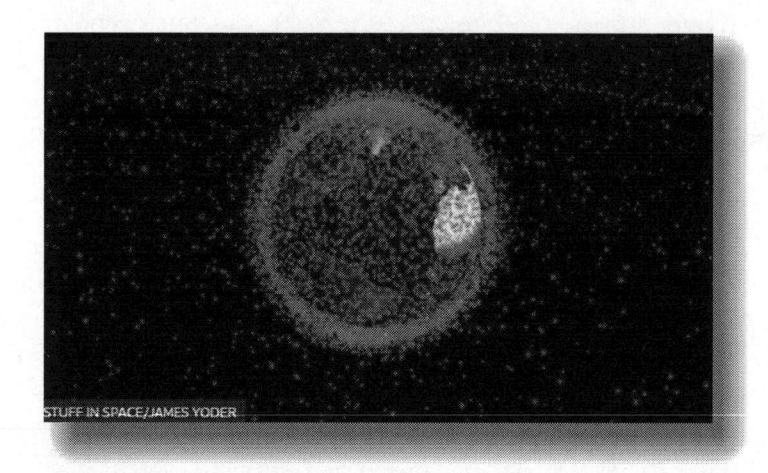

En esta fotografía se muestra la cantidad y tipo de basura que gravita alrededor de la tierra, cada color representa un tipo de basura específica.

Otro factor de contaminación atmosférica que crece cada día más se encuentra en el desplazamiento de aeronaves privadas, de acuerdo con un análisis de la agencia de marketing Yard, cuyo objetivo fue focalizar el impacto ambiental tan "desproporcionado" que tiene el uso de los transportes privados. El sector aéreo es el responsable de entre el 2 y 3% de las emisiones mundiales de CO_2, según un informe de *Transport & Environment*, publicado en mayo de 2022; además, indica que los vuelos causan una huella de carbono por pasajero entre 5 y 14 veces superior a los vuelos comerciales y 50 veces mayor al tren.

El jet privado de la cantante Taylor Swift encabeza la lista de los artistas que más contaminan hasta julio de 2022, con 170 vuelos; sus emisiones ascienden a 8 mil 293.54 toneladas. Su vuelo más corto duró sólo 36 minutos, y voló de Missouri a Nashville.

La leyenda de boxeo, Floyd Mayweather, ha emitido, hasta julio de 2022, 7 mil 76.8 toneladas de CO_2. El uso de su jet privado ha acumulado más vuelos que cualquier celebridad, y ha hecho en promedio 25 vuelos por mes, es decir, casi uno por día. El vuelo más corto registrado fue de tan solo 10 minutos a las Vegas, y contaminó 1 tonelada de CO_2.

El tercero en la lista es el rapero Jay-Z, cuyo avión privado ha emitido 6 mil 981.3 toneladas de $C0_2$. El vuelo más corto que ha realizado es de 29 minutos de Carolina del Norte a Ohio.

El cuarto lugar lo ocupa el ex jugador de béisbol A-Rhod con 5 mil 342.7 toneladas de CO_2.

El quinto en la lista es el cantante de música country Blake Shelton con 4 mil 495 toneladas de CO_2.

El siguiente es el director de cine Steven Spielberg, cuyo avión privado ha emitido un total de 4 mil 465 toneladas de CO_2. El vuelo más corto registrado es de 18 minutos desde Ámsterdam a Rotterdam.

El séptimo lugar lo ocupa Kim Kardashian, con 4 mil 268.5 toneladas.

El octavo lugar lo tiene el actor Mark Wahlberg, quien ha emitido 3 mil 772.85 toneladas; su viaje más corto es de 29 minutos.

El siguiente lugar lo ocupa la multimillonaria presentadora de televisión Oprah Winfrey, cuyo jet privado ha emitido un total de 3 mil 493.17 toneladas de CO_2. Sus vuelos más cortos son de 14 y 16 minutos, y han contaminado 1 tonelada de CO_2.

Y el último lugar, lo ocupa Travis Scott con 3 mil 33 toneladas de CO_2, y el vuelo más corto realizado es de 10 minutos.

Cómo podemos apreciar, las celebridades –sólo hemos mencionado algunas- han emitido en promedio 3 mil 376 toneladas de CO_2 hasta julio de 2022, esto es 482.37 veces más emisiones anuales que una persona promedio. Es fácil perderse en la deslumbrante y glamorosa vida de los ricos y famosos, sin embargo, son una parte del problema de la contaminación del aire que tenemos actualmente.[32]

En fechas recientes también se ha hablado de la *electrocontaminación*, la cual se produce a través de las ondas electromagnéticas que resultan del uso de aparatos electrónicos y teléfonos celulares, los cuales contaminan la naturaleza y la salud humana, como puede apreciarse en el siguiente video.

https://www.youtube.com/watch?v=82t9M84Kr8c

---

[32] Agencia Reforma (2022, 06 de agosto). *Diario de León*. El enlace de esta nota no se encuentra más en internet, sin embargo, considero adecuado compartir, por lo menos, el día y el medio electrónico de donde se ha tomado la información.

[33]

Por otra parte, la contaminación del suelo supone la alteración de la superficie con sustancias que ponen en peligro los ecosistemas y resultan perjudiciales para la vida. Esta alteración tiene causas naturales o es producida por causa del ser humano.

Entre las alteraciones derivadas por fenómenos naturales, se encuentran las lluvias ácidas, erupciones volcánicas o incendios, en los que se emiten grandes concentraciones de gases y azufres.

Ahora, forman parte de la contaminación causada por el ser humano el almacenamiento incorrecto de residuos o desechos industriales, hidrocarburos, fugas radiactivas, escombros industriales, vertederos de basura y residuos incontrolados, entierro ilegal de bidones, accidentes en el transporte de mercancías peligrosas, vertido incontrolado de aguas residuales no tratadas, pesticidas y abonos y deposición de contaminantes atmosféricos.

Los efectos de la contaminación del suelo pueden ser silenciosos, es decir, avanzan poco a poco y dañan a seres humanos, animales y plantas, o bien, impactan de manera abrupta y con un gran alcance, y afectan a una gran cantidad de víctimas, como las catástrofes ambientales de la fuga radioactiva de la central japonesa de Fukushima y la explosión en la central nuclear de Chernobyl en la Unión Soviética. Ambas causaron daños radioactivos irreversibles de gran magnitud para toda forma de vida.[34]

Ignacio Dean, un naturalista y divulgador español, señaló que existe un día conocido como el día de la sobrecapacidad de la tierra y señala el momento del año en que nosotros gastamos los recursos que la tierra produce a lo largo de ese año.

---

[33] Noxtak (2021, 15 de agosto). Understanding Electropollution & NOXTAK. *Youtube*. https://www.youtube.com/watch?v=82t9M84Kr8c

[34] *Crf.* Juste, Irene (2 de febrero 2021). Contaminación del suelo: causas, consecuencias y soluciones. *Ecología Verde*. https://www.ecologiaverde.com/contaminacion-del-suelo-causas-consecuencias-y-soluciones-285.html

Y cada año que pasa se va adelantando; en la actualidad el día de sobrecapacidad de la tierra a nivel planetario es el 29 de junio; desde ese momento estamos consumiendo los recursos de las generaciones futuras; eso significa que vivimos como si tuviéramos 1.75 planetas. El estilo de vida y ritmo de consumo en Estados Unidos requiere 5 planetas. En la Unión Europea el estilo de vida requiere de 2.8 planetas.

Ahora que sabemos que la salud del planeta es igual a lo que la naturaleza regenera menos lo que consumimos, ¿qué podemos hacer?
¿Tenemos la posibilidad de limpiar los mares del plástico y contundentemente ya no ensuciarlos?
¿Qué podemos hacer nosotros para detener la contaminación del aire, el espacio y el suelo?
¿Cómo podemos participar?
¿Tendremos tiempo no sólo para detener la contaminación del agua, sino para revertir la que ya existe?

e) Impacto ambiental de las criptomonedas

A medida que los efectos del cambio climático crecen en el planeta, los esfuerzos por contenerlo parecen ser insuficientes; si bien se han identificado un sinnúmero de contaminantes como combustibles fósiles, la contaminación del aire, suelo y mar, en los últimos años el crecimiento del mercado de las criptomonedas y las exigencias de su producción y control derivan en grandes y severos costos para la ecología del planeta.

El Bitcoin es la criptomoneda más grande del mundo y es un medio de intercambio virtual que existe solo electrónicamente; no tiene una contrapartida física, como una moneda o un billete y no se ha apostado o respaldado con dinero para iniciarlo.

El Bitcoin nació en 2008 cuando una misteriosa persona llamada Satoshi Nakamoto (cuya verdadera identidad aún se desconoce) creó un sistema de contabilidad digital logrado a través del uso de las matemáticas y la criptografía con transacciones registradas en *blockchain*.

Ahora bien, *blockchain* es una base de datos que se comparte a través de una red con todas las transacciones registradas en bloques vinculados entre sí. Nodos poderosos, es decir, computadoras conectadas a las otras computadoras en la red, ejecutan el software Bitcoin y validan transacciones y bloques. Cada nodo tiene una copia de toda la cadena de bloques con un historial de cada transacción que se ha ejecutado en él, sin embargo, Nakamoto limitó la cantidad de bitcoins que podrían crearse a 21 millones.

Las criptomonedas están descentralizadas, es decir, no existe una autoridad, banco o gobierno que las regule. No hay tarifas de transacción; cualquiera puede usarlas y simplifica las transacciones al poder enviar dinero a través de diversos medios y fronteras. Aunque se lleva a cabo un seguimiento de las transacciones, las personas que las realizan permanecen en el anonimato. Precisamente este anonimato y la falta de una regulación centralizada provoca que los evasores de impuestos, delincuentes o terroristas puedan llegar a usarlas con fines funestos.

Actualmente, los bitcoins se liberan a través de un método al que se le ha dado el nombre de minería, que consiste en un proceso de validación y registro de nuevas transacciones en la cadena de bloques. El *minero* que logra esto primero es recompensado con un nuevo bitcoin. Cuanto más alto es el precio del bitcoin, cada vez más mineros compiten y más difíciles se vuelven los acertijos para enlazar las cadenas de bloques.

Por cada 210.000 bloques, "la recompensa de bitcoin para los mineros se reduce a la mitad. Según Investopedia, cuando se extrajo bitcoin por primera vez en 2009, extraer un bloque generaría 50 bitcoins. Para noviembre de 2020, la recompensa era de 6,25 bitcoins, pero el precio era de unos 17.900 dólares por bitcoin, por lo que un minero ganaría 111.875 dólares (6,25 x 17.900) por completar un bloque".[35] Es así como a través del bitcoin, muchas personas se hicieron ricas en poco tiempo. La capitalización de mercado de las casi 19 000 criptomonedas en circulación en 2022 es alrededor de $1,75 billones, casi lo mismo que el producto interno bruto de Italia, la octava economía más grande del mundo.

El aumento en el valor de las criptomonedas ha generado que cada vez más personas se incorporen a su generación y comercio, lo que impacta el cambio climático, ya que el consumo de energía para su producción exige computadoras más modernas y poderosas que trabajen prácticamente las 24 horas del día y los 365 días del año; las implicaciones ambientales que conlleva este proceso resultan profundas, como mencionamos a continuación.[36]

La minería de Bitcoin es un negocio altamente competitivo, que precisa de amplias instalaciones climatizadas que albergan decenas de miles de computadoras de alta tecnología que funcionan las 24 horas. Se cree que Bitcoin consume 707 kWh por transacción. Además, las computadoras consumen energía adicional porque generan calor y

---

[35] Renee Choo (2021, 20 de septiembre). Los impactos del Bitcoin en el clima y el medio ambiente. *Columbia climate School. Climate, Earth and Society. State of Planet.*

https://news.climate.columbia.edu/2021/09/20/bitcoins-impacts-on-climate-and-the-environment/

[36] *Ibidem.*

necesitan sistemas para mantenerse frescas. Y aunque es imposible saber con precisión cuánta electricidad usa Bitcoin, porque diferentes computadoras y sistemas de enfriamiento tienen diferentes niveles de eficiencia energética, un análisis de la Universidad de Cambridge estimó que la minería de bitcoin consume 121,36 teravatios hora al año. Esto es más de lo que consume toda la Argentina, o más que el consumo de Google, Apple, Facebook y Microsoft juntos, como puede apreciarse en el siguiente mapa.

Mapa que muestra el consumo de energía para producir el bitcoin

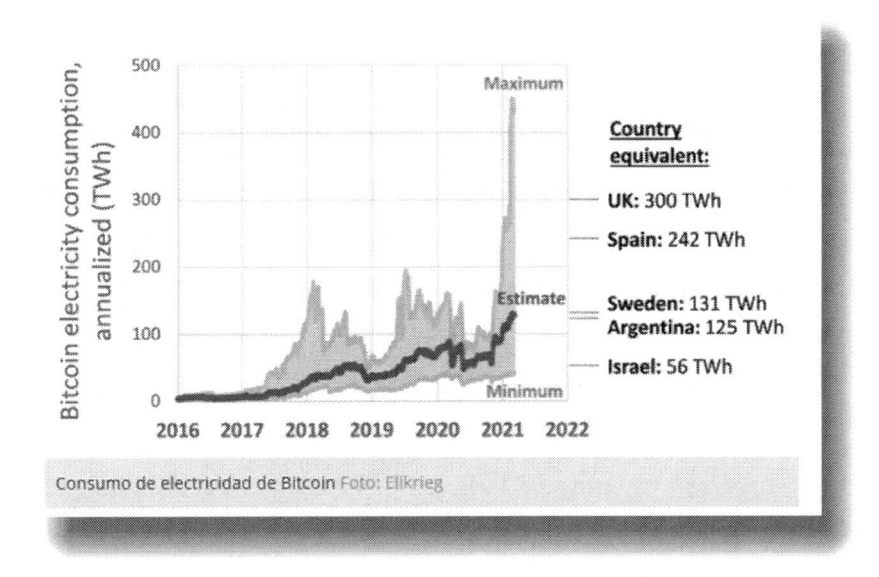

Consumo de electricidad de Bitcoin Foto: Elkrieg

El operador de la red de Texas, ERCOT, estima que los *criptomineros* pueden aumentar la demanda de energía hasta en 6 gigavatios para mediados de 2023.

La competencia por ganar más dinero entre los mineros exige computadoras y procesadores más potentes y un mayor consumo de energía por el tiempo invertido en descifrar los algoritmos. Entre 2015 y marzo de 2021, el consumo de energía de Bitcoin aumentó casi 62 veces. Según la Universidad de Cambridge, solo el 39% de esta energía[37] proviene de fuentes renovables, y en su mayoría proviene de la energía hidroeléctrica, que puede tener impactos dañinos en los ecosistemas y la biodiversidad.

---

[37] Benjamin Kelley (2021, 10 de abril). Cryptocurrency Mining's High Energy Demand: Can the Benefits of Digital Currencies Overcome their Significant Environmental Impacts? *Journals Library Columbia*. https://journals.library.columbia.edu/index.php/consilience/blog/view/349

En 2020, China controlaba más del 65 por ciento del poder de procesamiento global de la red Bitcoin; los mineros aprovecharon la electricidad barata de la energía hidroeléctrica y las centrales eléctricas de carbón sucio. Sin embargo, China tomó medidas contra la minería por los riesgos financieros de las criptomonedas y el enorme consumo de energía que va en contra del objetivo de China de ser neutral en carbono para 2060. Como resultado, muchos mineros chinos de bitcoin trasladaron sus operaciones a otros países, como Kazajistán y Estados Unidos.

En Nueva York, existe una antigua central eléctrica de carbón en Dresden, conocida como *Greenidge Generation*, la cual comenzó a usar gas natural, lo que la convirtió en una de las minas de criptomonedas más grandes de los Estados Unidos; sus emisiones de gases de efecto invernadero aumentaron casi diez veces entre 2019 y 2020.

Greenidge planea duplicar su capacidad respecto al 2021 en 2022 y quiere convertir más centrales eléctricas a la minería para 2025. Otras plantas de picos contaminantes (plantas de energía que generalmente solo funcionan durante las horas pico de demanda, durante unas pocas horas al mes) están siendo absorbidas para que la *criptominería* funcione las 24 horas del día, los 7 días de la semana.

Las centrales eléctricas como *Greenidge* también consumen grandes cantidades de agua. Esta última, por ejemplo, extrae hasta 139 millones de galones de agua dulce del lago Seneca cada día para enfriar la planta y la descarga entre 30 y 50 °F más caliente que la temperatura promedio del lago, lo que pone en peligro la vida silvestre y la ecología del lago. Sus grandes tuberías de entrada también aspiran y matan larvas, peces y otros animales.

Mapa del porcentaje del hashrate de bitcoin de Foundry USA por estado en Estados Unidos hasta marzo de 2022.

A nivel mundial, el consumo de energía de Bitcoin tiene consecuencias climáticas realmente graves; se estima que una sola transacción de bitcoin quema 2,292.5 kilovatios hora de electricidad, suficiente para alimentar un hogar estadounidense típico durante más de 78 días. Asimismo, se cree que emite de 22 a 22,9 millones de toneladas métricas de emisiones de CO_2 cada año, equivalente a las emisiones de CO_2 del uso de energía de 2,6 a 2,7 mil millones de hogares durante un año. Un estudio[38] advirtió que Bitcoin podría impulsar el calentamiento global más allá de los 2°C.

Otro estudio[39] estimó que la minería de bitcoins solo en China podría generar 130 millones de toneladas métricas de CO_2 para 2024. Sin embargo, con más minería moviéndose a los Estados Unidos y otros países, esta cantidad aumentaría todavía más.[40]

---

[38] Camilo Mora, Randi L. Rollins, Katie Taladay, Michael B. Kantar, Manson K Chock, Mio Shimada, Eric C. Franklin. "Bitcoins emissions alone could push global warming above 2oC" en Nature Climate Change 8 (2018).

[39] Shangrong Jiang, Yuze Li, Quanying Lu, Yongmiao Hong, Dabo Guan, Yu Xiong y Shouyang Wang. "Policy assessments for the carbon emissions flows and sustainability of Bitcoin blockchain operation in China". Nature Communications 12 (2021).

[40] Hinsdale, Jeremy (2022, 04 de mayo). El sucio secreto de las criptomonedas: el consumo de energía. Columbia Climate School. Climate, Earth and Society.

https://news.climate.columbia.edu/2022/05/04/cryptocurrency-energy/

Otro problema ecológico generado por la red Bitcoin consiste en que la competencia entre mineros requiere de un hardware cada vez más especializado, por lo que al menos cada año y medio se deben renovar los equipos y sistemas. Se estima que la red Bitcoin genera 11,5 kilotones de desechos electrónicos cada año, lo que se suma al enorme problema que se tiene ya con los desechos de este tipo.[41]

Aunado a este panorama, un nuevo fenómeno en el mundo del arte se ha sumado a las preocupaciones ambientales sobre las criptomonedas: las NFT (Tokens no fungibles), que son archivos digitales de fotos, música, videos u otros tipos de obras de arte estampadas con cadenas de código únicas. Las personas pueden ver o copiar NFT, pero hay un NFT único que pertenece al comprador y se almacena en la cadena de bloques y se protege con el mismo proceso de prueba de trabajo que consume mucha energía. Los NFT se venden por cientos de miles de dólares; Beeple, un artista digital, vendió un NFT por más de $69 millones de dólares.

Ethereum, la segunda criptomoneda más popular después de Bitcoin, es la creadora de los NFT, cuya marca de contaminación promedio estriba en los 440 libras de carbono, el equivalente a conducir 500 millas en un automóvil a gasolina, lo que produce emisiones 10 veces más altas que la transacción promedio de Ethereum.

Ante la presión mundial para contrarrestar el impacto ambiental, hay una serie de proyectos que buscan reducir la huella de carbono de Bitcoin y las criptomonedas en general, sin embargo, cada una de estas ideas requiere gastos de capital iniciales muy altos y, hasta el momento, ninguna de las propuestas se ha concretado. Los esfuerzos para hacer que las criptomonedas sean más ecológicas incluyen el uso del gas metano de la perforación de combustibles fósiles, que generalmente se quema, y la instalación de plantas en áreas donde abunda la energía eólica, como el este de Texas.[42]

Asimismo, en este contexto y en medio de la lucha por mantener la hegemonía económica en el mundo, el gobierno de EEUU, a través del presidente Joe Biden, estudia la creación

---

41 Renee Cho (2018, 27 de agosto). What Can We Do About the Growing E-waste Problem? Columbia Climate School. Climate, Earth and Society. https://news.climate.columbia.edu/2018/08/27/growing-e-waste-problem/

42 Pablo Kim (2022, 17 de marzo). ¿Cuáles son los impactos ambientales de las criptomonedas? INSIDER. Personal Finance. https://www.businessinsider.com/personal-finance/cryptocurrency-environmental-impact

Bogna, John (2022, 08 de enero). ¿Cuál es el Impacto Ambiental de las criptomonedas? PCMag.

https://www.pcmag.com/how-to/what-is-the-environmental-impact-of-cryptocurrency

de una divisa virtual, con el mismo valor del dólar físico y con potencial para cambiar la forma en que se mueve y usa el dinero a nivel global.

El dólar virtual se emitiría por la Reserva Federal de los EEUU y sería accesible para todos, no solo para los Bancos, además, este tipo de moneda resultaría preferible y más estable que el uso de criptomonedas, cuyas cotizaciones suelen ser muy volátiles.

Además, reduciría, o eliminaría, los costos de transacción, ya que los intercambios no pasarían por los bancos o aplicaciones que cobran comisiones en cada pago. Además, las transferencias internacionales, a menudo lentas y caras de realizar, podrían facilitarse enormemente.

Sin embargo, aún es necesario definir algunas respuestas, como si un dólar digital utilizaría la tecnología digital *blockchain* como el Bitcoin, o si estaría vinculado a algún tipo de tarjeta; todas estas medidas también redundarían en una avanzada de gobierno contra la privacidad de las operaciones

Pero como todo, el dólar digital también tiene ciertos riesgos, como fallas en el sistema, ataques cibernéticos y privacidad, porque el gobierno tendría acceso a todas las transacciones y estos problemas tendrían la posibilidad de socavar la confianza en la institución emisora; también el uso de dólares digitales terminaría por afectar a los bancos e instituciones financieras.

Si el uso del dólar digital se hace extensivo, existiría la posibilidad de arruinar el sistema monetario de los países pequeños, cuya población optaría por utilizar ese tipo de dólar antes que la moneda local, y terminaría por convertirse en la moneda dominante.[43]

Ante todo este panorama habrá que preguntarnos y reflexionar con mucha atención lo siguiente:

¿Puede la ambición y codicia del hombre destruir el planeta?

¿Por qué nadie hace algo al respecto?

¿Nosotros qué podemos hacer ante todos estos cambios?

¿Aún tenemos tiempo para revertir los problemas ambientales producidos por estas nuevas divisas digitales?

---

[43] AFP (2022, 10 de marzo). ¿Cuál sería el impacto de un "dólar digital" de Estados Unidos? *El Economista*. https://www.eleconomista.com.mx/economia/Cual-seria-el-impacto-de-un-dolar-digital-de-Estados-Unidos-20220310-0031.html

f) Sequías y hambruna

En las últimas décadas ha habido múltiples y severas sequías en todo el mundo, pero quizá una de las más graves en los últimos años ha ocurrido en Estados Unidos, donde una megasequía y diversos incendios forestales han provocado que el Gran Lago Salado de Utah alcance su nivel más bajo en 58 años. El nivel actual del agua es casi nueve pies más bajo que la media a largo plazo del lago.

También el lago conocido como "Mar Muerto" de Salton, en el sur de California en Estados Unidos, está en su punto más bajo en más de medio siglo. Este lago es la mayor masa de agua salada del hemisferio occidental

Durante el mes de julio de 2019, el "Departamento de Recursos Naturales de Utah mencionó que las microbialitas, "rocas vivas" del fondo del lago que sirven de alimento a las moscas de la salmuera y a las gambas, se secarían a las pocas semanas de producirse un descenso histórico de las aguas, y pondrían en peligro todo el ecosistema."[44]

Kevin Perry, presidente del Departamento de Ciencias Atmosféricas de la Universidad de Utah, explicó que en el Gran Lago Salado se reproducen más de 300 variedades de aves, más que en ningún otro lugar de Estados Unidos, además diez millones de aves migratorias dependen también de las microbialitas, por lo que el impacto afectará enormemente la cadena alimenticia.

Asimismo, Perry declaró a la CNN[45] que, a medida que la prolongada sequía seca el suelo de Utah, el arsénico que se encuentra en él podría ser recogido por el viento y causar problemas respiratorios en los seres humanos.

Por otra parte, la escasez de agua es un problema mundial derivado no sólo del calentamiento global, sino del mal uso de ésta. De acuerdo con el *Water Conflict Chronology*, de la organización World Water, se tienen registrados cerca de 1,298 conflictos relacionados con el agua en diferentes partes del mundo, de los cuales, al menos 19, han ocurrido en México. A mediados del 2022, la Ciudad de Monterrey en el estado de Nuevo León, en México, sufrió la crisis más severa de su historia por la escasez del agua y la falta de lluvias en la región, lo que provocó una gran sequía y conflicto por el agua. El

---

44 Gino Spocchia (2021, 19 de julio). "Estamos a las puertas de una catástrofe": "Mar muerto" de EE.UU. se está secando y liberando arsénico al aire. Independent en Español. https://www.independentespanol.com/noticias/eeuu/gran-lago-salado-mar-muerto-arsenico-b1886771.html

45 Ibidem.

gobierno tomó decisiones de racionar el vital líquido en esa ciudad y otras entidades del país, con el fin de evitar conflictos potenciales y garantizar el abasto a la población.[46]

Recomendamos el siguiente video relacionado con el tema:

https://www.instagram.com/tv/ChcCLrWNIAa/?igshid=YmMyMTA2M2Y%3D

Otra zona severamente afectada por las sequías es la región conocida como Cuerno de África, conformada por Etiopía, Kenia y Somalia, donde hay precipitaciones escasas que afectan el cultivo y ganado, que deriva en una pobreza extrema y hambre.

De acuerdo con datos del Fondo de las Naciones Unidas para la Infancia (UNICEF), 190 millones de niños de diez países africanos (Benín, Burkina Faso, Camerún, Chad, Costa de Marfil, Guinea, Malí, Níger, Nigeria y Somalia) corren el mayor riesgo de sufrir la convergencia de tres crisis relacionadas con el agua: saneamiento e higiene inadecuados, enfermedades relacionadas con esta situación y riesgos climáticos.[47]

---

[46] Jesús Sesma, Suárez (s.f.). La guerra por el agua. *Excélsior*.

https://www.excelsior.com.mx/opinion/jesus-sesma-suarez/la-guerra-por-el-agua/1532450

[47] Newsweek en Español (2023, 20 de marzo). 190 millones de niños en 10 países están en peligro por triple crisis de agua. *Newsweek en Español*. https://newsweekespanol.com/2023/03/millones-ninos-peligro-crisis-agua/

La falta de agua y pastos está forzando a las familias a abandonar sus hogares, lo que ha provocado numerosos conflictos internos entre distintos grupos y comunidades. El panorama no es bueno debido a que los pronósticos meteorológicos son lúgubres en cuanto a la cantidad de lluvias que se esperan en el futuro, por lo que las condiciones humanitarias que ya padecen esos grupos podrían empeorar en los próximos años.

Lo que es un hecho es que el agua para beber se agota cada vez más y cabe preguntarnos qué podemos hacer ante esto. Veamos cómo está distribuida el agua en nuestro planeta en el siguiente video:

https://www.youtube.com/watch?v=kjOStxeHdfY

[48]

"Desde el año 2002, el prestigioso Instituto de Medio Ambiente de Estocolmo advirtió que mantener la actual política de desarrollo económico probablemente desencadenará "eventos

---

[48] ChemaTierra (2020, 25 de marzo). ¿En dónde se encuentra el agua del planeta?. *Youtube*. https://www.youtube.com/watch?v=kjOStxeHdfY

que pueden transformar radicalmente el clima y los ecosistemas del planeta". En su informe también señaló que, debido a la pobreza mundial, las continuas injusticias sociales y la sobreexplotación de los recursos naturales, nuestra sociedad podría sufrir una tras otra "crisis ambiental, social y de seguridad."[49]

Un tercio de los mantos acuíferos más grandes están a punto de agotarse, entre los cuales, tres de los destacan se encuentran ubicados en áreas donde existe gran tensión política. Según James Famiglietti, importante científico experto en agua del Laboratorio de Propulsión a Chorro de la NASA, la mayoría de nuestras aguas subterráneas en el mundo "son puntos previos de inflexión de sostenibilidad", lo que significa que solo es cuestión de tiempo para que nos quedemos sin agua dulce.

"La agresiva actividad humana, la deforestación y la emisión de gases de efecto invernadero vulneran cada vez más el suelo, lo que causa una pérdida de su capacidad de atrapar y retener humedad, y altera los ciclos hidrológicos. Varios científicos pronostican periodos de sequías e inundaciones más prolongados en los próximos años. Según la Organización Mundial Meteorológica (OMM), las sequías provocan inseguridad alimentaria a millones de personas a nivel mundial, y han dejado en el 2016 a 33 países en urgencia alimentaria. En los últimos meses, países latinoamericanos han soportado intensas lluvias ocasionando deslaves e inundaciones; especialmente Perú y Colombia en donde se registraron 321 fallecidos por la avalancha en Mocoa, Colombia y en Perú se registraron 106 fallecidos y más de 115.000 damnificados."[50]

Generalmente, la sequía, el hambre, la pobreza y la violencia van de la mano; por ejemplo, desde la ofensiva lanzada por el gobierno federal de Etiopía contra la región de Tigré, una guerra brutal se ha prolongado por más de un año, lo que ha obligado a millones de personas a refugiarse en otras áreas del país.
Allí, 26 millones de personas dependen de la ayuda humanitaria y 400,000 están a punto de padecer hambruna.
Para Martin Griffiths, Etiopía quizá presente la "situación más preocupante", donde millones de personas requieren ayuda alimentaria, aunque puntualiza que, en otras partes del mundo, también se están produciendo situaciones extremadamente graves.[51]

---

[49] ¿Se le está acabando el tiempo al planeta Tierra? (s.f.). *Testigos de Jehová JW.ORG*. https://www.jw.org/es/biblioteca/revistas/wp20080801/Se-le-est%C3%A1-acabando-el-tiempo-al-planeta-Tierra/

[50] 5 argumentos que demuestran que estamos acabando con el planeta Tierra (2017, 22 de abril). *Responsabilidad Social y Sostenibilidad Ecuador*. https://www.redceres.com/post/2017/04/22/5-argumentos-que-demuestran-que-estamos-acabando-con-el-planeta-tierra

[51] Nina Larson (2021). Crf. *Informe Anual de la Oficina de Coordinación de Asuntos Humanitarios de la ONU (OCHA)*, Ginebra, Suiza. (AFP/Fabrice Coffrini).

NOTIGRAM. Otra trágica foto de alto impacto es la tomada por Mike Wells, al demostrar el alto nivel de desnutrición en África.

Como señalamos, desde el sur de Etiopía hasta el norte de Kenia, y a través de Somalia, el Cuerno de África sufre una enorme sequía que preocupa a las organizaciones humanitarias y deja a casi 13 millones de personas amenazadas por el hambre. En esta enorme región, desde 2020 hay muy bajas precipitaciones, además de que entre 2019 y 2021, una plaga de langostas devastó los cultivos que se habían logrado sembrar.

Esta región, representa el 4% de la población mundial, pero el 20% de ésta se encuentra en situación de inseguridad alimentaria, de acuerdo con lo señalado el 11 de febrero de 2022 por Michael Dunford, director del Programa Mundial de Alimentos (PMA) para África del este de la ONU.

La dramática fotografía de Kevin Carterun que conmocionó al mundo entero, donde un buitre se encuentra esperando que un niño sudanés muera de hambre para abalanzarse sobre él.

La sequía ha sido devastadora para la agricultura, la fauna y los seres humanos. En Etiopía hay 5.7 millones de personas que necesitan ayuda alimentaria; en Kenia hay al menos 2.8 millones que también requieren asistencia alimentaria, y en Somalia hay 4.3 millones de personas con hambre severa. De este modo, la situación ha tomado niveles muy críticos.

En Afganistán, también se combinan décadas de conflicto con una fuerte sequía y una economía en caída libre desde que los talibanes asumieron el poder en agosto de 2021.

La Organización Mundial de la Salud (OMS) informó que sólo haciendo cambios en la agricultura se podría ayudar a los 3,000 millones de personas en el mundo que no tienen acceso a una dieta sana, sustentable y accesible. Esto ayudaría a prevenir 5.1 millones de muertes al año relacionadas con la dieta para 2050, de acuerdo con lo señalado por María Neira, directora de medio ambiente, cambio climático y salud de la OMS.

Dos tercios de la población necesitan ayuda y nueve millones de personas están al borde de la hambruna. La ONU requerirá de 4,500 millones de dólares para atender a 22 millones de afganos el próximo año.

En el siguiente mapa sobre la hambruna en el mundo, se puede apreciar el índice de falta de alimentos: con color rojo se muestra a las poblaciones con un índice "alto", y en color morado las que se encuentran en un nivel "muy alto".

También se requerirá de miles de millones de dólares para ayudar a las poblaciones de Yemen y Siria, donde la guerra permanece desde hace años.

"La agencia humanitaria de la ONU advirtió que, si no se actúa de inmediato para asistir a toda esta población, sobre todo a los habitantes del Cuerno de África, el mundo será testigo de una crisis humanitaria de grandes dimensiones, como la que ocurrió en 2011, cuando 250,000 personas murieron de hambre en Somalia. El plan también tiene la intención de ayudar a las comunidades, fortaleciéndolas para que aumenten su resiliencia a los impactos climáticos extremos."[52]

"El cambio climático hace que la hambruna sea "una posibilidad tan real como aterradora para 45 millones de personas en 43 países", advierte el informe. "Sin una acción duradera e inmediata, 2022 podría ser catastrófico" en un mundo en el que 811 millones de personas están mal alimentadas."[53]

Por otro lado, hay una esperanza para el mundo, pues actualmente se ha avanzado en los procesos de desalinización del agua de mar para convertirla en agua potable y, aunque se trata de un proceso muy costoso, a fin de cuentas, es una esperanza para la humanidad.

La planta desalinizadora más grande del mundo se encuentra en Arabia Saudí, país pionero en este proceso. En este país cuatro de cada cinco litros que se consumen provienen de plantas desalinizadoras.

Los siguientes países en la lista son Emiratos Árabes, Libia, Kuwait, Qatar, Estados Unidos, Japón y España.

---

[52] Cuerno de África: La sequía avanza mientras trece millones de personas sufren hambre (2022, 11 de febrero). *Hoja de ruta digital*. https://hojaderutadigital.mx/cuerno-de-africa-la-sequia-avanza-mientras-trece-millones-de-personas-sufren-hambre/

[53] La ONU necesitará 41,000 millones de dólares para ayuda de emergencia en 2022 (2021, 02 de diciembre). *Swissinfo*. https://hojaderutadigital.mx/cuerno-de-africa-la-sequia-avanza-mientras-trece-millones-de-personas-sufren-hambre/

Asimismo, dos de las plantas desalinizadoras más grandes del mundo se encuentran en Israel y la tercera planta más grande del mundo está en Australia Meridional, la cual abastece al 50% de la región.

En Europa, la planta desalinizadora más grande se encuentra en Torrevieja, Alicante, España.[54]

Sin duda, la desalinización del agua de mar es una respuesta ante la sequía mundial cada vez más grave, pero habrá que preguntarnos ante este panorama:

¿Podremos desalinizar agua del mar y proveer agua potable a 7 a 8 mil millones de personas en todo el mundo?
¿Los procesos de desalinización serán suficientes y accesibles para abastecer las necesidades de todo el mundo?
¿Los países más pobres donde hay más sequía, tendrán acceso a estos sistemas para el suministro de agua potable?
¿Se utilizará esa capacidad de conseguir agua potable como una herramienta más para controlar el mundo desde una pequeña élite supranacional, tal y como sucedió siglos antes con el descubrimiento del carbón y el desarrollo de las máquinas de vapor, que provocaron la terrible esclavitud en varios lugares del planeta?
¿Qué podemos hacer al respecto?
¿Tendremos tiempo para dotar al mundo de agua antes de terminarnos los mantos acuíferos actuales?

---

[54] Las plantas desalinizadoras más grandes del mundo (s.f.). *Aquae Fundación*. https://www.fundacionaquae.org/wiki/desalinizacion-en-el-mundo/amp/

g) Desplazamiento humano por violencia y cambio climático

Generalmente cuando hablamos de poblaciones de desplazados y refugiados, pensamos de inmediato en la salida forzada de personas de sus países por guerras, por gobiernos o dictaduras, o bien por condiciones extremas de violencia o pobreza. Pero lo último que imaginamos es que el cambio climático también pueda golpear y afectar directamente a muchas poblaciones en el mundo, obligándolos a salir de sus lugares de origen, sin contar con un refugio; tal es el caso de un sin número de lugares en todo el mundo, como el que abordamos en el inciso anterior en Etiopía, donde la sequía y los conflictos internos han obligado a su población a desplazarse a otros lugares.

Otro caso grave es el de las Islas Vanuatu, ubicadas en el Océano Pacífico Sur, donde se está perdiendo la superficie habitable por el avance de las aguas hacia la costa; se encuentra también el caso de Holbox, una playa en el estado de Quintana Roo, México, la cual puede desaparecer en algunos años como resultado del cambio climático; en una situación similar están las Palaos, un estado del Pacífico con 500 islas bajas amenazadas por el aumento del nivel del mar.

También en México, encontramos el caso del estado de Tabasco, donde el aumento del nivel del mar y las inundaciones frecuentes son unos de los principales efectos por la crisis climática. El Programa de Ordenamiento Ecológico Regional de Tabasco reconoce que este fenómeno afecta a 10 de 17 municipios, con una superficie estimada de 6,184 km2, y donde vive el 70% de la población del estado.

Magdalena Lagunas, investigadora socioambiental del Consejo Nacional de Ciencia y Tecnología (CONACYT) en Tabasco, explica que la industria petrolera en el estado contaminó y alteró las condiciones del sistema lagunar, conocido como Carmen-Pajonal-Machona. Señaló que, desde los años 70, se llevaron a cabo casi 100 aperturas artificiales de la desembocadura del complejo lagunar al mar. Esto provocó que la laguna se llenara de sal, y dejara de ser agua dulce; esto provocó que se perdieran especies, que el agua de pozos ya no fuese potable y tampoco pudiese utilizarse para cultivo. "En menos de 40 años, se quedaron sin comida, sin leña, sin suelo, sin agua y sin actividades productivas, y ahí permanece aún la gente".

En Tabasco, se ha suscitado un fuerte deterioro ambiental desde hace 40 años, con una pérdida del 58.3% de la cobertura vegetal; sólo el 65% de las viviendas cuenta con agua entubada y todos los municipios del estado han emitido declaratoria de desastre debido a las tormentas y grandes inundaciones que se presentan año con año.[55]

Aun así, se decidió apostar por la Refinería de Dos Bocas en Tabasco, a pesar de ser el lugar número 11 a nivel mundial en la emisión de gases de efecto invernadero, de acuerdo con la plataforma ClimateWatch.[56]

La situación de desplazamiento por los efectos del cambio climático ocurre también en países como Senegal, Gambia o Mauritania, cuya industria pesquera artesanal ha quedado destruida por los grandes barcos europeos, rusos y chinos, y este efecto ha dejado a sus habitantes sin medios de subsistencia y los ha obligado a desplazarse de manera peligrosa hacia otras regiones.

En la Conferencia de las Naciones Unidas sobre el Cambio Climático COP26 que se realizó en Glasgow, Escocia, en el mes de noviembre de 2021, la Directora General de Comisión Española de Ayuda al Refugiado (CEAR), Eva Galán, y la Directora de Greenpeace, Eva Saldaña, señalaron que aproximadamente 30.7 millones de personas en 2020 se vieron

---

[55] González Ortuño (2022, 15 de febrero). Tabasco ante la crisis climática: resistencia, pero sin políticas públicas para hacerle frente. *Animal Político*. https://www.fundacionaquae.org/wiki/desalinizacion-en-el-mundo/amp/

[56] *Ibidem*.

obligados a desplazarse de sus lugares de origen debido a fenómenos meteorológicos y climáticos y alertaron de la inexistencia de normas que les protejan y reconozcan, por lo que solicitaron la creación de leyes que permitan a los migrantes el derecho a solicitar residencia en países por razones climáticas.

Eva Saldaña señaló que "la crisis climática tiene un impacto cada vez mayor en el desplazamiento y las migraciones humanas. La elevación del nivel del mar, los ciclones devastadores o las sequías prolongadas afectan más habitualmente y con mayor gravedad a las poblaciones más desfavorecidas, que son precisamente las que menos han contribuido a generar el problema".[57]

Al mismo tiempo, el cambio climático y las catástrofes naturales que acarrea podrían forzar a 216 millones de personas a desplazarse dentro de su propio país de aquí a 2050.

Señaló que este fenómeno también afecta a países de primer mundo, como Estados Unidos en zonas afectas por incendios forestales y sequías, como California y Arizona.

El Departamento de Defensa de Estados Unidos ha insistido desde hace años en que el cambio climático es una amenaza a la seguridad nacional de ese país, por lo que el presidente Biden ordenó examinar "las opciones para la protección y el re-asentamiento de individuos desplazados directa o indirectamente por el cambio climático".

Por su parte, la Agencia de la ONU para los Refugiados (ACNUR) señaló en una investigación que el término "refugiado climático" es cada vez más común, y que, sin una acción climática y una reducción del riesgo de desastres ambiciosas, "los desastres climatológicos podrían duplicar el número de personas que requerirán asistencia humanitaria hasta alcanzar los 200 millones en 2050".[58] Destacó además que la situación de crisis humanitaria crónica en Afganistán, junto con la sequía, es un factor que provoca desplazamientos forzados constantes; según datos de la ONU, 260,000 afganos se vieron forzados a huir de sus hogares a causa de la sequía durante 2018.

---

[57] CEAR y Greenpeace alertan de que la crisis climática forzará a huir cada vez a más personas (2021, 06 de octubre). *CEAR*. https://www.cear.es/alerta-migraciones-climaticas/

[58] *El costo de no hacer nada. El precio humanitario del cambio climático y cómo evitarlo*. Federación Internacional de Sociedades de la Cruz Roja y de la Media Luna Roja, Ginebra, 2019.

[59] Nina Larson. (2021). Crf. Informe Anual de la Oficina de Coordinación de Asuntos Humanitarios de la ONU (OCHA), Ginebra, Suiza. (AFP/Fabrice Coffrini).

Martin Griffiths, Subsecretario General de la ONU para Asuntos Humanitarios, señaló que en el año 2022 la ONU necesitará 41 millones de dólares para ayuda de emergencia humanitaria para atender a personas en condiciones de emergencia de 63 países, ya sea por conflictos armados, efectos del cambio climático o COVID. Esto representa un 17% más que en 2021 donde se invirtieron 35 millones de dólares.[59]

Esto significaría que una persona de cada 29 en el mundo requeriría apoyo comunitario. Nunca el número de gente necesitada de ayuda "había sido tan alto", subrayó Martin Griffiths, durante una rueda de prensa en Ginebra.

El Informe Anual de la Oficina de Coordinación de Asuntos Humanitarios de la ONU dibuja un panorama de miseria humana en el que Afganistán, Etiopía y Birmania sobresalen como las más afectadas, junto con el cambio climático, que también ocupa buena parte del documento.

Y, por supuesto, también aparece la pandemia de COVID-19, que pronto entrará en su cuarto año tras haber dejado más de cinco millones de muertos oficialmente -aunque, según la OMS, esa cifra podría ser dos o tres veces superior-.

¿Por qué mostramos tanta indiferencia contra los que sufren desplazamiento?
¿Por qué no hacemos nada por los que sufren en países ajenos?
¿Qué podemos hacer para ayudarlos?

h) Efectos de las guerras en el medio ambiente

El medioambiente es la víctima silenciosa de los conflictos.
Doug Weir, director de investigación y política
del Conflict and Environment Observatory.

El ser humano es un depredador por naturaleza, no solo se ha dedicado a destruir el mundo, sino que con las guerras y conflictos armados se destruyen **también** grandes hábitats, se matan a la flora y fauna, se genera contaminación que incrementa el cambio climático y rehacen los ecosistemas por completo, con consecuencias que se extienden por décadas. La guerra es uno de los más terribles actos de destrucción.

Algunos estudios señalan que las guerras afectan a los ecosistemas más importantes del planeta. Por ejemplo, entre 1950 y 2000, más del 80% de los conflictos armados se llevaron a cabo en zonas críticas para la biodiversidad.
Un estudio de 2018 mostró que los conflictos armados estaban correlacionados con la disminución de la vida silvestre en áreas protegidas de África.

Los efectos de las guerras van desde la reducción de los recursos más elementales para la vida, como el agua y la tierra, hasta poner en riesgo todo tipo de vida, debido al incremento de la temperatura, la contaminación del agua, la propagación de enfermedades y el desplazamiento forzado de poblaciones enteras, que no solo se ven afectadas por la violencia en la que viven, sino también por un clima y medio ambiente cambiante y deteriorado.

En muchos casos, en las guerras se utilizan estrategias militares intencionales o explícitas de destrucción del medio ambiente para facilitar el ataque al enemigo.

Durante la guerra de Vietnam, por ejemplo, librada de 1955 a 1975, y que dejó cerca de 5,7 millones de víctimas, el ejército estadounidense roció con defoliantes extensas franjas de selva y arrasó con todo tipo de vida, para devastar los bosques y privar de protección a las fuerzas enemigas.[60]

El importante daño ambiental en Vietnam y en los países de la zona, especialmente Camboya, por la intervención militar de Estados Unidos, tardó casi dos décadas en iniciar su reparación.

Un helicóptero rocía con defoliantes sobre un ares del delta Mekong durante la guerra de Vietnam.

[60] Emily Anthes (2022, 15 de abril). El medioambiente es otra de las víctimas en la guerra de Ucrania. *The New York Times*. https://www.nytimes.com/es/2022/04/15/espanol/guerra-ucrania-medio-ambiente.html

Aun cuando la destrucción ambiental no es deliberada o no es el objetivo, la guerra causa un daño profundo y a largo plazo, porque las tácticas militares muchas veces precisan de la destrucción del medio ambiente: excavación de trincheras, vegetación destruida por el paso de tanques, los bombardeos que acaban con grandes extensiones, las zonas donde se plantan minas, y los incendios forestales que provocan los explosivos y bombas.

Además, las armas arrojan gases tóxicos y partículas que contaminan el agua, la tierra y el aire. "Los restos explosivos de guerra pueden contaminar la tierra y los recursos hídricos, y poner en peligro la vida silvestre. Esa degradación ambiental reduce la resiliencia y la capacidad de adaptación al cambio climático."[61]

En 2011, en algunas áreas de Ypres, que fue un campo de batalla en Bélgica durante la Primera Guerra Mundial, los científicos encontraron en la tierra elevados niveles de plomo y cobre después de tantos años.

Otro fenómeno que genera efectos indirectos durante las guerras y conflictos armados, y que también provocan una gran degradación ambiental, tiene que ver con el "saqueo de

---

[61] Siete cosas que debes saber sobre el cambio climático y los conflictos (s.f.). *Comité Internacional de la Cruz Roja.* https://www.icrc.org/es/document/siete-cosas-que-debes-saber-sobre-el-cambio-climatico-y-los-conflictos

recursos" por parte de los ejércitos, como el petróleo, la madera y la caza de algunos animales para financiar sus esfuerzos bélicos o incluso para sobrevivir.

La caza en tiempos de guerra afecta de manera desproporcionada a los mamíferos grandes, muchos de los cuales juegan roles críticos en la configuración de sus ecosistemas.

Por ejemplo, durante la guerra civil en Angola en 1975, debido al conflicto aumentó la demanda y acceso a armas automáticas, al tiempo que las patrullas que controlaban la caza ilegal suspendieron sus actividades, lo que ocasionó un aumento drástico en la caza de búfalos, antílopes y otras especies que redujeron alarmantemente su número; todas estas circunstancias terminaron por dejarlas en peligro de extinción.

Al mismo tiempo, hubo un colapso de las poblaciones de carnívoros; los leopardos y los licaones desaparecieron del parque y esto provocó cambios en el comportamiento de sus presas; el tímido antílope jeroglífico, que suele habitar en los bosques, empezó a pasar más tiempo en las llanuras abiertas, donde se daba un festín de plantas nuevas, lo que suprimió el crecimiento de la fauna endémica.

"Durante la guerra civil de Mozambique, que duró de 1977 a 1992, la densidad de la población de nueve grandes herbívoros —entre los que se encuentran elefantes, cebras, hipopótamos y búfalos— disminuyó más del 90% en el Parque Nacional de Gorongosa, y una de las consecuencias fue un arbusto invasivo que se extendió por todo el paisaje."[62]

La inseguridad alimentaria y la inestabilidad económica causada por las guerras amenazan incluso a los animales que más abundan.

"Según un estudio dirigido por Eugenia Bragina, coordinadora del desarrollo de la capacidad científica en el programa de la Sociedad de Conservación de la Vida Silvestre en el Ártico de Beringia, en 1991, luego de la desintegración de la Unión Soviética, los niveles de pobreza se incrementaron y la población de alces, jabalíes y osos pardos disminuyó. Estas especies no eran consideradas en peligro de extinción, pero la población de jabalíes disminuyó en un 50% entre 1991 y 1995 debido a que era uno de los principales alimentos de los rusos."[63]

---

[62] Emily Anthes (2022, 15 de abril). El medioambiente es otra de las víctimas en la guerra de Ucrania. *The New York Times*. https://www.nytimes.com/es/2022/04/15/espanol/guerra-ucrania-medio-ambiente.html

[63] *Ibidem*.

La guerra más reciente que enfrenta el mundo entre Rusia y Ucrania ha provocado una grave perturbación y agresión a los animales y las plantas, quienes también resienten las atrocidades de los conflictos bélicos humanos.

La Reserva de la Biosfera del Mar Negro, en la costa meridional de Ucrania, es un santuario para las aves migratorias, como el águila de cola blanca, la serreta mediana y la cigüeñuela común, solo por nombrar algunas en ellas.

También se alberga la rata topo de arena, en peligro de extinción, el delfín mular del mar Negro, flores exóticas, innumerables moluscos, decenas de especies de peces así como lobos grises, zorros rojos, perros mapaches, linces y jabalíes que residen en la zona de exclusión, al igual que los caballos de Przewalski y antílopes saiga en peligro de extinción, que fueron introducidos en la zona hace unas dos décadas. Sin embargo, hoy, la zona está ocupada por el ejército ruso.

Muchos animales dentro de la reserva, donde también se encuentra un zoológico, requieren alimentación suplementaria en invierno y principios de primavera, pero es posible que el gobierno no pueda mover fondos o suministros de manera segura a las reservas en las áreas ocupadas, lo que deja a los animales en riesgo de morir de hambre.

Aunado a este panorama, la actividad militar en la zona causó incendios tan grandes que pudieron ser vistos desde el espacio, lo que provocó gran preocupación por la destrucción de hábitats.

"Ucrania, que está en una zona de transición ecológica, también alberga vibrantes humedales y bosques y una extensa franja de estepa virgen. Los soldados rusos ya entraron, o realizaron operaciones militares, en más de un tercio de las áreas naturales protegidas del país. Sus ecosistemas y especies se han vuelto vulnerables".[64]

Otro riesgo de las guerras para el medio ambiente es la contaminación que produce la destrucción de plantas químicas, plantas de almacenamiento de petróleo, minas de carbón y otros complejos industriales que liberan enormes contaminantes o radiaciones que duran décadas y afectan a toda la flora y fauna de las zonas afectadas. En Ucrania abundan este tipo de instalaciones, algunas de las cuales ya han sido atacadas.

En la guerra entre Rusia y Ucrania, existe además el temor de sufrir los efectos por uso de armas químicas, no porque los rusos las estén usando, sino por la liberación de sustancias

---

[64] Ibidem.

toxicas que pueden producirse por los ataques a las instalaciones donde existen estos químicos.

Ucrania cuenta con 15 reactores nucleares en cuatro centrales y la más grande ya ha sido escenario de combates intensos. Esto puede provocar contaminación radiactiva a gran escala y no solo en Ucrania.

El efecto de esta contaminación radioactiva es muy peligroso; basta recordar lo sucedido con la central nuclear de Chernóbil, la cual se convirtió en zona de exclusión desde la catástrofe de 1986.

Las investigaciones realizadas en el lugar revelaron que la radiación no solo causó deformidades en algunos animales, sino que afectó a poblaciones enteras. "Observamos una disminución drástica de la abundancia y una menor diversidad de organismos en las zonas más radiactivas", señaló Timothy Mousseau, biólogo de la Universidad de Carolina del Sur.

"Los expertos afirman que la actividad militar rusa en la zona de exclusión de Chernóbil quizá haya empeorado las condiciones de la zona. Los incendios pueden haber liberado partículas radioactivas captadas por la flora local y conducir vehículos por las zonas más contaminadas posiblemente haya levantado nubes de polvo radiactivo".[65]
Recomendamos revisar el video contenido en el siguiente enlace: "Las leyes de la guerra y el medio ambiente".

https://www.youtube.com/watch?v=ijmV9xf3Jhg&t=46s

[QR code][66]

i) Enfermedades, epidemias y cambio climático

---

[65] Ibidem.

[66] CICR en Español (2019, 27 de junio). Las leyes de la guerra y el medio ambiente. Youtube. https://www.youtube.com/watch?v=ijmV9xf3Jhg&t=46s

Sin duda, la naturaleza y la salud se encuentran estrechamente vinculadas. La Organización Mundial de la Salud señaló que el cambio climático tiene gran influencia en la salud del mundo. Se prevé que entre 2030 y 2050 sus efectos traerán unas 250,000 muertes adicionales cada año, debido a enfermedades como paludismo (60,000), diarrea (48,000), malnutrición (9,000) y estrés calórico (38,000).

Asimismo, se estima que el coste de los daños en temas de salud llegará entre 2000 y 4000 millones de dólares de aquí a 2030.

La crisis de la COVID-19 ha replanteado la forma en la que vemos e interactuamos con la naturaleza. Como consecuencia de esta crisis, 20 millones de personas en todo el mundo han sufrido pobreza extrema en el último año. Asimismo, una multitud de sistemas sanitarios han sido afectados hasta llegar al caos, lo cual ha repercutido en la atención de otras enfermedades como el VIH, la tuberculosis y la malaria. Se informó que en 2021 23 millones de niños no pudieron recibir tratamientos de inmunización básica.
Desde el primer brote de coronavirus (COVID-19) en Wuhan China, el 31 de
diciembre de 2019, se han registrado un total de 474,114,550 casos, donde han muerto 6,098,771 personas.[67]

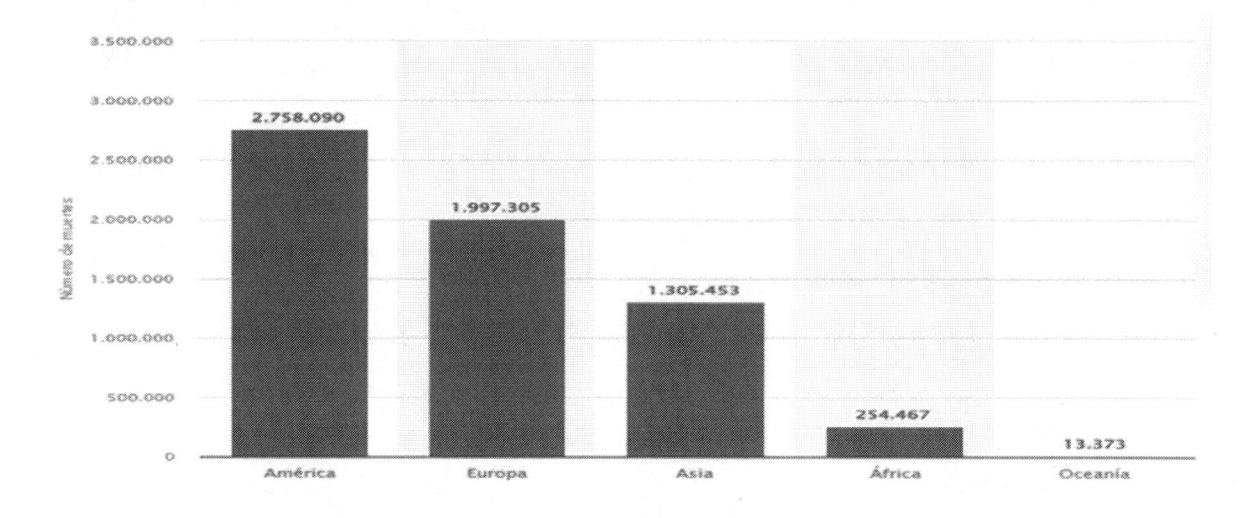

Número de personas fallecidas a consecuencia del coronavirus a nivel mundial al 12 de junio de 2022 por continente

---

[67] Cifra al 24 de marzo de 2022. Estadística proporcionada por Google.

https://www.google.com/search?q=muertes+por+covid+en+el+mundo&rlz=1C1CHBF_esMX914MX914&oq=muertes+por+&aqs=chrome.2.69i57j0i67i43312j0i67i2j0i512j0i131i433i512j0i512l2j0i457i512.3906j0j15&sourceid=chrome&ie=UTF-8

Desde marzo del 2022, la guerra entre Rusia y Ucrania ha desplazado de los titulares información del COVID con sus nuevos brotes y variantes, que siguen afectando la salud pública en todo el mundo.

Aunque muchos países ya cuentan con altos índices de vacunación, aún existe exposición a nuevos brotes, a nuevas variantes, a la incertidumbre sobre si necesitaremos más vacunas y si por fin la pandemia ya fue controlada o no.

Basta observar las cifras de los primeros meses de 2022, después de descender en 2021, pues el virus se ha vuelto a incrementar en el mundo. Los nuevos brotes aumentaron un 8% en la segunda semana de marzo respecto a la semana anterior. En total, se registraron 11 millones de casos nuevos.

El mayor aumento sucedió en la región del Pacífico occidental, incluyendo Corea del Sur y China, donde los casos crecieron un 25% y las muertes un 27%.

África, por otra parte, también experimentó un crecimiento del 12% de nuevas infecciones y un 14% más de muertes

En Europa, aunque no se ha registrado incremento de muertes, puede estar afrontando una nueva ola, con nuevos casos en países como Austria, Alemania, Suiza, Países Bajos y Reino Unido.

Estados Unidos y América Latina continúan con reducción en las infecciones, aunque algunos expertos piensan que lo que se ve en otras regiones del mundo puede pronto generalizarse al resto de los continentes.

"Y esto, según la Organización Mundial de la Salud (OMS), podría ser solamente la punta del iceberg, ya que muchos países han dejado de diagnosticar masivamente a sus poblaciones a la vez que han suprimido restricciones.
El aumento de casos a nivel mundial es preocupante. Todavía no estamos en una situación endémica con un número estable de casos, ni en un escenario donde los niveles de infección se expliquen a través de la estacionalidad", dice a BBC Mundo el profesor Aris Katzoura kis, de la Universidad de Oxford en Reino Unido."[68]

---

[68] José Carlos Cueto (17 de marzo, 2022). Coronavirus: Deltacrón y otras 3 preguntas sobre qué ha pasado con la COVID en lo que va de 2022. *BBC News Mundo*. https://www.bbc.com/mundo/noticias-60763365

¿Podríamos decir que la reciente crisis de salud mundial nos dio la experiencia suficiente para sortear las próximas crisis? ¿será suficiente la inmunidad de rebaño?

j) Terremotos y sismos

Un terremoto o sismo es un temblor o movimiento telúrico producido por una rápida liberación de energía, donde la corteza de la tierra es sacudida bruscamente debido, generalmente, a fallas geológicas.

"Los terremotos más leves liberan una energía parecida a un relámpago, mientras que los más fuertes pueden igualar a la energía eléctrica consumida en un año en Estados Unidos y superan en mucho a la explosión atómica más potente."[69]

Los terremotos generalmente se producen por el deslizamiento de la corteza terrestre en torno a una falla (donde esta capa es más frágil). Son el resultado del almacenamiento de energía elástica en la corteza y, en la medida que alcanzan su límite de deformación, se fracturan y liberan la energía acumulada en forma de vibraciones sísmicas.

Un ejemplo es cuando se lanza una piedra al agua y se producen ondas concéntricas; desde el origen se libera energía en todas direcciones y a este punto se le conoce como epicentro. En el caso de los terremotos, cuando las ondas del epicentro son liberadas, pueden llegar a la superficie y sacudir cimientos de edificios y también viajar horizontalmente por el interior de la tierra.

Con la liberación repentina de la energía, muchas veces los materiales o la propia corteza requiere cierto tiempo para acomodarse y de ese modo es como se producen la replicas, que son movimientos más débiles incluso varios días después del movimiento principal.

En la teoría de las placas tectónicas, los científicos explican los terremotos como resultado de movimientos lentos y continuos. "Estos bloques interactúan entre sí, y deforman las rocas de sus bordes. Es precisamente en esas zonas de interacción donde se originan la mayoría de los terremotos".[70]

Una falla geológica se origina cuando hay una especie de fractura de grandes bloques de rocas en la tierra y cuando las fuerzas tectónicas superan la resistencia de las rocas y causan dislocaciones verticales, horizontales o ambas.

[69] Gonzalo López Sánchez (2015, 26 de abril). ¿Por qué se producen los terremotos? *El Correo.* https://www.elcorreo.com/bizkaia/internacional/asia/201504/26/producen-terremotos-20150425233337-rc.html

70 Ibidem.

Las fallas pueden ser mayores y generar terremotos como la Falla de San Andrés, la cual es considerada la más grande del mundo. Su recorrido se extiende a lo largo de 1,300 kilómetros que cruzan el estado de California, en Estados Unidos y Baja California, en México.

Se estima que al año se producen más de 300.000 terremotos con magnitud suficiente para sentirse a lo largo y ancho de todo el mundo, pero la mayoría son temblores pequeños.

https://portal.clubrunner.ca/7988/stories/%C2%BFpor-qu%C3%A9-se-producen-los-terremotos

[71]

La ciencia no ha demostrado con exactitud la relación que existe entre cambio climático y la ocurrencia de sismos y terremotos, pero lo que es un hecho es que la intensificación de algunos fenómenos meteorológicos podría influir en la actividad sísmica.

En el año 2009, el Instituto de Ciencias de la Tierra de la Academia Sínica en Taipei, Taiwán, publicó los resultados de una investigación que hacen evidente la relación entre los tifones que azotan a Taiwán y la generación de terremotos leves bajo la isla.

Entre las conclusiones del estudio, se destaca que los grandes ciclones tropicales generan cambios de presión atmosférica intensos, capaces de desencadenar movimientos sísmicos.[72]

---

[71] ¿Por qué se producen los terremotos (s.f.). Rotary. https://portal.clubrunner.ca/7988/stories/%C2%BFpor-qu%C3%A9-se-producen-los-terremotos

[72] Mario Picazo (2021, 20 de marzo) ¿Existe alguna relación entre el cambio climático y los terremotos? El tiempo. https://www.eltiempo.es/noticias/existe-alguna-relacion-entre-el-cambio-climatico-y-los-terremotos

Los grandes ciclones que generan intensos cambios de presión atmosférica podrían ayudar a reducir la tensión en fallas que producen terremotos.

A continuación se mencionan algunos de los principales terremotos que, por su magnitud y daño causado, han sacudido de manera violenta al mundo.

Sin duda, el terremoto de mayor magnitud registrado en el mundo con 9,5 grados en la escala de Richter fue el de Valdivia, Chile, el 22 de mayo de 1960, el cual dejó al menos 2.000 muertos y dos millones de personas damnificadas. Este terremoto causó erupciones de volcanes y un maremoto que destruyó ciudades de la costa chilena y cruzó hasta el océano Pacífico; sus efectos causaron víctimas en lugares tan lejanos como Japón, Hawái o Filipinas, a donde llegó más de 15 horas después.

https://www.bbc.com/mundo/noticias-america-latina-41343606.amp

En las siguientes gráficas se mencionan los terremotos registrados a nivel mundial iguales o superiores a cinco grados en la escala de Richter, así como los más fuertes con una escala de 8.4 y hasta 9.5, medidos con la misma escala.

Número de terremotos igual o superior a cinco puntos en la escala de Richter registrados a nivel mundial desde el año 2000 hasta el 2021.

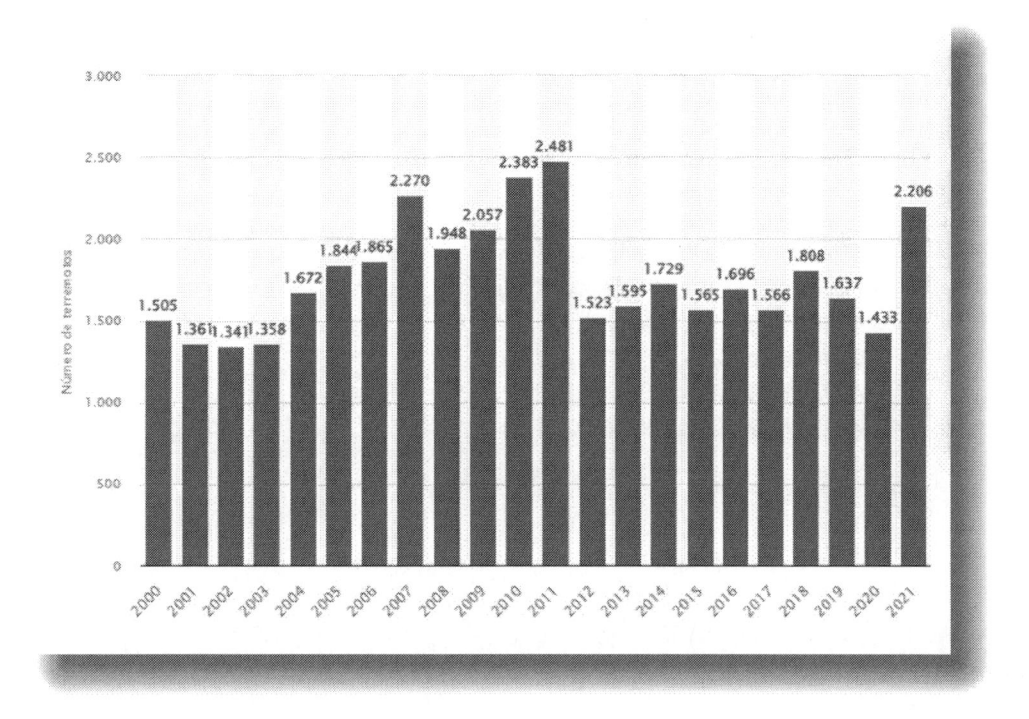

Año	Número de terremotos
2000	1.505
2001	1.361
2002	1.341
2003	1.358
2004	1.672
2005	1.844
2006	1.865
2007	2.270
2008	1.948
2009	2.057
2010	2.383
2011	2.481
2012	1.523
2013	1.595
2014	1.729
2015	1.565
2016	1.696
2017	1.566
2018	1.808
2019	1.637
2020	1.433
2021	2.206

Fuente: https://es.statista.com/estadisticas/635155/numero-de-terremotos-registrados-a-nivel-mundial/

En la siguiente gráfica, se observa el ranking de los terremotos más fuertes según la escala de Richter ocurridos en el mundo de 1900 a 2023.

---

[73] Los 10 terremotos más potentes y mortíferos de la historia de América Latina (2017, 21 de septiembre). BBC Mundo. https://www.bbc.com/mundo/noticias-america-latina-41343606.amp

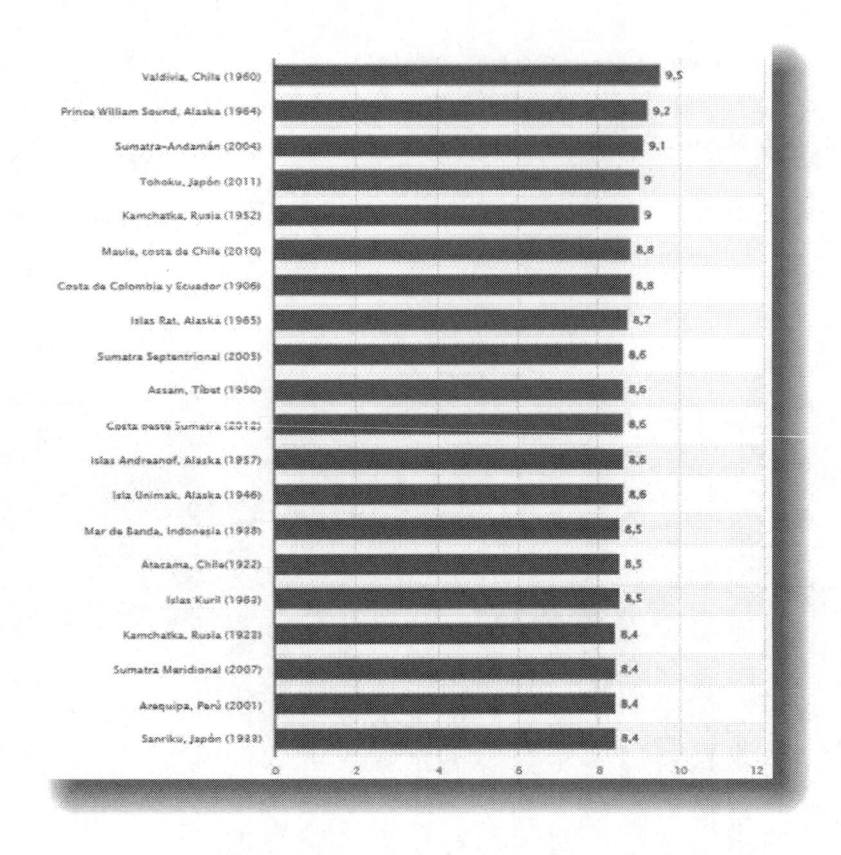

[Gráfico de barras: Terremotos históricos más fuertes del mundo según la escala de Richter]

Terremoto	Magnitud
Valdivia, Chile (1960)	9,5
Prince William Sound, Alaska (1964)	9,2
Sumatra-Andamán (2004)	9,1
Tohoku, Japón (2011)	9
Kamchatka, Rusia (1952)	9
Maule, costa de Chile (2010)	8,8
Costa de Colombia y Ecuador (1906)	8,8
Islas Rat, Alaska (1965)	8,7
Sumatra Septentrional (2005)	8,6
Assam, Tíbet (1950)	8,6
Costa oeste Sumatra (2012)	8,6
Islas Andreanof, Alaska (1957)	8,6
Isla Unimak, Alaska (1946)	8,6
Mar de Banda, Indonesia (1938)	8,5
Atacama, Chile (1922)	8,5
Islas Kuril (1963)	8,5
Kamchatka, Rusia (1923)	8,4
Sumatra Meridional (2007)	8,4
Arequipa, Perú (2001)	8,4
Sanriku, Japón (1933)	8,4

Fuente:
https://es.statista.com/estadisticas/635641/terremotos-historicos-mas-fuertes-del-mundo-segun-la-escala-de-richter/

El estimado en cuanto al número de muertes provocadas a nivel mundial entre 2000 y 2021, en cifras oficiales, arroja que al menos 4,500 personas perdieron la vida en estos desastres naturales. Asimismo, durante el siglo XX, los terremotos han causado más de 1.87 millones de muertos, con un promedio de 2 052 personas fallecidas en cada uno.
Se calcula que hay más de 500 000 terremotos detectables en el mundo cada año, pero se pueden sentir sus efectos en 100 000 de ellos, y al menos 100 causan daños.

En el siguiente enlace se puede apreciar la cantidad y magnitud sísmica a nivel mundial.

https://visualizadores.ign.es/tmundiales/

[QR code][74]

Por último, y en relación con los efectos de cambio climático tratados en este capítulo, podemos concluir:

- En los próximos 30 años el cambio climático afectará profundamente la vida en la tierra.

- Si las emisiones de gases tóxicos no se reducen a cero para el 2050, la acumulación de dióxido de carbono puede llegar a 540 partes por millón.

- Las emisiones de gases de efecto invernadero deben comenzar a disminuir para 2025, a más tardar en un 43 por ciento para 2030, y alcanzar el límite de 1,5 Grados Celsius. El metano debe reducirse en alrededor de un tercio para 2030. Esto implicará cambios radicales en nuestra forma de vida.

- Para disminuir el calentamiento global, se requiere una "reducción sustancial" en el uso de combustibles fósiles, electrificación generalizada, eficiencia energética mejorada y uso de combustibles alternativos, como el hidrógeno.

- Se requiere reducir drásticamente el transporte aéreo, abandonar los vehículos con carburantes tradicionales en favor de los eléctricos, refundar la cadena alimenticia reduciendo el consumo de carne y repensar la forma de construir las casas y edificios.

- El abandono del carbón es necesario para 2050 y el mundo debe renunciar en un 60% como mínimo al petróleo y un 70% al gas.

- Los efectos del calentamiento global generan enfermedades, escasez de agua y deshielo de los glaciares.
- 350 millones de personas sufrirán la falta de agua debido a las sequías.

---

[74] Visualizador de Terremotos. *Instituto Geográfico Nacional.* https://visualizadores.ign.es/tmundiales/

- Las lluvias serán hasta 7% más abundantes por cada grado centígrado arriba de lo normal.

- En 2050, el 22% de las grandes ciudades experimentarán altas temperaturas, inundaciones y sequías.

- Londres, a la orilla del río Támesis y otros afluentes, corre peligro de quedar bajo el agua.

- La subida de un metro en el nivel del mar afectará a 670 ciudades costeras. Urbes como Nueva York verán con más frecuencia cómo se inundan sus calles, mientras el Amazonas se presentará como una gran sabana degradada; sus rica flora y fauna serán sustituidas por pastos deteriorados.

- Los países tropicales serán los que más sufran el cambio climático, viviendo entre inundaciones y periodos de largas sequías.

- Alrededor de 5,000 millones de personas estarán en peligro si las cosas no cambian de aquí al 2050.[75]

- Los países no están haciendo lo suficiente para evitar que el calentamiento global aumente a niveles peligrosos.

- Aunque los países cumplan sus compromisos actuales para la reducción de emisiones de gases de efecto invernadero, lo más probable es que no logren evitar que el calentamiento global sobrepase los 1,5° Celsius en las próximas décadas. Si no los cumplen, se provocará todavía un mayor calentamiento.

- La gente adinerada y los países ricos son los principales responsables del calentamiento del planeta, ya que el 10% de los hogares más ricos de todo el mundo generan entre una tercera parte y casi la mitad de todas las emisiones de gas de efecto invernadero (45%). Además, dos tercios de ese 10% viven en países ricos.

- Los países en desarrollo han contribuido en una proporción mucho menor a los niveles actuales de emisiones; el 50% de los hogares más pobres participan con aproximadamente el 15% de las emisiones. A manera de ejemplo, a pesar de representar el 17% de la población mundial, los africanos aportan solo el 4% de las

---

[75] Cfr. Noticias de la Agencia APF, publicadas el 1 de noviembre de 2021.

emisiones globales, por lo que es necesario que los principales emisores tomen medidas drásticas si queremos conservar el planeta.

- El cambio climático provocado por el hombre es cada vez más intenso; la mitad del planeta es altamente vulnerable a la crisis climática y los impactos están llegando más rápido de lo esperado.

Ante lo que está sucediendo y lo que va a suceder:

¿Se va a acabar el mundo?
¿Detendremos la irracionalidad de la autodestrucción?
¿Por qué nadie hace nada?
¿Cuánto tiempo nos queda, si el mundo continúa de esta manera?
¿Cómo será el final bajo estas condiciones?
¿Podemos hacer algo para evitar, frenar o detener por completo esta terrible situación?
¿Tendremos tiempo para reaccionar y cambiar nuestra manera de vivir como sociedad?

Y las respuestas a preguntas complejas parecen ser simples, evasivas:

¡No está pasando! ¡No es para tanto!
¡Se va a mejorar! ¡Dios va a solucionarlo todo!

Muchas veces nos preguntamos qué mundo le vamos a dejar a nuestros hijos y nietos, cuando deberíamos preguntarnos qué clase de hijos le vamos a dejar al mundo.

CAPÍTULO II.

¿QUÉ ESTÁ PASANDO CON EL SER HUMANO? LAS TRAMPAS DEL PENSAMIENTO

LAS SEÑALES: AUMENTO DE LA MALDAD EN EL SER HUMANO

En estos tiempos, las guerras, el avance acelerado del crimen organizado y los atentados contra personas y sociedad se han convertido en sucesos cotidianos a los que nos vamos acostumbrando.

En estos acontecimientos, generalmente los más afectados son seres humanos inocentes, que forman parte de las miles de víctimas a manos de personas sin escrúpulos, cuyos intereses por el dinero, el poder o las armas están por encima de cualquier situación.

Basta con revisar cualquier noticia para darnos cuenta de cómo la maldad del hombre avanza a pasos agigantados y trasciende a la violencia social, lo cual ocasiona la muerte de miles de personas por atentados y masacres colectivas en escuelas y en otros espacios como las guerras, o incluso en el ámbito familiar, donde los padres o los hijos son quienes asesinan a sus propios parientes. Es terrible cómo esta forma de exterminio del hombre por el hombre trastoca lo individual y el pensamiento interno del ser humano, tal como lo demuestra el incremento dramático en el número de suicidios y muertes asistidas en todo el mundo.

Pero…¿Por qué sucede esto?

¿Qué ha pasado con el ser humano, el cual no sólo se ha convertido en el principal depredador del planeta, sino también en el de su propia especie?
¿Podemos hacer algo contra la maldad que continúa aumentando?
¿Tendremos tiempo para contrarrestar la incesante violencia en la humanidad?

Paradójicamente, con el avance de la ciencia, la tecnología y los derechos humanos, se han ido desdibujando los principios y valores que daban unidad a la sociedad y la familia, y que blindaban la vulnerabilidad y deterioro de la compleja conducta humana. En este sentido, algunos de los impactos son los siguientes:

a) Delincuencia organizada

De acuerdo con datos de la INTERPOL[76], las redes de delincuencia organizada constituyen negocios multimillonarios que operan en diversos ámbitos delictivos en muchos países del mundo.
Estas actividades incluyen trata de personas, tráfico de drogas, mercancías ilícitas y armas, robo a mano armada, secuestros, falsificaciones y blanqueo de capitales, entre otras.

Con ganancias de miles de millones de dólares, estas organizaciones criminales aparentan ser negocios legítimos, cuentan con modelos operativos, estrategias a largo plazo, jerarquías, e incluso contubernio con poderosos grupos y alianzas políticas, con el propósito de generar el máximo beneficio posible.

Con la participación de 350 expertos, la ONU revisó el *Índice Global del Crimen Organizado 2021*,[77] para evaluar la situación que guarda la criminalidad en 193 países integrantes de la ONU, el cual se actualiza cada dos años.

De acuerdo con el estudio, México es el país con el mayor mercado criminal del mundo y la cuarta nación más afectada por la criminalidad, ya que suma puntuaciones de 8 y 7.75 en una escala de 1 a 10 en sus respectivos indicadores.
Esta situación coloca a México como el país donde se cometen más delitos graves por parte de los cárteles, como trata de personas y tráfico de armas; así mismo, estos círculos delictivos comercian diversos tipos de droga, como la heroína y la marihuana, además de realizar la producción y transporte de metanfetamina y fentanilo. Esta última constituye una sustancia muy barata, 30 veces más potente que la heroína, y muchas veces más potente que la morfina.

Los grupos de narcotraficantes han inundado a México y Estados Unidos y su consumo se ha desbordado principalmente entre jóvenes de 15 a 29 años. Las muertes por sobredosis han repuntado en el último año, ya que una dosis de 2 miligramos es mortal. Además, esta droga ha afectado principalmente la frontera de ambos países; el fentanilo incluso se vende a niños en forma de pastillas de colores, como si fueran dulces inofensivos.

---

[76] Delincuencia organizada. *Interpol*. https://www.interpol.int/es/Delitos/Delincuencia-organizada

[77] Índice Global del Crimen Organizado 2021. *Global Initiative Against Transnational Organized Crime*. (Consulta de resultados en ocindex.net).

Tan solo en 2021, el fentanilo causó en Estados Unidos la muerte de más de 75 mil personas por sobredosis, según explicó el secretario de Estado, Antony Blinken: "Tenemos alrededor de 110 mil muertes por sobredosis de drogas en Estados Unidos cada año. De ellos, entre 70 y 75 por ciento está vinculado a los opioides sintéticos, en particular el fentanilo", aseguró.[78]

Recientemente, en 2022, el funcionario de la Casa Blanca sostuvo una reunión de seguridad con el secretario de Relaciones Exteriores mexicano, Marcelo Ebrard, a quien le remarcó que esta droga está causando un problema mucho más grave que el tráfico de armas: "Esto está matando a más personas que la violencia y tráfico de armas combinados", expuso.

La delincuencia y el crimen organizado han diversificado los tipos de droga y las formas de distribución, debido a la gran corrupción que existe con autoridades locales y federales. México ocupa el segundo lugar en el continente americano con mayor presencia de grupos delictivos organizados, incluyendo cárteles y redes de corrupción, sólo por debajo de Colombia y a nivel internacional, se ubica después de la República Democrática del Congo, Myanmar, Irán, Arabia Saudita y Afganistán.

El informe señala además que los cárteles de la droga controlan gran parte del territorio de México, cooptando mediante soborno e intimidación a políticos y funcionarios, a quienes, además de amenazarlos, los obligan a cooperar con ellos a través del asesinato de sus familiares. De acuerdo con el *Índice Global de Crimen Organizado 2021* "Si bien los actores integrados por el Estado no controlan los mercados delictivos, la corrupción dentro del gobierno y las agencias de aplicación de la ley facilitan las redes delictivas e influyen en las actividades ilícitas, proporcionando ingresos a los funcionarios públicos de alto rango".[79]

Según datos del Secretariado Ejecutivo del Sistema Nacional de Seguridad Pública de México, en 2020 se registraron oficialmente más de 900,000 extorsiones o cobro de piso contra empresas[80], esto sin considerar aquellos medianos y pequeños negocios que no denunciaron por miedo a las represalias.

---

[78] Citlalli Espejel (2022, 16 de octubre). Fentanilo: ¿Por qué es tan peligroso consumir este opioide, 100 veces más potente que la morfina? El Financiero.

https://www.elfinanciero.com.mx/salud/2022/10/16/fentanilo-por-que-es-tan-peligroso-consumir-este-opioide-100-veces-mas-potente-que-la-morfina/

[79] Maritza Pérez (2021, 20 de septiembre). México es el país con el mayor mercado criminal en el mundo. El Economista. https://www.eleconomista.com.mx/politica/Mexico-es-el-pais-con-el-mayor-mercado-criminal-en-el-mundo-20210929-0131.html.

[80] La extorsión y el cobro de piso pueden definirse como la oferta de protección ante una amenaza de daño material o físico. En este escenario, la misma persona, simultáneamente, ofrece protección y ejerce la amenaza. Fuente: María Teresa Martínez Trujillo (2021, 13 de diciembre). Extorsión y cobro de piso: la protección que inquieta. NEXOS/Seguridad/Crimen Organizado.

En cuanto a las medidas adoptadas para detener la corrupción y aumentar la transparencia, éstas carecen de mecanismos eficaces de implementación, debido a que "el gobierno carece de una estrategia de seguridad coherente, y los intentos de abordar la corrupción y el crimen organizado se consideran altamente politizados o son esfuerzos para avergonzar a gobiernos anteriores".[81]

Otro grave problema generado por el crimen organizado es la trata de personas, un delito que tiene lugar en todo el mundo. Las víctimas de este crimen, al ser sometidas, están expuestas a diversos tipos de violencia, independientemente del tipo de explotación que sufran.

La trata de personas, la consecuente explotación y el comercio en los ámbitos sexual, turístico o laboral constituyen no sólo una forma de esclavismo moderno, sino que se encuentran organizados por medio de una gran "industria" que cuenta con un mercado saturado de clientes de diversos grupos sociales y posibilidades económicas, así como de comerciantes que poseen amplias redes para la captación y distribución de personas en puntos de venta específicos en todo el mundo.

La magnitud del problema no se conoce con precisión, pues no existen datos reales oficiales sobre el número de víctimas de este delito, debido a la falta de denuncias. La Coalición Regional Contra el Tráfico de Mujeres y Niñas en América Latina y el Caribe (CATWLAC)[82] estima una cifra negra, en la cual estima que aproximadamente 80% de las víctimas son mujeres y niñas.

En Europa, existen más de 140,000 víctimas de explotación sexual que están atrapadas en un círculo de violencia y degradación. Uno de los apartados del índice señala que más del 75 % de la población mundial vive en países plagados de altos niveles de criminalidad. Es irrefutable que la amenaza que representa el crimen organizado se encuentra entre los problemas de seguridad más urgentes del mundo. Además, un alto número de personas —más de las tres cuartas partes de los ciudadanos del mundo— viven en países cuyas

---

https://seguridad.nexos.com.mx/extorsion-y-cobro-de-piso-la-proteccion-que-inquieta

36 Marizta Pérez (2021, 29 de septiembre). México es el país con el mayor mercado criminal en el mundo. El Economista. https://www.eleconomista.com.mx/politica/Mexico-es-el-pais-con-el-mayor-mercado-criminal-en-el-mundo-20210929-0131.html.

82 La Coalición Regional contra el Tráfico de Mujeres y Niñas en América Latina y el Caribe (CATWLAC, por sus siglas en inglés) es una asociación civil sin fines de lucro que tiene una amplia experiencia en el tema de las formas contemporáneas de esclavitud, incluyendo todos los delitos en materia de trata de mujeres, niñas, niños y adolescentes para todas las formas de explotación y esclavitud, pero especialmente en la explotación sexual comercial, así como en el tema de los Derechos Humanos de mujeres, niñas y violencia de género.

instituciones, marcos y mecanismos para combatir el crimen organizado son sumamente frágiles.
Más adelante en este mismo capítulo, trataremos de manera más exhaustiva este tema.

Entonces resta abrir los ojos ante esta situación y preguntarnos:

¿Podremos elegir gobernantes honestos que logren el bien común y no aprovechen sus posiciones para su beneficio personal?
¿Podremos controlar nuestras pasiones, la codicia, la envidia, y los bajos instintos?
¿Podremos dejar de ser indiferentes y tener más empatía por el dolor ajeno?
¿Tendremos tiempo de hacer algo en contra de toda esta violencia?
¿Qué podemos hacer cada uno de nosotros?

b) Terrorismo

Primero, resulta oportuno definir esta situación; de acuerdo con la ONU, "el terrorismo es otra forma de conducta delictiva «organizada», aunque distinto de la delincuencia organizada. En términos generales, el terrorismo involucra delitos cometidos con el objetivo de intimidar a la población o persuadir al Gobierno o a alguna organización internacional con la idea de alcanzar objetivos políticos o sociales. Los ejemplos pueden incluir la toma de rehenes con el fin de garantizar la libertad de quienes se considera que han sido encarcelados injustamente o los actos de violencia realizados en retribución por injusticias percibidas en el pasado. Un acto de terrorismo tiene un objetivo político".[83]

A continuación, se mencionan algunos de los países que han sufrido actos terroristas:[84]

Turquía

- Estambul, Turquía: La madrugada del 13 de noviembre de 2022, en la concurrida calle de Istiklal, muy popular entre turistas y lugareños, explotó una bomba dejando seis muertos y más de ochenta heridos, según confirmó el presidente de Turquía, el islamista conservador Recep Tayyip Erdogan. Durante la madrugada turca, el ministro del interior, Suleyman Soylu, informó que la persona que había dejado la bomba había sido detenida, según reportó la agencia de noticias estatal Anadolu.[85]

---

[83] UNODC-Oficina de las Naciones Unidas Contra la Droga y el Delito (s.f.). https://www.unodc.org/e4j/es/organized-crime/module-1/key-issues/similarities-and-differences.html

[84] Anexo: Ataques terroristas. *Wikipedia.* https://es.wikipedia.org/wiki/Anexo:Ataques_terroristas

Estados Unidos

- Boston, Massachusetts: Se cometió un atentado en el Maratón Internacional el 15 de abril de 2013, donde se detonaron dos artefactos explosivos justo antes de la línea de meta del evento. Murieron 3 personas y otras 282 resultaron heridas. El acto sembró gran terror y pánico entre los competidores y asistentes a esta importante competencia mundial, y dejó un antecedente difícil de olvidar.

TERROR EN MARATÓN DE BOSTON // ATENTADO EN ESTADOS UNIDOS //EXPLOSION AT BOSTON MARATHON

Imagen Noticias
https://www.youtube.com/watch?v=lnw4xHlwLFg

[86]

- Manhattan, Ciudad de Nueva York: Se presentó un ataque a las Torres Gemelas del World Trade Center el 11 de septiembre de 2001 por parte del grupo terrorista Red Yihadista Al Qaeda, en el cual murieron 2,976 personas y más de 6,000 quedaron heridas. Este acto se llevó a cabo al estrellar dos aviones contra las emblemáticas Torres Gemelas. Un tercer avión se estrelló cerca del Pentágono, y dejó más muertos y heridos a su paso. Hubo un cuarto avión que no cumplió el objetivo de atentar contra el Capitolio. Dos de los episodios más trágicos que ocasionó este suceso fueron la desesperación de las víctimas de los aviones previo a estrellarse, así como el de las personas que saltaron de unos pisos que se elevaban a más de 417 metros de altura, cuando empezó a incendiarse el edificio.

---

[85] Kemal Aslan / Reuters (2022, 13 de noviembre). Turquía: ataque con bomba en céntrica calle de Estambul deja al menos 6 fallecidos. *France*.
https://es-us.noticias.yahoo.com/turqu%C3%ADa-ataque-bomba-c%C3%A9ntrica-calle-155528861.html

[86] Imagen Noticias (2013, 16 de abril). Terro en Maraton de Boston// Atentado en Estados Unidos//Explosion at Boston Marathon. *Youtube*. https://www.youtube.com/watch?v=lnw4xHlwLFg

TORRES GEMELAS 11 DE SEPTIEMBRE DE 2001

https://www.youtube.com/watch?v=Qs9Pu-cKd70

[87]

Los 10 PEORES TIROTEOS en EU de los últimos años | ÚLTIMAS NOTICIAS

https://www.youtube.com/watch?v=7COa73hMHAk

Francia

- París, Francia: El 13 de noviembre de 2015 se suscitaron ataques simultáneos con explosivos en distintos puntos de la Ciudad de París, con toma de rehenes y tiroteos que dejaron 137 muertes y más de 450 heridos, y sembraron una ola de terror en todo el país. El pánico se apoderó de todas las personas que se encontraban en las inmediaciones; cabe destacar también el asalto a la sala Bataclan, donde los terroristas del Daesh del Estado Islámico retuvieron a centenares de personas durante un concierto y, en ese acto, terminaron con la vida de 80 personas, a quienes asesinaron a sangre fría.

---

[87] CNN en Español (2021, 11 de septiembre). 11S: a 20 años del terro que sacudió Estados Unidos y cambió el mundo. *Yotube*. https://www.youtube.com/watch?v=Qs9Pu-cKd70

ATENTADO TERRORISTA EN PARIS

https://www.youtube.com/watch?v=T_9QGMa3-3c

[88]

Israel

- Jerusalén, Israel: En octubre de 2015, durante 14 días, se llevaron a cabo 29 ataques terroristas en Israel, donde más de 42 israelíes resultaron heridos y siete fueron asesinados. En medio de este clima hostil, provocado mayormente por terroristas palestinos, el grupo extremista Hamás instó a iniciar una nueva intifada o revuelta contra Israel.[89]

Inglaterra

- Londres, Inglaterra: El 7 de julio de 2005, la organización terrorista Al Qaeda llevó a cabo un ataque terrorista detonando tres bombas en el metro de Londres y en un autobús; los sucesos causaron la muerte a 56 personas y dejaron más de 90 heridos.

    ATENTADO EN LONDRES

    https://www.youtube.com/watch?v=-9n8r59syfE

---

[88] France 24 Español (2021, 08 de septiembre). Así vivió París la noche de los atentados terroristas del 13 de noviembre de 2015. *Youtube*. https://www.youtube.com/watch?v=T_9QGMa3-3c

[89] La Cronología del Horror (y los videos): en sólo 14 días, Israel sufrió al menos 29 ataques terroristas (2015, 15 de octubre). *Enlace Judío*. https://www.enlacejudio.com/2015/10/15/la-cronologia-del-horror-y-los-videos-en-solo-14-dias-israel-sufrio-al-menos-29-ataques-terroristas/

Escocia

- Lockerbie, Escocia: Esta ciudad de Escocia vio cómo unos días antes de la Navidad de 1988 caía un avión que provocó la muerte de 11 personas en tierra, así como de 259 pasajeros. Las investigaciones de Dumfries y Galloway, la CIA y el FBI, determinaron que detrás de estos ataques terroristas estaba el agente secreto libio Al-Megrahi, quién colocó un explosivo en las bodegas de la aeronave que cubría la ruta Londres-Nueva York.

España

- Atocha, Madrid: El 11 de marzo de 2004, la organización terrorista yihadista Al Qaeda llevó a cabo una serie de atentados con bombas en cuatro trenes que dejaron 191 muertos y más de 1,858 heridos. Diez explosiones en cuatro trenes ocurrieron de forma simultánea en la capital española.
- La conmoción del país fue total, justo tres días antes de las elecciones generales de España en 2004.
-
    TESTIGO DEL ATAQUE EN BARCELONA: "VI LA FURGONETA PASAR Y COMENCÉ A VER EL HORROR"

https://www.youtube.com/watch?v=3JdQiTMPvqY&list=TLPQMTIxnnnnnnMjIwMjLY8YmW8E79UQ&index=5

---

[90] DW Español (2017, 04 de junio). Atentado en Londres. *Youtube*. https://www.youtube.com/watch?v=-9n8r59syfE

Rusia

- Beslán, Osetia: El 1 de septiembre de 2004 el Colegio de Beslán en Osetia del Norte en Rusia fue tomado por terroristas musulmanes armados, y dos días después se produjo un tiroteo entre los secuestradores y las fuerzas de seguridad rusas, lo que dejó un saldo de más de 370 muertos (171 de ellos niños), unos 200 desaparecidos y cientos de heridos.

- Moscú, Rusia: La noche del 23 de octubre de 2002, el teatro "Dubrovka" de Moscú fue tomado por un grupo de 50 terroristas del movimiento separatista checheno, quienes exigieron la retirada de las tropas rusas del territorio de Chechenia. Armados con ametralladoras y explosivos, mantuvieron a 850 personas como rehenes. Para liberarlos, las fuerzas militares rociaron en la ventilación un gas químico que produjo la muerte de 163 personas, de las cuales 39 eran terroristas, además de dejar más de 100 heridos.

Indonesia

- Kuta, Bali: El 12 de octubre de 2012, el distrito turístico de Kuta, isla de Indonesia, sufrió el ataque terrorista más mortífero de la historia del país. Un carro bomba, un hombre bomba y una bomba se hicieron estallar y dejaron 202 muertes y 209 heridos. El grupo terrorista aliado de Al Qaeda, Jemaah Islamiya, fue considerado el autor de los ataques.

Marruecos

- Casablanca, Marruecos: El 16 de mayo de 2003, se suscitaron una serie de atentados suicidas en la ciudad de Casablanca, donde murieron 45 personas a causa de los ataques. Los agresores procedían de los barrios de Chabolas de Sidi Moumen, un suburbio pobre de Casablanca, y eran miembros del grupo yihadista La Vía Recta, conectado con el Grupo Islámico Combatiente Marroquí (GICM), ligado con la red de Al Qaeda.

c) Guerras

---

[91] Univisión Noticias (2017, 18 de agosto). Testigo del ataque en Barcelona: "Vi la furgoneta pasar y comencé a ver el horror". *Yotube*. https://www.youtube.com/watch?v=3JdQiTMPvqY

A mediados de 2022, sucedían más de 10 mil conflictos armados en el mundo; las guerras no sólo amenazan el desarrollo sostenible de los países, el medio ambiente y la vida de plantas y animales, sino también la supervivencia de la propia humanidad. A lo largo de la historia, las guerras han dejado huellas de muerte y desolación entre sus habitantes y en el resto de las naciones del mundo.

Al finalizar la Segunda Guerra Mundial en 1945, por ejemplo, los países que participaron se encontraban en ruinas y el resto del mundo resultó devastado por los daños humanos y materiales. El planeta entero anhelaba la paz.

De ese modo, en 1945 representantes de 50 países se reunieron en la Ciudad de San Francisco, Estados Unidos, para redactar y firmar la Carta de las Naciones Unidas, donde se establecía la creación de una organización internacional con el propósito evitar otra guerra mundial como la vivida en ese entonces.

Sin embargo, desde 1945 a la fecha se han suscitado diversas guerras, como la de Estados Unidos y Afganistán en 2001; Israel y Palestina desde 2002; Estados Unidos e Irak en 2003; Israel y Líbano en 2006; Estados Unidos y Libia en 2011; Somalia y Etiopia en 2011; Camboya y Tailandia en 2011; y Siria en 2011, la cual ha generado cambios y conflictos en la región hasta la fecha.

El enfrentamiento armado más reciente entre Rusia y Ucrania inició el 24 de febrero de 2022. Esta guerra —como todas— ha provocado la muerte de miles de soldados y civiles. Muchas ciudades han quedado reducidas a escombros, además de que el choque desató un creciente caos económico que no sólo afecta a estos dos países, sino a todo el mundo, ya que los precios de los alimentos se han elevado considerablemente por su escasez y suministro. Además, hay millones de refugiados que huyen a los países cercanos o a los lugares donde les resulta posible; aunado a esto, el comercio mundial se colapsa y ha afectado a los países más pobres con cargas devastadoras, además de generar una creciente inestabilidad política que afecta a todo el mundo.

Se piensa que este conflicto podría desencadenar una guerra nuclear a nivel mundial entre Rusia y la OTAN, en caso de que Ucrania ingrese como miembro de dicho organismo.

La Universidad de los Andes en Colombia llevó a cabo una investigación acerca de la situación que se presentaría en caso de una guerra nuclear. El profesor Juan Carlos Sanabria, docente en el Departamento de Física de la Universidad de los Andes, habla sobre el peligro de las bombas nucleares que existen actualmente y los países que cuentan con este tipo de arsenal de guerra: "Se estima que Rusia cuenta con unas 6.500 armas nucleares, Estados Unidos con alrededor de 6.200, Francia 300, China, 290, Reino Unido 200, Pakistán 150, India 140, Israel, 90 y Corea del Norte alrededor de 50 armas de este tipo. En total son 14.000 bombaslas cuales en su mayoría tienen una potencia superior a las que detonaron en Hiroshima y Nagasaki, [...] por lo cual tienen poder suficiente para acabar con toda la vida en la tierra".[92]

El control político y social, la corrupción, la ambición de poder, el lucrativo negocio de la venta de armas y los intereses de unos países sobre otros hacen que los conflictos se produzcan con demasiada facilidad y estallen guerras, sin importar la devastación del medio y las vidas humanas que se pierden en ello.

En abril de 2022, la Red de Soluciones para el Desarrollo Sostenible de las Naciones Unidas (SDSN)[93] envió un mensaje a los Estados Miembros de la ONU donde señalan que "el mundo debe volver urgentemente al camino de la paz".

Puntualizan también que la escalada militar corre el riesgo de convertirse en un Armagedón en medio de la actual pandemia de COVID-19, que cobró alrededor de 5.000 vidas cada día. Esta terrible enfermedad afectó a los países más pobres y vulnerables, los cuales no contaban con las suficientes dosis de vacunas debido a las tensiones geopolíticas entre las naciones productoras.

Al 22 de Marzo del 2023, la O.M.S. Reporta 197,335,477 casos de COVID en todo el mundo, así como 3,176,662 muertes.[94]

De acuerdo con este documento, "el desplazamiento masivo de refugiados y el aumento del hambre en todo el mundo debido a la guerra en Ucrania ahora amenazan con una oleada aún mayor de enfermedades, muerte e inestabilidad y dificultades financieras más profundas para las naciones pobres. Y al acecho detrás de la guerra y la pandemia está la lenta bestia del cambio climático inducido por el hombre, otro problema que empuja a la humanidad hacia el precipicio. El informe más reciente del IPCC nos recuerda que hemos agotado el margen de la seguridad climática. Necesitamos una acción climática inmediata. Sin embargo, la guerra agota la atención, la cooperación multilateral y el financiamiento necesarios para rescatarnos de nuestra emergencia climática provocada por el hombre".[95]

Conflicto entre Estados Unidos y China-Rusia

---

[92] Andrés Felipe Barrera (2023, 11 de enero). Reloj del fin del mundo hará alarmante anuncio en enero 2023: Actualizará final. *Caracol Radio*. https://caracol.com.co/2022/10/20/reloj-del-fin-del-mundo-2022-hora-como-funciona-y-donde-esta-ubicado/

[93] La Red de Soluciones para el Desarrollo Sostenible de las Naciones Unidas (SDSN) es una red mundial de universidades, académicos, políticos, líderes empresariales y líderes religiosos que opera bajo los auspicios del Secretario General de las Naciones Unidas.

[94] Cumulative confirmed and probable COVID-19 cases reported by Contries and Territories in the Region of the Americas. *PAHO*. https://ais.paho.org/phip/viz/COVID19Table.asp

[95] Un mensaje para todos los Estados miembros y los líderes de las Naciones Unidas (Ucrania) (s.f.). *Global Campaign for Peaceducation*. https://www.peace-ed-campaign.org/es/a-message-to-all-un-member-states-and-leaders-of-the-united-nations-ukraine/

Estados Unidos y China son, al día de hoy, las dos principales potencias económicas en todo el mundo, además de que compiten entre ellas por la supremacía en el avance tecnológico.

La tensión entre China y Estados Unidos por el conflicto con Taiwán supondría, a juicio de muchos, el inicio de la Tercera Guerra Mundial.

La relación entre Taiwán y China siempre ha mantenido ciertas tensiones a pesar de que ambos se habían regido bajo la fórmula "un país, dos sistemas"; sin embargo, los rumores sobre una invasión de China a Taiwán se han incrementado conforme pasan los años, lo que ha provocado tensión no sólo entre ambas regiones, sino también entre otros países que han intervenido en ese conflicto.

"En 2008, ambas naciones reanudaron el diálogo suspendido en 1995, y en noviembre de 2015, los presidentes de ambos países se reunieron en Singapur, por primera vez desde la separación de 1949. Tras ello, en 2016, Tsai Ing-wen, perteneciente a un partido pro-independencia, se convirtió en presidenta de Taiwán y, al año siguiente, Donald Trump autorizó una importante venta de armas a la isla.

A partir de allí, la tensión fue escalando y, en 2019, el presidente chino Xi Jinping afirmó que no renunciará a recuperar Taiwán. En enero de 2020, Tsai fue reelegida como mandataria y afirmó que Taiwán es "un país". Ante esta situación, Xi Jinping pidió al ejército "prepararse para la guerra".

En abril de 2021, aviones militares chinos penetraron la zona de identificación de defensa aérea de Taiwán. De hecho, entre enero y principios octubre de ese año, más de 600 aviones chinos fueron detectados en ese lugar. Ante el despliegue militar, el presidente estadounidense Joe Biden afirmó que su país está dispuesto a defender militarmente a Taiwán en caso de un ataque chino, y la mandataria taiwanesa reconoció que un pequeño número de tropas estadounidenses están en su territorio para entrenar a su ejército.

En 2022, Nancy Pelosi, presidenta de la Cámara de Representantes de Estados Unidos, realizó una gira por Taiwán y allí afirmó que el país norteamericano tiene un "compromiso indefectible" con la "vibrante democracia taiwanesa". Ella es la funcionaria de más alto perfil en viajar hasta este país desde 1997. Diversos organismos del gobierno chino denunciaron esta visita, alegando que frustraba los esfuerzos de China por unificarse con Taiwán y ponía en peligro la estabilidad de la región.

Tras este hecho, China lanzó sus ejercicios militares a la zona y comenzó a ensayar un cerco a Taiwán. Los ejercicios incluyeron el despliegue de cazas y buques de guerra, y el disparo de misiles balísticos. Desde Taiwán, respondieron con sus propios ejercicios militares, y Washington envió buques de guerra. En abril de 2023, la presidente de Taiwán Tsai Ingwen realizó una gira que incluyó una visita a California con el presidente de la cámara baja norteamericana, el republicano Kevin McCarthy, eso desencadenó el actual despliegue militar chino."[96]

Estados Unidos envió un buque militar a aguas que reclama China
U.S. Navy

A raíz de esta situación, se presentaron una serie de simulacros militares por parte del gigante asiático como una demostración de fuerza con la intención de castigar a la isla por la visita estadounidense.

La tensión entre China y Taiwán se ha agudizado desde que China enviara recientemente buques de guerra y docenas de aviones de combate hacia la isla a fines del mes de abril de 2023. Además, el ejército chino simuló "ataques de precisión" contra "objetivos clave en la isla de Taiwán y en las aguas circundantes".[97]

Por su parte, el ejército taiwanés activó sus sistemas de defensa antimisiles y movilizó patrullas aéreas y marítimas para rastrear la aviación china. "Condenamos este acto

---

[96] ¿Qué pasa entre China y Taiwán? (2023, 10 de abril). *La Nación*. https://www.lanacion.com.ar/el-mundo/que-pasa-entre-china-y-taiwan-nid10042023/

[97] AFP (2023, 08 de abril). China realiza un simulacro "cerco total" contra Taiwán. *El Economista*. https://www.eleconomista.com.mx/internacionales/China-realiza-un-simulacro-de-cerco-total-contra-Taiwan-20230408-0005.html

irracional que ha puesto en peligro la seguridad y la estabilidad regionales", dijeron desde el Ministerio de Defensa de la isla en un comunicado.

Se dice que las maniobras tuvieron como objetivo establecer la capacidad de China para "tomar el control del mar, el espacio aéreo y la información para una disuasión y un control total" de Taiwán[98]. Se trata de una advertencia "contra la connivencia y la provocación entre las fuerzas separatistas por la independencia de Taiwán y las fuerzas externas". En este sentido, la operación denominada Espada Conjunta es una "acción necesaria para defender la soberanía nacional y la integridad territorial". De hecho, China difundió un video de 47 segundos, donde muestra cómo se llevaría a cabo un supuesto ataque aéreo, marítimo y terrestre a la isla.

En mayo de 2023, se presentó otra situación de tensión, cuando el presidente de Estados Unidos, Joe Biden, dijo que su país respondería militarmente si China intervenía en Taiwán. La relación de EE.UU. con Taiwán ha mantenido fuertes lazos comerciales y militares a lo largo de la historia, y la considera un aliado clave en la región, en el marco de una "ambigüedad estratégica".

Por su parte, China ha declarado a través del Ministerio de Relaciones Exteriores de Beijing, que "hay una sola China y el gobierno de la República Popular es el único legítimo y Taiwán es parte de China".

¿Qué se espera para los próximos años?

---

[98] Ibidem.

El jefe de la Agencia Central de Inteligencia (por sus siglas en inglés CIA), William Burns, afirmó que, pese a que China ha insistido en distintas ocasiones sobre su intención de controlar a Taiwán de manera pacífica, lo cierto es que el gigante asiático lleva años preparándose para un guerra en la que finalmente se logrará unificar a la isla con el territorio chino. Aunque Burns recalcó que este evento no podría calcularse fácilmente en términos de meses o años, destacó que, entre más avanzada la década, más probabilidades existen de que la relación entre Taiwán y China se fragmente por completo y que esto conlleve a un conflicto militar.

Por su parte, el general retirado del ejército australiano, Mick Ryan, pronosticó que esta guerra podría producirse en menos de cinco años, ya que Xi Jinping, presidente de la República Popular China, se ha mostrado muy interesado en la invasión rusa en Ucrania y podría tomar este conflicto como ejemplo para invadir Taiwan.

Es así como la guerra que podría desencadenarse entre Taiwán y China en los próximos años mantiene preocupados a los altos mandatarios de todo el mundo, debido a que la isla taiwanesa tiene una gran reserva de tropas terrestres que han estado preparándose para defenderse en caso de una invasión. Existe también un grave conflicto comercial por la hegemonía en torno al dominio de las nuevas tecnologías del siglo XXI. "En ellas los Estados Unidos buscan preservar su supremacía y retardar el cierre de la brecha tecnológica con China."[99]

Video: China amenaza a Estados Unidos con un conflicto si no deja las acusaciones

https://www.youtube.com/watch?v=TQx-limfCtM

[100]

Video: EE. UU. cierra alianzas estratégicas por si China ataca a Taiwán

---

[99] Osvaldo Rosales V. El conflicto Estados Unidos-China y las perspectivas del "desacoplamiento estratégico". *Redalyc*. https://www.redalyc.org/journal/313/31371527004/movil/

[100] *Euronews* (en español) (2023, 07 de marzo). China amenaza a Estados Unidos con un conflicto si no deja las acusaciones. *Youtube*. https://www.youtube.com/watch?v=TQx-limfCtM

https://www.youtube.com/watch?v=wxNpQgbNKRU

[QR code] 101

Video: ¿Se dirigen EE.UU. y China hacia una guerra por Taiwán?

https://www.youtube.com/watch?v=ocwlp_LOyIw

[QR code] 102

Video: China amenaza a Estados Unidos, Gran Bretaña y Australia | #26Global

https://www.youtube.com/watch?v=5SdpNYYX-L4

[QR code] 103

"Para los Estados Unidos, China es su mayor desafío, mientras que considera a Rusia su amenaza más importante. Si bien esta caracterización define una prioridad en términos

---

[101] DW Español (2023, 11 de febrero). EE. UU. cierra alianzas estratégias por si China ataca a Taiwán. *Youtube*. https://www.youtube.com/watch?v=wxNpQgbNKRU

[102] DW Español (2023, 22 de enero). ¿Se dirige EE. UU. y China hacia una guerra por Taiwán?. *Youtube*. https://www.youtube.com/watch?v=ocwlp_LOyIw

[103] Canal 26 (2023, 10 de marzo). China amenza a Estados Unidos, Gran Bretaña y Australia. *Yotube*. https://www.youtube.com/watch?v=5SdpNYYX-L4

temporales —la amenaza es concreta y el desafío se proyecta—, el hecho es que los dos frentes corren el riesgo de articularse al mismo tiempo. Al cumplirse el 24 de febrero de 2023 el año de la invasión rusa a Ucrania, la relación de Washington con Beijing es más tensa y conflictiva que la existente un año atrás. De este modo, el conflicto escala al mismo tiempo que lo hace la tensión entre Washington y Beijing; pero China percibe que Estados Unidos no sólo busca previsiones en función de un conflicto con Taiwán, sino que está ampliando un cerco militar en torno a la potencia asiática; para Estados Unidos, Rusia es su mayor amenaza en el corto plazo, pero China es el desafío más importante hacia el futuro; por último, Corea del Norte es una amenaza regional que juega en la órbita de China y preocupa tanto a Japón como a Corea del Sur, los aliados más importantes de Estados Unidos en Asia.

El conflicto por Taiwán involucra especialmente el interés por los microchips, insumo clave para las industrias tecnológicas más avanzadas. Taiwán es el productor más destacado; China también lo es, aunque en menor medida, y Estados Unidos desarrolla planes para una urgente producción en su propio territorio ante la posibilidad de que el conflicto avance."[104]

CONFLICTO ISRAELÍ-PALESTINO

Este es un conflicto tan complejo como antiguo, que impacta, sin duda, a todo el mundo por las dimensiones que tiene y puede llegar a tomar.
En primer lugar, mencionamos una breve descripción de los actores involucrados en el conflicto, con la finalidad de conocer y buscar entender el origen del mismo y la consecuente guerra por la que atraviesan los pueblos israelí y palestino.

ISRAEL

Israel es un Estado de Medio Oriente fundado en 1948 por resolución de la Organización de las Naciones Unidas (ONU); después de la Primera Guerra Mundial, se determinaron los territorios judío y árabe.

"En Israel viven más de 9 millones de personas, de las cuales el 74% son judíos. Ocho de cada 10 de estos habitantes nacieron en el país, mientras que casi el 20% del grueso total de judíos procede de otros continentes. Los árabes israelíes representan el 21% de la población, mientras que sólo un 5% pertenece a otro grupo".[105]

---

[104] Rosenda Fraga (2023, 09 de febrero). Estados Unidos: escala la guerra de Ucrania y la tensión en torno a Taiwán. Nueva mayoría argentina. https://nuevamayoria.com/2023/02/09/estados-unidos-escala-la-guerra-de-ucrania-y-la-tension-en-torno-a-taiwan/

[105] BBC NEWS MUNDO. 9 Términos para entender la guerra entre Israel y Hamás y el complejo conflicto en Medio Oriente. https://www.bbc.com/mundo/articles/c25qq42xll8o

Jerusalén es la ciudad donde se concentran los poderes políticos de Israel, mientras que Tel Aviv es el centro económico. El gobierno está encabezado por el primer ministro Benjamín Netanyahu. Formalmente hay un presidente, Isaac Herzog, aunque se trata únicamente de un cargo ceremonial.

Israel es una potencia económica, tecnológica y militar de Medio Oriente y ha tenido múltiples conflictos con los pueblos palestinos y sus vecinos árabes.

Bandera de Israel con la estrella de David en color azul sobre fondo blanco, entre dos franjas azules horizontales del mismo tamaño.

PALESTINA

Palestina es un ente político creado en 1994 como parte de la solución al conflicto israelí-palestino, producto de los Acuerdos de Oslo, entre Israel y la Organización para la Liberación de Palestina (OLP). Mediante dichos acuerdos, se estableció un gobierno autónomo para los palestinos en Cisjordania y la Franja de Gaza.

Palestina, o La Autoridad Nacional Palestina (ANP), como se le conoce, fue liderada desde un principio por Yasir Arafat, también presidente de la OLP y del partido político Fatah. De esta manera, la ANP gobernaba los territorios de Gaza y Cisjordania bajo control palestino; sin embargo, luego de la muerte de Arafat en noviembre de 2004, asumió el mando Mahmoud Abbas.
Ahora bien, desde las elecciones de 2006 que dieron la victoria a Hamás en Gaza y desataron la guerra entre esta organización islamista y el Fatah, la ANP perdió el control efectivo de la Franja de Gaza.

Desde entonces, aunque se trata de un mismo pueblo, los palestinos tienen diferentes gobiernos según el territorio en el que viven.
La Autoridad Nacional Palestina integra un sistema de gobierno multipartidista, con un presidente elegido por sufragio universal y un Consejo Legislativo Palestino con 132

diputados. Solo se han celebrado unas elecciones en casi tres décadas de historia: las de 2006.

La ANP ha perdido influencia en los últimos años, con un autogobierno limitado en Cisjordania y la pérdida de apoyo entre los palestinos, especialmente aquellos más radicales, quienes la acusan de colaborar con Israel y han optado por apoyar a Hamás.

Franja de Gaza

La Franja de Gaza es un territorio de 41 kilómetros de largo y 10 kilómetros de ancho (en total unos 365 km2); en estas tierras viven más de 2.3 millones de palestinos, por lo que es uno de los lugares más densamente poblados del mundo.

En 1947, la resolución de Naciones Unidas dividía el territorio del Mandato Británico Palestino en dos segmentos: 55% para el Estado judío y el resto para los árabes (incluida la Franja de Gaza). Por su parte, la ciudad de Jerusalén quedaba bajo un gobierno internacional

Los palestinos rechazaron este acuerdo e iniciaron la guerra árabe-israelí de 1948, misma que ganó Israel. Esto provocó la primera gran migración de desplazados palestinos al territorio que limita con el Mediterráneo, Egipto e Israel.

Después de varias guerras, los Acuerdos de Oslo de 1993 le dieron una autonomía limitada a Gaza, y será hasta 2005 cuando Israel retire sus tropas por completo de la Franja. Con todo, a partir de ese momento, el Estado judío se mantuvo ejerciendo el control sobre la entrada y salida de personas y de recursos de la Franja de Gaza.

En Palestina viven más de 3 millones de palestinos, pero Israel ha establecido numerosos asentamientos, en los cuales habitan unos 700,000 colonos judíos. Estas colonias, y el desplazamiento de palestinos, han sido motivo de disputas violentas entre Israel y los grupos militantes palestinos durante décadas.

Como se señaló anteriormente, Cisjordania es gobernada por la Autoridad Nacional Palestina, que encabeza Mahmud Abás, y es parte del grupo político militante Fatah, el cual sostiene una disputa por el poder con Hamás desde la década de los 2000.[106]

HAMÁS

Se autodefinen como Yihadistas, islamitas y nacionalistas.
Por su parte, el Movimiento de Resistencia Islámica Palestina (Hamás) es el más grande de los grupos islamistas palestinos. Su origen se remonta al año 1987, cuando palestina peleaba contra la ocupación israelí de Cisjordania y la Franja de Gaza. Sus milicias son llamadas Brigadas al Qassam, fundadas en 1991 y lideradas por Mohammed Deif. Uno de sus objetivos centrales es la creación de un Estado palestino.

Luego de ganar poder e influencia, desde 2007, Hamás controla la Franja de Gaza y nunca ha reconocido los acuerdos firmados entre otras facciones palestinas e Israel; por ejemplo, no asume la Autoridad Palestina que gobierna Cisjordania.

Hamás es considerado como grupo terrorista por Israel, Estados Unidos, la Unión Europea, Reino Unido y otras potencias mundiales. Lo anterior se debe a que este asociación ha sido responsable de múltiples atentados con bombas; por ejemplo, ha llevado a cabo ataques en autobuses a mediados de los años 90 y comienzos de los 2000, que derivaron en la muerte de decenas de israelíes; así mismo, comenzó una intensificación de sus ataques después de que Israel diera muerte a su principal fabricante de bombas, Yahya Ayyash, en diciembre de 1995.

Los principios fundacionales de Hamás de 1988 consideran el territorio palestino e israelí como tierra islámica, y excluyen cualquier estado de paz con el estado judío.

Por su parte, Israel considera a Hamás responsable de todos los ataques que proceden de Gaza; por ello, ambos permanecen en un constante conflicto, cargado de incidentes sangrientos y grandes hostilidades.

---

[106] BBC NEWS MUNDO. La historia de la Franja de Gaza, el antiguo territorio del Imperio Otomano que los palestinos consideran "la mayor cárcel al aire libre" del mundo. https://www.bbc.com/mundo/articles/c06r7nlr84ko

Una de las más mortíferas, en 2014, provocó la muerte de 2,251 palestinos, incluyendo 1,462 civiles, durante 50 días de lucha. En el bando israelí murieron 67 soldados y seis civiles.

En mayo de 2021, 256 personas murieron en Gaza y 13 en Israel, en un conflicto de 11 días que terminó con una tregua mediada por Egipto. [107]

HEZBOLÁ

En el conflicto israelí-palestino, existe un tercer actor muy importante, considerado enemigo de Israel y que podría abrir un segundo frente en estas constantes hostilidades; se trata de una organización política islamista chiita, un grupo paramilitar respaldado por Irán que ejerce un gran poder en Líbano. Se le ha denominado como Hezbolá, cuyo significado es "Partido de Dios".

Este grupo fue creado en 1985 mediante un manifiesto que planteó la destrucción de Israel como objetivo central. Además, apoya a la causa palestina y a otros pueblos chiitas de Medio Oriente, y es dirigida por Hasan Nasrallah.

Esta organización ha llevado a cabo diversos ataques y es considerada una organización terrorista por Estados Unidos, Israel, Reino Unido y otros países de la Liga Árabe. [108]

"Hezbolá, mantiene una amplia red terrorista y es responsable de varios atentados a gran escala. Entre ellos: los atentados suicidas con camiones bomba de 1983 en contra de la Embajada de los EE.UU. en Beirut y el cuartel del Cuerpo de Infantes de la Marina de los EE.UU. en Beirut; el atentado de 1984 contra el anexo de la Embajada de los EE.UU. en Beirut; y el secuestro del vuelo 847 de TWA en 1985. Hezbolá con patrocinio de Irán, estuvieron implicados en los atentados de 1992 contra la embajada de Israel en Argentina, así como en el atentado de 1994 contra la Asociación Mutual Israelita Argentina en Buenos Aires. En el 2012, los operativos de Hezbolá llevaron a cabo un atentado suicida con bomba en Bulgaria. Los cuerpos policiales han impedido atentados y complots

---

[107] BBC NEWS MUNDO. Qué es Hamás, el grupo islamista militante que lanzó un ataque sin precedentes contra Israel. https://www.bbc.com/mundo/articles/c907yed00x0o.

[108] BBC NEWS MUNDO. Qué es Hezbolá, el enemigo de Israel en Líbano (y la sombra de un segundo frente de batalla)

https://www.bbc.com/mundo/articles/cn39e9r3kzyo

[109] Sitio web oficial del gobierno de los Estados Unidos. Hezbolá (Hizballah)

HEMISFERIO OCCIDENTAL | ORIENTE PRÓXIMO - MEDIO ORIENTE Y NORTE DE ÁFRICA.

https://rewardsforjustice.net/es/rewards/hezbola-hizballah/

terroristas de Hezbolá en países como Azerbaiyán, Chipre, Egipto, Kuwait, Nigeria, Perú y Tailandia".[109]

ORIGEN

El conflicto israelí-palestino es un enfrentamiento por el control de la región de Palestina, que se remonta a principios del siglo XX. El conflicto está envuelto en una larga historia llena de complejidades políticas y militares, principalmente por la participación de todo el mundo árabe.

El sionismo es un movimiento nacionalista que persigue la creación de un Estado judío y democrático en la Tierra Prometida del judaísmo, localizada en la Palestina histórica. Movidos por razones económicas, nacional-religiosas y humanitarias, los judíos han realizado una emigración hacia esta "Tierra Prometida" en 1881. La primera oleada judía a gran escala tuvo lugar en la década de 1930, en pleno Mandato Británico, como consecuencia de la persecución nazi.

Con el paso de los años, las comunidades judías asentadas en la Palestina histórica fueron creciendo y, con ello, aumentaron los enfrentamientos entre los palestinos que reivindicaban la independencia y los judíos que consideraban ese territorio como propio. Ante este panorama, como se señaló anteriormente, el Reino Unido acudió a Naciones Unidas en 1947, que emitió la Resolución 181. Esta medida dividió la región en dos Estados: uno árabe y otro judío. A este último se le asignó el 54% del territorio. A Jerusalén, ciudad clave para ambas culturas, se le asignó un estatus de "corpus separatum" bajo un régimen internacional, es decir, bajo control internacional y sin manejo efectivo ni del Estado judío ni de los árabes.

Para los palestinos, Jerusalén Este es la capital de un Estado libre palestino. Para los israelíes, Jerusalén es su legítima capital. Por ello, Israel se anexionó Jerusalén Este en 1980 de manera "oficial" a través de la Ley de Jerusalén, estableciendo la capital de Israel en una Jerusalén "entera y unificada", es decir, Israel ha asumido a Jerusalén como su capital, mientras que los palestinos pretenden que Jerusalén Oriental, sea la Capital de su futuro Estado.

Los israelíes consideran ese terreno legítimamente ganado en 1967, habiéndose instalado en tierras deshabitadas que les pertenecen por derecho y mandato divino e histórico. El terreno es suyo porque lo dice la Torá.
Además, la importancia de Jerusalén reside también en la ciudad vieja donde existen santuarios de suma importancia para tres religiones: islamismo, judaísmo y cristianismo.

¿Entonces, cuáles son los principales puntos de conflicto entre Israel y Palestina?
Las fronteras de Israel y el futuro Estado Palestino

El estatus de Jerusalén
El retorno de los refugiados
La repartición y control del agua
El uso de la violencia como arma política[110]

CONFLICTO EN 2023-2024

El 7 de octubre de 2023, mientras en Israel se celebraba la fiesta de Sucot, en el 50º aniversario de la guerra de Yom Kippur grupos armados de Hamás y la Yihad Islamica Palestina penetraron en comunidades israelíes cerca de la Franja, y asesinaron a más de 1,400 personas, la mayoría civiles, y secuestraron a más de 230.
Israel respondió a este ataque con la denominada "Operación Espadas de Hierro" contra la población de la Franja de Gaza; a través de ella declaró un estado de Guerra, que incluyó ataques indiscriminados contra toda la población –incluyendo la civil- y un férreo bloqueo en el territorio, que dejó más de 8.000 muertos y cientos de miles de desplazados, que carecieron de suministros básicos para sobrevivir. Al menos 1,200 personas, entre hombres, mujeres, niños y bebés murieron el primer día del ataque y unas 2000 resultaron heridas. Cerca del Kibutz Reim, unos cincuenta milicianos provenientes de Gaza con uniforme militar mataron a 364 personas.

El impacto en vidas humanas es el más alto desde que se tiene registro de conflictos entre Gaza e Israel. Los bombardeos que Israel ha lanzado sobre la Franja de Gaza han provocado la muerte de al menos 32,845 personas, la gran mayoría civiles, entre ellos 13,000 niños y 8,400 mujeres, a los que se suman más de 75,392 heridos (incluidos 8,663 niños y 6,327 mujeres) y más de 8,000 desaparecidos, lo que elevaría la cifra de fallecidos aún más entre ellos 4,400 mujeres y niños.

---

110 Amnistía Internacional, Ocho claves para entender el conflicto palestino-israelí.

https://amnistia.org.mx/contenido/index.php/ocho-claves-para-entender-el-conflicto-palestino-israeli-2#:~:text=Con%20el%20paso%20de%20los,consideraban%20ese%20territorio%20como%20propio.

En la frontera israelo-libanesa, el ejército israelí se ha enfrentado con la milicia chií Hezbolá en una serie de ataques y represalias que se extendieron desde los primeros días del conflicto. En Siria y en Irak, los enfrentamientos han sido protagonizados por ataques de milicias árabes contra bases del ejército estadounidense y por bombardeos israelíes contra miembros de dichas milicias. En el Mar Rojo, los huties comenzaron una campaña de ataques contra barcos con destino a Israel, y Estados Unidos y el Reino Unido respondieron bombardeando objetivos huties.[111]

Hasta marzo de 2024, el conflicto, los atentados, las masacres y las acciones, fuera de toda razón y proporción humana, aún continuaban a una escala cada vez mayor.

La guerra debe ser algo impensable, porque es un acto suicida para la humanidad, sin embargo, los gastos de defensa y armamento de muchos países no se reducen; al contrario, trabajan para superar sus capacidades y estrategias militares con el fin de establecerse como líderes mundiales.

En el siguiente enlace se puede apreciar el total de guerras y conflictos armados en el mundo durante los últimos años.
https://es.m.wikipedia.org/wiki/Anexo:Guerras_y_conflictos_actuales

[112]

---
111 Wikipedia. https://es.wikipedia.org/wiki/Guerra_Israel-Gaza_(2023-presente)

Si la guerra es un suicidio para la humanidad, ¿por qué siguen ocurriendo confrontaciones?

¿El enfrentamiento bélico entre Rusia y Ucrania es el inicio de la tercera guerra mundial?
¿Será el conflicto Israelí Palestino el que la detone?
¿Es este el preámbulo para el fin del mundo?
¿Quién podrá detener las guerras en el planeta?

CNN). La horrible fotografía de niños que huyen de un ataque mortal con napalm se convirtió en una imagen definitoria, no sólo de la guerra de Vietnam, sino del siglo XX.

DESCOMPOSICIÓN Y MUERTE SOCIAL, FAMILIAR E INDIVIDUAL

Los siguientes hechos pueden parecer notas o relatos amarillistas, sin embargo, son el reflejo del grave deterioro familiar y social que estamos viviendo en estos tiempos: el descuido y odio hacia los padres y hacia los hijos, así como la indiferencia hacia el dolor, la crueldad y el sufrimiento de personas y animales, muestran la crueldad y maldad de la que es capaz el ser humano.

---

[112] Guerras y conflictos actuales (2023, 18 de julio). *Wikipedia*. https://es.m.wikipedia.org/wiki/Anexo:Guerras_y_conflictos_actuales

El deterioro de los principios éticos como el respeto a la vida, la empatía, el amor a la familia y a la raza humana, la preservación de los seres vivos y el cuidado al medio ambiente resulta una prueba fehaciente de la descomposición rápida que se vive en estos tiempos.

La maldad se expande cada vez más en el mundo, arrasando feroz y despiadadamente con todo: niños, jóvenes, ancianos, adultos, animales y todo lo que se presente al paso de las personas tocadas por la perversidad.

La maldad representa el medio deshumanizador de las personas. La lista de todo aquello que promueve es larga: guerras, violencia, secuestro, droga, enfermedades y muerte. Pero, ¿qué o quién podrá aplacar la maldad, cuidar y proteger la vida humana y toda la biodiversidad en la Tierra? ¿Qué es lo que podemos hacer en estos tiempos?

UN VISTAZO A LA VIOLENCIA EN EL MUNDO

A continuación, revisaremos algunos casos que muestran la vileza y crueldad con la que se atenta contra la vida y que, en muchos casos, son producto de un proceso de herencia generacional asociada a la violencia, el olvido, el abandono y la falta de compasión y amor.

　a) Exterminios masivos

- Yakarta, Indonesia: El 01 octubre de 2022 en un partido de futbol entre el Persebaya Surabaya y el Arema FC, 127 personas murieron y 180 fueron heridas como saldo de los disturbios ocurridos al finalizar el juego. Según el reporte, del total de víctimas, 34 fallecieron en el acto mientras que el resto perdió la vida cuando recibía tratamiento en el hospital y alrededor de 180 personas continuaron recibiendo atención en varias clínicas de Malang.

- Illinois, Estados Unidos: El 4 de julio de 2022, durante el desfile del Día de la Independencia de EE.UU. en la localidad de Highland Park en Illinois, en un acto intencional y aleatorio, un hombre de 22 años disparó contra las personas que asistieron al desfile, y dejó un saldo de al menos seis muertos y más de dos docenas de heridos. Lo que se sabe de este joven es que sufría *bullying* en la escuela por su forma de vestir y que pasaba gran tiempo solo en su casa debido a que su madre trabajaba casi todo el día. Él fue acumulando mucho odio contra sus compañeros y en diversas ocasiones manifestó que se vengaría de ellos, hasta que lo consiguió.[113]

---

[113] Tiroteo en desfile por el 4 de julio al norte de chicago deja 6 muertos y 24 heridos (2022, 04 de julio). *Enlace judío*. https://www.enlacejudio.com/2022/07/04/tiroteo-durante-desfile-por-el-4-de-julio-al-norte-de-chicago/

- Tole, Etiopía: Se cometió una masacre en la aldea de Tole el 18 de junio de 2022, donde un grupo de individuos armados dirigió su agresión a la población de ese lugar —predominantemente de etnia amhara—; los agresores comenzaron a disparar, sin ninguna conmiseración y de manera aleatoria, contra las personas, y mataron a cientos, en su mayoría mujeres y niños, además de obligar a huir de sus casas por lo menos a otras 2,000. Los atacantes también incendiaron los hogares durante el asalto, que duró cuatro horas. Culparon de esta matanza a un grupo rebelde de la etnia Oromo, conocido como Ejército de Liberación de Oromo (OLA), quienes lo negaron y culparon a las fuerzas progubernamentales.[114]

- Uvalde, Texas: Se perpetró una masacre en la escuela primaria Robb el 24 de mayo de 2022, donde un joven estudiante de 18 años entró violentamente a un salón de clases y comenzó a disparar a todos los que se encontraban ahí. Mató a 19 niños y 2 maestras en el tiroteo más mortífero registrado en una escuela primaria de ese país. El asesino fue abatido en la escena del crimen, pero media hora antes de los hechos, había publicado en Facebook que le dispararía a su abuela y que iría luego a la escuela primaria Robb en Uvalde, Texas, para llevar a cabo su plan.

- Greenville, Carolina del Sur: El 31 de marzo de 2022, en la escuela Tanglewood, Jamari Cortez Bonaparte Jackson, un estudiante de 12 años, recibió un disparo mortal. El sospechoso de haber disparado, un niño también de 12 años, fue arrestado y acusado del asesinato.

- Beloit, Wisconsin: El 29 de enero de 2022, en la escuela secundaria Beloit Memorial, Jion Broomfield, de 19 años, recibió un disparo mortal después de un partido de baloncesto. Amaree Goodall, también de 19 años, fue detenida por el tiroteo.

- Pittsburgh, Pensilvania: El 19 de enero de 2022, en la Academia Oliver Citywide, Marquis Campbell, de 15 años, recibió un disparo en el recinto escolar. Campbell fue trasladado al hospital en estado crítico y murió a causa de la herida. Aún se desconoce quiénes son los responsables.

- Las Vegas, Nevada: Durante un festival de música al aire libre en Octubre del 2017 murieron al menos 58 personas y más de 500 resultaron heridas cuando un hombre armado abrió fuego indiscriminado.

---

[114] La ONU pide una investigación imparcial tras masacre en Etiopía (2022, 22 de junio). *El Financiero*. https://www.elfinancierocr.com/cables/la-onu-pide-una-investigacion-imparcial-tras/347LCV7DW5DWRHXAJC7HYHWNEI/story/

- Newtown, Connecticut: Se presentó un tiroteo en la escuela primaria Sandy Hook el 14 de diciembre de 2012, donde Adam Lanza, quien antes había matado en su casa a su madre, Nancy Lanza, disparó contra compañeros en su escuela y dejó un saldo de 20 muertos con un rifle Bushmaster modelo XM15-E2S.

- Oxford, Michigan: El 30 de noviembre de 2021, en la escuela secundaria Oxford, Ethan Crumbley, de 15 años, presuntamente abrió fuego, mató a cuatro estudiantes y dejó heridos a otros siete. Al día siguiente, Crumbley fue acusado como adulto de terrorismo y de cuatro cargos de homicidio intencional. También se enfrenta a siete cargos de asalto con intención de asesinato y 12 cargos de posesión de arma de fuego durante la comisión de un delito grave.

- Santa Fe, Texas: El 18 de mayo de 2018, en la escuela secundaria de Santa Fe, Dimitrios Pagourtzis de 17 años presuntamente abrió fuego y dejó un saldo de 10 muertos y 13 personas heridas. Pagourtzis fue detenido y acusado de asesinato capital y asalto agravado a un servidor público. En noviembre de 2019 lo declararon incompetente desde el punto de vista mental para poder ser juzgado.

- Littleton, Colorado: Se presentó un tiroteo en la escuela Columbine High School, el 20 de abril de 1999, donde doce estudiantes y un maestro fueron asesinados por los estudiantes Dylan Klebold, de 17 años, y Eric Harris, de 18. Harris y Klebold se suicidaron después con heridas de bala en la cabeza en la biblioteca de la escuela.

- Nickel Mines, Pensilvania: "El 2 de octubre de 2006, Charles Roberts IV, de 32 años, acudió a una pequeña escuela amish y tomó como rehenes al menos a 11 niñas. Cinco de ellas fueron asesinadas y otras seis resultaron heridas. Luego Roberts se suicidó.

- Red Lake, Minnesota: El 21 de marzo de 2005 en la escuela secundaria Red Lake, Jeff Weise, de 16 años, mató a su abuelo y a otro adulto, a cinco alumnos, a un profesor y a un agente de seguridad. Después se suicidó.

- Olivehurst, California: El 1 de mayo de 1992 en el instituto Lindhurst en Olivehurst, California, Eric Houston, un joven de 20 años que había abandonado los estudios,

---

[115] Las escuelas, escenario de la violencia armada en Estaudos Unidos: estos han sido los peores tiroteos, de Columbine y Sandy Hook a Uvalde (2022, 27 de marzo). *CNN Español*. https://cnnespanol.cnn.com/2022/05/25/peores-tiroteos-escuelas-violencia-armada-estados-unidos-orix/

fue al lugar y mató a un exprofesor y tres alumnos. Lo condenaron a pena de muerte."[115]

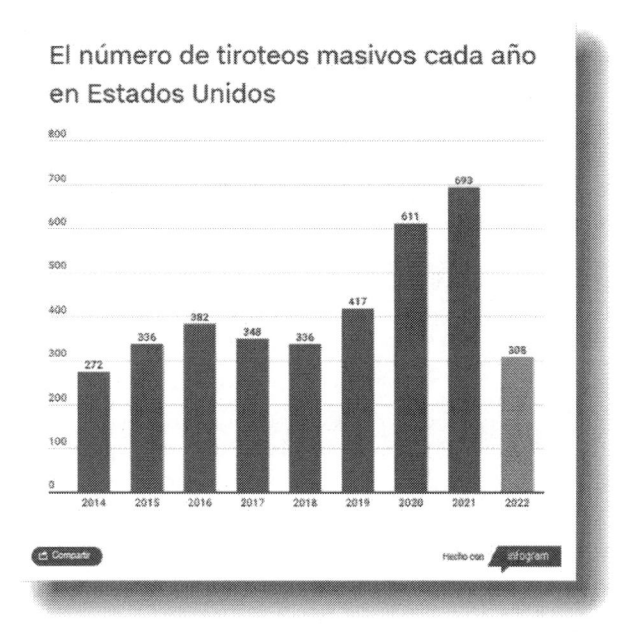

El número de tiroteos masivos cada año en Estados Unidos

Año	Número
2014	272
2015	336
2016	382
2017	348
2018	336
2019	417
2020	611
2021	693
2022	308

- Datos de muertes por tiroteo en Escuelas de Estados Unidos

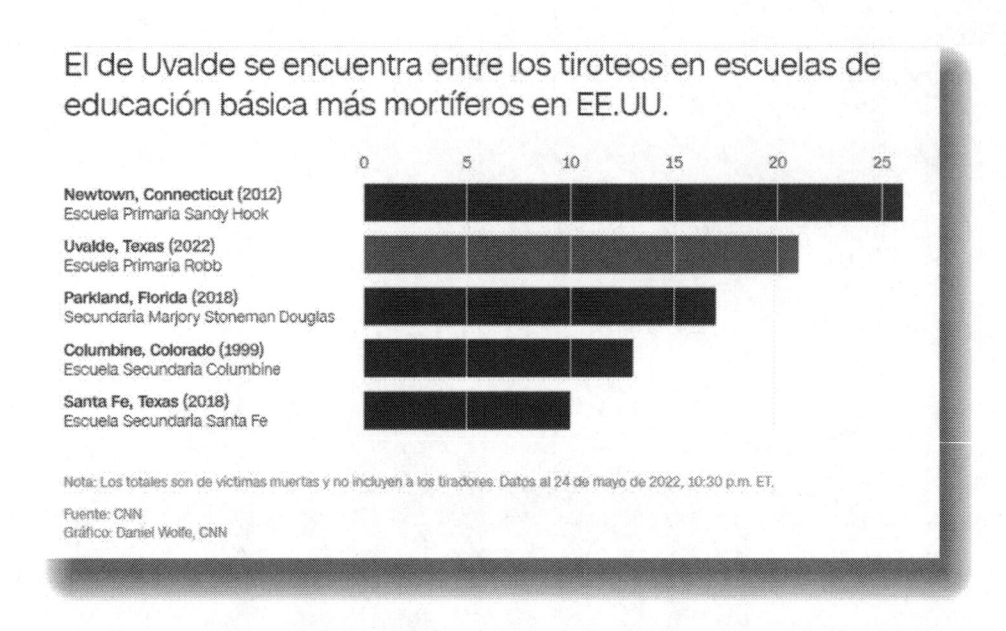

El de Uvalde se encuentra entre los tiroteos en escuelas de educación básica más mortíferos en EE.UU.

	0	5	10	15	20	25
Newtown, Connecticut (2012) Escuela Primaria Sandy Hook						▇
Uvalde, Texas (2022) Escuela Primaria Robb					▇	
Parkland, Florida (2018) Secundaria Marjory Stoneman Douglas				▇		
Columbine, Colorado (1999) Escuela Secundaria Columbine				▇		
Santa Fe, Texas (2018) Escuela Secundaria Santa Fe			▇			

Nota: Los totales son de víctimas muertas y no incluyen a los tiradores. Datos al 24 de mayo de 2022, 10:30 p.m. ET.

Fuente: CNN
Gráfico: Daniel Wolfe, CNN

Todos estos actos muestran una sociedad totalmente en decadencia, alejada del bien común y centrada en un ambiente engañoso y perverso, malvado y maligno, pero al mismo tiempo sutil y atractivo, desconocido y seductor para muchos de los agresores; sus ideas (y las que se promueven en redes sociales y en las nuevas agendas) los conducen hacia un camino de confusión que genera prácticas "de moda", nocivas y violentas para ellos y para los demás, como respuesta al vacío y a la falta de sentido en el que muchas veces viven.

Las prácticas ejercidas por muchos niños, adolescentes y jóvenes son producto —entre otros factores— de la perdida de principios y valores, del choque entre las ideas de las viejas y nuevas generaciones, así como de la búsqueda de respuestas para sentirse satisfechos consigo mismos. En este proceso, el avance científico y tecnológico juega un papel muy importante, ya que ha sido usado en beneficio de unos cuantos y ha afectado a muchísimas personas. Hoy es muy fácil encontrar información, imágenes y videos donde se promueve el uso de la violencia, moderada y extrema, contra animales y seres humanos; esta situación ha denigrado al ser humano con prácticas de *bullying*, maltrato, trabajo forzado, explotación sexual e incluso tortura, sin importar la edad.

Los principios y valores reconocidos universalmente son fácilmente sustituidos por aquellos que colocan a niños y jóvenes —sobre todo— en comportamientos "actuales" o de "moda", aun sin conocerlas o estar convencidos de ellas: por ejemplo, declararse como género no binario, ejercer el espiritualismo, adorar como dios a un futbolista (Maradona), a la muerte, a la Tierra y drogarse para ser aceptado, para sentirse "mejor" o simplemente para olvidarse de la situación que se pueda estar viviendo en ciertos momentos.

Como hemos observado, existen muchos seres humanos que degradan su vida poco a poco y otros que rápidamente van cayendo hacia un vacío sin retorno; son verdaderos muertos en vida. ¿Esas horribles imágenes de algunas películas de zombis que deambulan mientras le llega la muerte se convertirán en realidades obscenas, deprimentes y angustiantes? Anhelo que nunca suceda, ¿y tú?

b) Violación, mutilación y muerte de niñas y niños.

En el Informe presentado en junio de 2022, denominado *"25 años de conflictos armados y la infancia: Actuar para proteger a los niños y niñas en la guerra"* por UNICEF[116], se informó que entre 2005 y 2020 hubo más de 266,000 violaciones graves contra niñas y niños en situaciones de conflicto en África, Asia, Oriente Medio y América Latina.

Los lugares en los que más niños se vieron afectados por violaciones graves en 2021 fueron Afganistán, la República Democrática del Congo, Israel y el Territorio Palestino Ocupado, Somalia, Siria y Yemen.

De esta cifra, "104.000 niños y niñas han sido asesinados o mutilados en situaciones de conflicto armado; más de 93.000 han sido reclutados y utilizados por las partes en conflicto; al menos 25.700 han sido secuestrados; y las partes en conflicto han violado, sometido al matrimonio forzoso, explotado sexualmente o cometido otras formas graves de violencia sexual contra al menos 14.200 niñas y niños."[117]

Esta cifra representa solamente una fracción de todas las violaciones que se cree que se han producido, ya que las limitaciones en materia de acceso a la información y seguridad, entre otras, aunadas a la vergüenza, el dolor y el miedo que sufren los niños y las familias supervivientes dificultan a menudo la denuncia, la documentación y la verificación de las violaciones graves contra la infancia en situaciones de conflicto armado. Asimismo, la violencia sexual, incluida la violación y los secuestros de niños y niñas atrapados en zonas de conflicto, aumentaron en un 20% en 2021, lo que representa una media de 65 violaciones diarias contra niñas y niños.

---

[116] A diario se producen 72 violaciones de los derechos de los niños en situación de conflictos armados. Newsweek en Español. https://newsweekespanol.com/2021/08/violaciones-derechos-ninos-conflictos/

Un nuevo análisis de UNICEF revela la terrible magnitud de las violaciones graves contra la infancia durante los conflictos (2022, 27 de junio). UNICEF. https://www.unicef.org/es/comunicados-prensa/nuevo-analisis-unicef-revela-terrible-magnitud-violaciones-contra-infancia-conflictos

[117] Un nuevo análisis de UNICEF revela la terrible magnitud de las violaciones graves contra la infancia durante los conflictos (2022, 27 de junio). UNICEF. https://www.unicef.org/es/comunicados-prensa/nuevo-analisis-unicef-revela-terrible-magnitud-violaciones-contra-infancia-conflictos

"El número anual de violaciones verificadas ha aumentado gradualmente desde 2005, al superar por primera vez los 20.000 en un año en 2014 y alcanzar los 26.425 en 2020. Entre 2016 y 2020, la media mundial diaria de violaciones graves verificadas se situó en la alarmante cifra de 71 violaciones."[118] Cifra que seguramente se ha incrementado en los últimos 2 años.

El informe también pudo verificar que los niños procedentes de entornos más pobres, los niños refugiados, desplazados internos e indígenas, son los que corren mayor riesgo de sufrir violaciones graves. Los datos disponibles desglosados por sexo indican que los incidentes verificados de violaciones graves han afectado predominantemente a los niños varones. "Por ejemplo, en 2020, los niños varones representaron el 73% de todas las víctimas infantiles, una mayoría en el caso del reclutamiento y la utilización (85% de varones), el secuestro (76% de varones) y el asesinato y la mutilación (70% de varones). En comparación, las niñas son una cuarta parte (26%) de todos los niños y niñas víctimas, aunque en el caso de la violación y otras formas graves de violencia sexual la mayoría son niñas, en un 98%."[119]

Este informe muestra la brusquedad en el aumento de violaciones, pone de manifiesto la falta de respuesta efectiva de tratados e iniciativas de los gobiernos y el fracaso del mundo por cuidar y proteger el tesoro más preciado que tiene la humanidad, las niñas y los niños, así como el deterioro y devastación del tejido social que nos va deshumanizando aceleradamente.

c) Adoctrinamiento de niñas y niños.

El adoctrinamiento infantil está avanzando de manera vertiginosa y diversificada en todo el mundo; la ideología de género ha sido introducida en los programas y planes de estudio de muchísimas escuelas públicas y privadas y ha desbordado a las mismas, para instalarse también en programas de televisión dirigidos a niños, como en la cadena Nickelodeon y en las películas infantiles de Disney.

Como puede apreciarse en los siguientes videos, existe una gran difusión del orgullo gay en programas educativos y escuelas de Estados Unidos: se les enseña e inculca a los niños que ellos pueden elegir su orientación sexual desde edades tempranas, que van de los 5 a 10 años; incluso obligan a los niños a travestirse para que experimenten y prueben lo que

---

[118] Ibidem.

[119] Ibidem.

siente ser del sexo contrario y, si se avergüenzan de ello, las profesoras les dicen que esa vestimenta los hace ver bien; con ello refuerzan una orientación distinta a su género.

GUIA PASO A PASO de cómo reclutan a los niños para la marcha

https://www.youtube.com/watch?v=t4aCFOe7Erc&t=1s

[120]

En estos programas escolares, se les habla desde temprana edad de su orientación sexual y se les induce a que piensen que la homosexualidad resulta una tendencia normal, y el desear estar conforme con su género natural no lo es; de hecho, en ocasiones se les ha llegado a decir que, si la homosexualidad no les gusta, son homofóbicos y se les pide abandonar el salón.

La ley protege esta ideología bajo el lema de educar en "igualdad y tolerancia", y los padres de familia no pueden hacer nada para impedirlo.

En muchos programas y planes de estudio, hay materias que tienen como propósito que los niños inicien su vida sexual a edades tempranas, promueven las relaciones homosexuales y, en algunos casos, las relaciones entre niños y adultos en el marco de un lenguaje y actividades "inclusivos".

En Estados Unidos, en el Condado de Fairfax, Texas, una madre denunció y demostró que los libros oficiales que se utilizan en la escuela Fairfax High School donde acude su hijo incluyen pedofilia y sexo entre hombres y niños; además, contienen ilustraciones con objetos sexuales, masturbación y desnudez violenta.[121]

---

[120] Pablo Rosales (2022, 13 de junio). GUIA PASO A PASO DE Cómo RECLUTAN a los niños para esta MARCHA. *Youtube*. https://www.youtube.com/watch?v=t4aCFOe7Erc&t=1s

[121] Mamá critica a junta escolar por permitir libros que promueven pedofilia (2021, 28 de septiembre). *Noticia cristiana*. https://www.noticiacristiana.com/sociedad/2021/09/mama-critica-junta-escolar-permitir-libros-promueven-pedofilia.html/amp

Los padres les confían sus hijos a las escuelas y algunos profesores abusan emocionalmente de los niños enseñándoles la ideología que ellos quieren; de esa manera, los confunden inculcándoles valores y principios ajenos a los de sus familias.

En este orden de ideas, la industria de Disney es promotora de la ideología de género, a través de Disney Channel, quien produjo y difundió por primera vez en el año 2014, una serie familiar llamada Good Luck Charlie, donde aparece una pareja lesbiana. La firma señaló que el guion de la serie había sido elaborado por expertos en desarrollo infantil y consejeros comunitarios.

La respuesta de los padres de familia no se hizo esperar, el grupo denominado "Un Millón de Madres", intentó de manera fallida impedir su difusión, así como evitar que se utilicen personas homosexuales como promotores de algunas marcas de productos, o como íconos a seguir por los niños y jóvenes.[122]

En la actualidad, The Walt Disney Company decidió impulsar la ideología de género en todos sus productos, incorporó textos y figuras que representan la amplia diversidad sexual que existe hoy en día. Muchos de los personajes famosos de las películas clásicas y recientes del imperio Disney son identificados como gays, queer, transgéneros, binarios, pansexual y persona de género fluido.

"La legislación de Florida sobre los derechos de los padres en la educación impide que las escuelas públicas promuevan la ideología de género desde el jardín de infantes hasta el tercer grado."[123] Estas leyes tienen la intención de que los niños aprendan sobre sexualidad de la manera apropiada y tradicional para su edad.

---

[122] Indiana, Rita (2014, 21 de octubre). Disney Gay. *El País Semanal*.
https://elpais.com/elpais/2014/10/20/eps/1413806688_470532.html?outputType=amp

Como respuesta, "los ejecutivos de Disney organizaron una reunión denominada "Reimagine Tomorrow Conversation Series" y allí se comprometieron a movilizar a toda la corporación al servicio de la comunidad LGBTQIA+."

"La productora ejecutiva Latoya Raveneau expuso la ideología de Disney en términos contundentes. Dijo que se estaba implementando una «agenda gay nada secreta» que va «agregando queerness» a la programación infantil. Por su parte, el coordinador de producción Allen Martsch, señaló que su equipo se asegurará de crear suficientes "personajes canónicos trans, personajes canónicos asexuales y personajes canónicos bisexuales"".[124]

La presidente de Disney Entretainment, Karey Burke, dice que "como madre de un niño trans y un niño pansexual" quiere ver que todas las series y películas tengan por lo menos la mitad de personajes "LGBTQIA", como se demuestra en el siguiente video:

https://twitter.com/laderechadiario/status/1509304464104116240?t=_irDDVhuX1WK75e7bdWRjg&s=08

La campaña ideológica también contempla los parques temáticos de Anaheim y Orlando; en 2019, se realizó el primer desfile del orgullo gay en su parque de París, Francia.[125]

d) Diversidad sexual e identidad de género

En los Estados Unidos, a fines del mes agosto de 2022, la legislatura de California votó para aprobar un proyecto de ley que permitiría al estado tomar la custodia de menores de

---

[123] Mariela León (2022, 09 de abril). Disney decide promover a la comunidad LGBTQIA+. *Cambio16*. https://www.cambio16.com/el-gigante-disney-quiere-imponer-la-ideologia-de-genero/

[124] Ibidem.

[125] Ibidem.

edad de otros estados que buscan cirugías de transición de género y hormonas cruzadas, incluso si estas acciones van en contra de los deseos de los padres del niño.

El proyecto de Ley denominado SB 107 fue presentado en julio por el Senador Scott Wiener como parte de los esfuerzos de los demócratas para convertir a California en un "estado santuario" para la transmutilación de niños; argumentó que estas leyes protegerán a la juventud estadounidense de "ataques brutales a los niños transgénero".

El senador Scott Wiener fue también quien presentó e impulsó las leyes que permitieron que cualquier persona mayor de 12 años se vacunara contra la COVID-19, sin el consentimiento de los padres; también fue quien propuso la hora del cuento *drag queen* en la escuela primaria y relajó el castigo para los delincuentes sexuales infantiles.

La iniciativa SB 107 fue aprobada por la Cámara y el Senado el 31 de agosto, con un "abrumador apoyo demócrata" y entró en vigor el 1 de enero de 2023, una vez firmada por el gobernador de California Gavin Newsom, quien señaló que esta medida está diseñada para proteger a las familias con jóvenes transgénero menores de 18 años, pues con esta legislación evitarán ser procesadas penalmente, en caso de viajar a California para obtener atención médica de afirmación de género para sus hijos de estados donde los tratamientos, incluidos los bloqueadores de la pubertad y las hormonas, han sido denunciados como "abuso infantil" por parte de funcionarios electos.

"En California creemos en la igualdad y la aceptación. Creemos que nadie debe ser procesado o perseguido por recibir la atención que necesita, incluida la atención de afirmación de género", escribió Newsom. "Los padres saben qué es lo mejor para sus hijos y deberían poder tomar decisiones sobre la salud de sus hijos sin miedo".[126]

Es así como desde ahora, en California, cualquier niño que así lo desee accederá a tratamientos de cambio de sexo, y si alguno o ambos padres no lo permiten, el Estado de California puede tomar la custodia de esos niños para administrar los medicamentos, hormonas o llevar a cabo la cirugía de cambio de sexo.

La iniciativa señala que la presencia física o jurisdiccional personal no es necesaria ni suficiente para tomar una determinación de custodia de un niño.

De este modo, dicha ley va mucho más allá de cualquier forma establecida —hasta ahora— de intervención del gobierno en asuntos familiares personales. Es de preocupar que esta ley

---

[126] Brooke Migdon (2022, 30 de septiembre). Newsom signs bill to make California a refuge for transgender youth and families. *Changing America*. https://thehill.com/changing-america/respect/equality/3668922-newsom-signs-bill-to-make-california-a-refuge-for-transgender-youth-and-families/

incentive a los menores a trasladarse a California a espaldas de sus padres para buscar los beneficios que establece esta legislación, la cual no define cómo se cuidará a estos niños, y mucho menos dónde se alojarán.

El Consejo de la Familia de California, a través de su presidente Jonathan Keller, ha señalado que los activistas radicales en el estado pueden convertir fácilmente la ley en un arma para aprovecharse de los niños de otros estados, porque la ley instruye a las agencias estatales a ignorar las circunstancias de cómo un niño llegó al estado para la transición de género; la SB 107 invita a los niños a huir de sus familias o incluso a ser traficados a través de líneas de estado.

Keller señaló que el gobernador Newsom deberá prepararse para muchas demandas, ya que los fiscales generales de otros estados no se quedarán de brazos cruzados mientras California les roba sus niños a los padres que no quieren que los "esterilicen con estos transtratamientos".

Asimismo, hay personas que se oponen a la SB 107 debido a que consideran una extralimitación de la autoridad y un ataque directo a los derechos de los padres. Señalan además que, como se ha demostrado científicamente, el cambio de género a edades tempranas causa graves consecuencias a largo plazo (esterilidad, pérdida ósea, otros problemas de salud) y aumenta las tasas de suicidio entre los jóvenes que se someten a la transición médica.

En ningún otro momento de la historia de los Estados Unidos, una entidad gubernamental ha confiscado la custodia de los niños de los padres a otras instancias con un carácter ideológico plenamente marcado. No solo eso, sino que el razonamiento detrás de esto, es decir, permitir que los niños tengan acceso a estos tratamientos médicos destructivos y que alteran su vida permanentemente, está empeorando la situación y no está en vías de mejorarlo.

---

[127] La Legislatura radical de California aprueba un proyecto de Ley que permite al estado subvertir los derechos de los padres y tomar la custodia de menores; de esa manera, estas infancias pueden buscar fuera del estado cirugías trans. Esta iniciativa sólo espera la firma del gobernador Newsom. Gateway Pundit en California, Estados Unidos. Julian Conradson (2022, 19 de septiembre). SICK: Radical California Legislature Passes Bill Allowing State to Subvert Parental Rights and Take Custody of Out-of-State Minors Seeking Trans Surgeries – Awaits Gov. Newsom's Signature *Gateway Pundit*.

https://www.thegatewaypundit.com/2022/09/sickradical-california-legislature-passes-bill-allowing-state-subvert-parental-rights-take-custody-state-minors-seeking-trans-surgeries-awaits-gov-newsoms-signature/?ff_source=Twitter&ff_medium=PostTopSharingButtons&ff_campaign=websitesharingbuttons

No debería ser necesario un estudio científico o clínico para darse cuenta de que no se debería dar la ocasión de un cambio físico tan profundo a los niños pequeños, ya que aún no tienen las facultades para tomar un tipo de decisiones que alteren sus vidas para siempre.[127]

En Europa, en enero de 2022, el Congreso Francés aprobó por unanimidad, con 143 votos a favor, ninguno en contra y 430 diputados que se ausentaron durante la votación, la ley que otorga años de prisión y severas multas a los padres que no autoricen a sus hijos el cambio de género. Esta iniciativa hace legal las terapias de conversión sexual, pero sobre todo señala que el rechazar que los hijos menores cambien de sexo será un delito.

De este modo, la ley quita poder a los padres para decidir sobre sus hijos menores de edad, y éstos podrán requerir un cambio de sexo sin la autorización de nadie, y sin costo, ya que pueden hacerlo en el sistema público de salud, y los médicos no pueden rechazarlo porque también quedarían sujetos a esta legislación.

La medida ha desatado múltiples protestas; los médicos y psiquiatras advierten la peligrosidad en cuanto a la salud mental de los pacientes, por la exclusión de los padres y especialistas en la decisión del cambio de sexo.

Algo muy preocupante en esta ley consiste en que no se utiliza el término "sexo", sino "género auto-percibido"; a causa de esta situación el hecho de que un padre le diga a su hijo varón que no puede ponerse un vestido lo expone a la denuncia y a la pérdida de la patria potestad.

"El sector sanitario afirma que se corre el riesgo de encerrar a los niños y jóvenes en una identidad que quizás no fuera más que la expresión de sus dificultades, muy comunes en la adolescencia. En lugar de actuar prematuramente con bloqueadores de la pubertad, las dificultades de los jóvenes deben ser tratadas con psicoterapia para darle al niño la oportunidad de comprender verdaderamente cuáles son sus problemas y lo que realmente quiere, antes de tomar una decisión de la que no hay retorno".

Al ser tan pequeños y no tener la identidad completamente formada, los niños son permeables a todo estímulo externo, lo cual puede provocar una disforia de género que no sea más que parte del proceso natural de maduración. Ahora, no tendrán ni a sus padres ni a los profesionales especializados para protegerlos de una decisión de la que se pueden arrepentir y que cambiará sus vidas para siempre".[128]

---

[128] Ricardo Morales Jiménez (2022, 27 de enero). Francia quitará la patria potestad a los padres que se opongan al cambio de sexo de sus hijos. *El Debate*. https://www.eldebate.com/religion/20220127/francia-quitara-patria-potestad-padres-opongan-cambio-sexo-hijos.html

Un estudio de la Universidad de Valladolid señala que más del 80% de los niños presupuestos como transexuales en la niñez dejan de serlo al madurar. Otros datos provistos por el DSM-V (Manual de diagnóstico y estadístico de trastornos mentales) indican que menos del 49% de los pre-púberes continúan deseando cambiar de sexo en la adultez.

En la gran mayoría de los casos, la transición se inicia a los diez años con "bloqueadores de la pubertad, bombardeo hormonal y operaciones quirúrgicas desde los 15 años", lo cual afecta física y mentalmente a los niños para siempre; con todo, lo que resulta más preocupante es la cantidad de casos de personas arrepentidas que desean regresar a su sexo inicial y no reciben ayuda. Estos casos no son contabilizados en cifras, ya que hay un enorme tabú al respecto y los investigadores que publican este tipo de estudios suelen ser censurados.[129]

Como parte de la difusión y promoción que están teniendo este tipo de iniciativas para cambio de género, en el Congreso de España está por aprobarse la 'ley trans' presentada por el Ministerio de Igualdad, con 188 votos a favor, 150 en contra y 7 abstenciones; la iniciativa contiene graves y polémicas consideraciones, como la "autodeterminación de género", que propicia el borrado de la mujer; además, permite que los menores entre 12 y 16 años puedan someterse a "prácticas de modificación genital" siempre que "por su edad y madurez, pueda consentir de manera informada a la realización de dichas prácticas". Esta norma no especifica quién debe juzgar esa "madurez", y obvia cualquier referencia al consentimiento paterno.

La ley también puede servir para que los hombres acusados de violencia de género vean reducidas sus condenas al solicitar un cambio de sexo en su registro de nacimiento, y además ofrece la posibilidad de cambiar de parecer cada seis meses por si quiere volver a tener el sexo que originalmente tenía en su acta de nacimiento. La nueva propuesta obliga al Gobierno a que incluya "entre los aspectos básicos del currículo de las distintas etapas educativas" contenidos relacionados con "el principio de igualdad de trato y no discriminación", así como "el conocimiento y respeto de la diversidad sexual, de género y familiar de las personas LGBT".[130]

---

[129] Redacción Europa (2022, 17 de febrero). Francia le quitará la patria potestad a los padres que se nieguen al cambio de sexo de sus hijos. *La Derecha diario*.
https://derechadiario.com.ar/europa/europa_francia/francia-le-quitara-la-patria-potestad-a-los-padres-que-se-nieguen-al-cambio-de-sexo-de-sus-hijos

[130] Congreso Iberoamericano por la vida y la familia (2022, 23 de diciembre). Post. *Facebook*.
https://www.facebook.com/congresoibervf/posts/1496191147535813/?paipv=0&eav=AfZ4THo0jdxcEsfDrSyAZBax8V-XHRLidPlDX8VVEXh7pdj6CjLcvZ6GZ7mvTSaxLHs

La ley, por supuesto, prohíbe "la práctica de métodos, programas y terapias de aversión, conversión o contra-condicionamiento, en cualquier forma, destinados a modificar la orientación o identidad sexual o la expresión de género de las personas". La prohibición se mantiene incluso si la terapia sobre orientación o identidad sexual cuenta con el consentimiento de la persona interesada o de su representante legal. El incumplimiento se considera una falta administrativa "muy grave" y puede suponer multas de hasta 150.000 euros.

La iniciativa debe pasar ahora al Senado español para su ratificación, o modificación.[131]

En Estados Unidos, en 2022 la *Alliance Defending Freedom*, infomó que la administración del presidente de los Estados Unidos, Joe Biden, realizó un ajuste al Título IX para redefinir "sexo" e incluir la orientación sexual y la identidad de género. Informaron que la comisionada de agricultura de Florida, Nikki Fried, está bloqueando escuelas, incluidas las escuelas religiosas para niños pobres, para que no reciban los fondos para el almuerzo escolar al no cumplir con esta redefinición radical, la cual debe aplicar a todas las actividades escolares, planes de estudios, contrataciones, actividades deportivas, baños, e incluso al uso de los pronombres.

Se le dice a *Grant Park Christian Academy* que debe abandonar sus creencias religiosas o perder los fondos para el almuerzo de sus estudiantes desfavorecidos. La escuela atiende a niños de una comunidad minoritaria de bajos ingresos en Tampa; todos ellos reciben ayuda financiera para asistir. Para la mayoría, lo que obtienen en Grant Park es la mejor comida que comen durante todo el día.

Paradójicamente, la educación regular en muchas de las escuelas de Estados Unidos promueve y normaliza, en niños desde los 5 a 10 años, una cultura donde el cambio de sexo, el travestismo y las relaciones sexuales entre adultos y niños (pedofilia) se muestran como algo "normal". Como un ejemplo de esta situación, se encuentra el siguiente video:

¡CUIDADO CON LO QUE LE ENSEÑAN A TUS HIJOS EN LA ESCUELA!

https://www.youtube.com/watch?v=lI2yFlCBC_o

---

[131] Ibidem.

[132]

En México, en octubre del 2019, se envió al Congreso de la Ciudad de México una Reforma de Ley de Infancias Trans, la cual no ha podido resolverse desde entonces. Sin embargo, de acuerdo con lo informado por la Jefa de Gobierno Claudia Sheinbaum, en 2021, se publicaron en la Gaceta Oficial del Gobierno de la Ciudad de México (CDMX) los Lineamientos para garantizar los derechos humanos en el procedimiento administrativo y reconocimiento de la identidad de género de los adolescentes mediante el acta de nacimiento a partir de los 12 años de edad; es así como estos jóvenes, a tan temprana edad, "podrán solicitar al Registro Civil que se modifique la identidad de género asentada en sus actas de nacimiento primigenias sin necesidad de iniciar un juicio, según un decreto del gobierno capitalino.

El documento, publicado en la edición 671 BIS, señala que el reconocimiento de la identidad de género auto-percibida es un requisito necesario para el goce de diversos derechos humanos de las personas trans. Por ello, el acceso a un procedimiento administrativo para obtener un acta de nacimiento acorde con la autopercepción de identidad de género debe considerarse como parte del ejercicio del derecho al libre desarrollo de la personalidad."[133]

Es importante recordar que los adolescentes se encuentran en plena etapa crítica de desarrollo y las decisiones de cambio de género pueden estar basadas muchas veces en "modas o modelos sociales" para ser aceptados por ciertos grupos.[134]

En México, existe ya la Ley de Identidad de Género, al igual que la Ley Agnes, la cual no es propiamente una ley, sino un conjunto de ordenamientos o reformas estatales en el que

---

[132] The Awaken Citizen. CUIDADO CON LO QUE LE ENSEÑAN A TUS HIJOS EN LA ESCUELA. *Youtube.* https://www.youtube.com/watch?v=ll2yFlCBC_o

[133] David Santiago. (2021, 28 agosto). Adolescentes de la CDMX podrán tramitar cambio de genero en actas de nacimiento. *Expansión Política.*
https://politica.expansion.mx/cdmx/2021/08/28/adolescentes-de-la-cdmx-podran-tramitar-cambio-de-genero-en-actas-de-nacimiento

[134] *Ibidem.*

cada entidad modifica sus respectivos códigos penales, civiles, familiares y procedimientos civiles locales para reconocer y proteger a las personas trans cuando quieran realizar cambio de identidad sexo-genética de manera oficial.

Hasta la fecha hay 19 estados de la República Mexicana que han adoptado estas reformas: CDMX, Michoacán, Nayarit, Coahuila, Colima, Hidalgo, Oaxaca, Tlaxcala, San Luis Potosí, Sonora, Puebla, Estado de México, Baja california, Baja California Sur, Jalisco, Chihuahua, Morelos y Sinaloa.[135]

Por su parte, la Suprema Corte de Justicia de la Nación (SCJN) señaló que, en el marco del derecho a un nombre e identidad, resolvió un amparo en revisión referido a la posibilidad de que niñas, niños y adolescentes (NNyA) tengan acceso al procedimiento para solicitar una nueva acta de nacimiento con motivo del reconocimiento de la identidad de género auto-percibida, contemplado en el Código Civil para la CDMX.

"Con su resolución, el Máximo Tribunal reconoció en el proyecto sometido a votación que las niñas, niños y adolescentes son titulares del derecho a la identidad en los mismos términos que las personas adultas y enfatizó que la identidad de género nunca debe de ser probada, por lo que solicitar peritajes para determinarla invade la vida privada de las personas".[136]

En este sentido, el estado de Oaxaca fue en 2019 la primera entidad federativa en la que niñas, niños y adolescentes pueden acceder a trámites para el reconocimiento de identidad de género.

Para revisar un poco los efectos que causa en los niños el brindarles esta supuesta libertad de elegir su género o cambio de sexo desde edades tempranas, basta ver algunos casos muy conocidos, como el de los hijos de algunos artistas de Hollywood; este sería el caso de Shiloh, hija mayor de la actriz Angelina Jolie y el actor Brad Pitt, quien desde muy temprana edad manifestó su inclinación a ser hombre y vestirse como tal. Su madre la apoyó argumentando que podía elegir libremente su género, sin importar su edad, y permitió que se sometiera a un tratamiento hormonal para inhibir el desarrollo femenino y promover el masculino.

---

[135] Vianey Mejía. (2022, 31 de Marzo). Ahora que estamos juntxs, ahora que si nos ven: ¡A echarle kilos a la ley!. *Coordinación para la Igualdad de Género de la UNAM.*

https://coordinaciongenero.unam.mx/2022/03/ahora-que-estamos-juntxs-ahora-que-si-nos-ven-a-echarle-kilos-a-la-ley/

[136] Suprema Corte de Justicia de la Nación (15 de junio, 2022). Boletín 75/2022. https://cdhcm.org.mx/2022/06/cdhcm-celebra-el-criterio-de-la-scjn-que-permite-el-acceso-de-nnya-al-procedimiento-administrativo-para-el-reconocimiento-de-la-de-la-identidad-de-genero-auto-percibida-en-la-ciudad-de-mexico/

Sin embargo, años después, la situación cambió y empezó a dejar las vestimentas masculinas cambiándolas por un look femenino, y fue la propia Shiloh quien confirmó su destransición.[137]

El arrepentimiento por cambio de sexo a edad temprana ha demostrado traer consecuencias devastadoras; tal es caso de la australiana Jay Langadinos, quien no se identificaba como mujer y tenía la percepción de ser hombre, por lo que decidió someterse a un cambio de sexo.

Previamente consultó a un psiquiatra debido a la importancia de esta transición de sexo, que cambiaría profundamente su vida. De este modo, Jay acudió con el doctor Patrick Toohey, quien aprobó el cambio de sexo de Jay Langadinos desde esa primera consulta.

Sin embargo, 11 años después, Jay, siendo ya un hombre transgénero, se encuentra sumamente arrepentido; señala que no se siente como hombre y que no era consciente de las consecuencias emocionales y sociales que le traería su transición de género. Durante ese tiempo, se ha percatado de que realmente sí se identificaba como mujer; sin embargo, este proceso resulta irreversible, toda vez que su útero y senos le han sido extirpados, aunado al tratamiento hormonal. Todo este proceso le impide llevar a cabo su deseo de ser madre; el estado en que ahora se encuentra, según sus palabras, "es devastador".

Ahora sufre de una terrible fobia social, por lo que se dificulta interactuar con su familia, amigos y compañeros de trabajo; argumenta que sí se identificaba con ser mujer, pero sentía una atracción hacia su propio sexo.

Ante esto, Jay ha iniciado un proceso de demanda contra el psiquiatra Patrick Toohey, quien le asesoró "mal" —asegura Jay— hace 11 años y lo llevó a decidir cambiar de género tras solo haberle visto en una cita.[138]

Ante una situación que avanza cada día e involucra niños y niñas, resulta primordial reflexionar en lo siguiente:

---

[137] Las fotos del asombroso cambio físico de Shiloh: La hija mayor de Angelina Jolie y Brad Pitt causa sensación en las redes sociales por su gran evolución física (s.f.). *El Universo*. https://www.eluniverso.com/entretenimiento/gente/las-fotos-del-cambio-fisico-de-shiloh-jolie-pitt-nota/

[138] Lourdes de la Concepción Alanis Gallardo (2022, 12 de octubre). "Es devastador": Hombre trans demandó a su psiquiatra tras arrepentirse de su cambio de sexo. *Melodijolola*. https://www.melodijolola.com/entre-amigas/galeria/es-devastador-hombre-trans-demando-su-psiquiatra-tras-arrepentirse-de-su-cambio

¿Por qué se promueve el cambio de género y sexo en las infancias y la juventud?
¿Qué pasa si después quieren dar marcha atrás?
¿El cambio de género y sexo es una moda con la que hay que estar de acuerdo?
¿Dónde está el límite de los derechos humanos de las personas que están y no están de acuerdo con el cambio de género? ¿Quién lo define?
¿Podemos hacer algo al respecto?

e) Aborto

Este tema se ha vuelto una circunstancia muy mediática, cuya legalización se ha abierto paso en medio de polémicas y políticas que buscan, entre otras cosas, ganar adeptos en elecciones políticas y posiciones de poder a costa de la vida de los más desprotegidos, de la vida que no pertenece a quien decide terminar con ella, es decir, de la vida del no nacido.

El aborto se presenta como un tópico sumamente complejo, ya que se encuentra estrechamente vinculado con el embarazo temprano no deseado, violación, los derechos de las mujeres y el control de la natalidad.

La Organización Mundial de la Salud (OMS) calcula que todos los años tienen lugar 25 millones de abortos inseguros, la mayor parte en países en vías de desarrollo. Señala que impedir el acceso al aborto seguro no hace que dejen de necesitarlo, por eso, las prohibiciones no logran reducir en número de abortos, pero sí los hacen inseguros.

Por lo anterior, señala que deben garantizarse para las niñas y mujeres acceso a servicios de educación sexual, utilización de métodos anticonceptivos eficaces y abortos legales y sin riesgos.

El estatus legal de la práctica del aborto varía considerablemente entre países y ha cambiado a lo largo del tiempo; por ejemplo, los países de América Latina donde el aborto está despenalizado en ciertos plazos de gestación son Colombia, Argentina, México, Uruguay, Cuba, Guyana, Guyana Francesa y Puerto Rico.

Los países donde está prohibido sin excepciones son El Salvador, Honduras, Nicaragua, República Dominicana y Haití.

El Instituto Guttmacher señala que, en los últimos 25 años, más de 50 países han modificado su legislación para permitir mayor acceso al aborto; en ocasiones han reconocido que el acceso al aborto sin riesgos es fundamental para la protección de la vida y la salud de las mujeres.

Señala también que, de los embarazos no planeados, el 61% termina en aborto, lo cual se traduce en 73 millones de abortos al año y esto sucede en todos los países del mundo, sin importar el nivel de desarrollo o ingresos. Asimismo, la proporción de embarazos no planeados que terminaron en aborto fue de 51% de 1990 a 1994, y se mantuvo aproximadamente en el mismo nivel del 2000 al 2004. Después aumentó a 61% de 2015 a 2019.

Por otra parte, en los Estados Unidos, el aborto inducido era legal en todos los estados de la Unión Americana con ciertas limitaciones, sin embargo, a mediados de 2022 se presentó un debate que lo prohibió. El Tribunal Supremo de Estados Unidos derogó el derecho al aborto vigente desde 1973, que fue ganado en una sentencia histórica de ese mismo Tribunal a partir de la demanda de una mujer, Norma McCorvey, contra el fiscal de Dallas, que reclamó su derecho a abortar en ese estado.
https://www.theepochtimes.com/exclusive-leaked-hospital-memo-reveals-500-rise-in-stillbirths-fetal-specialist-explains-likely-cause-facts-matter_4834951.html?instaaccount=secb64YmxhbmNheW9sYW5kYWNAZ21haWwuY29t&rs=SHRFTJVBC&utm_campaign=mb-cc&utm_content=eet&utm_medium=email&utm_term=nonuser

[139]

En 2022, había 13 estados con normas restrictivas aprobadas, aunque todavía sin efecto, que entrarían inmediatamente en vigor si la Corte Suprema deroga la ley de 1973. Estos estados son Arkansas, Idaho, Kentucky, Louisiana, Mississippi, Missouri, Dakota del Norte, Dakota del Sur, Oklahoma, Tennesse, Utah, Wyoming y Texas. En la mayoría de ellos, las leyes restrictivas, como la aprobada en Texas en septiembre del año pasado, prohíben abortar a partir de las seis semanas de embarazo.

[139] Roman Balmakov (2022, 02 de noviembre). Exclusive Leaked Hospital Memo Reveals 500 Rise in Stillbirths Fetal Specialist Explains. *Epoch TV*. https://www.theepochtimes.com/exclusive-leaked-hospital-memo-reveals-500-rise-in-stillbirths-fetal-specialist-explains-likely-cause-facts-matter_4834951.html?instaaccount=secb64YmxhbmNheW9sYW5kYWNAZ21haWwuY29t&rs=SHRFTJVBC&utm_campaign=mb-cc&utm_content=eet&utm_medium=email&utm_term=nonuser

Posteriormente, según The Heritage Foundation, desde octubre de 2022, la administración de Biden ha buscado redefinir el embarazo para incluir el parto, la lactancia y la interrupción del embarazo o aborto.

"El lenguaje de la política ahora equipara un proceso que mantiene la vida, el embarazo, con un proceso de finalización de la vida: el aborto.

Es una distinción que hace toda la diferencia. La nueva definición trataría el aborto como moralmente igual al embarazo, la maternidad y la lactancia, escribieron Melanie Israel y Emma Waters de The Heritage Foundation.
Esto es absurdo. El embarazo es un proceso natural. Una nueva vida comienza en el momento de la concepción. Este ser humano es eso, un ser humano, en cada etapa de su desarrollo, explicaron. El aborto, por el contrario, es la destrucción intencional y directa de la vida humana antes de nacer. Mata al bebé antes de nacer y detiene el proceso natural del embarazo.

Al no 'requerir ni prohibir' el acceso al aborto en las escuelas, el lenguaje del cambio de regla del Título IX crearía una 'zona gris', explicaron. Esta zona gris significaría que las escuelas pueden 'optar' por usar el Título IX como un vehículo para la educación, referencias o acceso al aborto. Esto podría tomar la forma de conectar a los estudiantes con clínicas de aborto, no revelar un embarazo o aborto a los padres de un menor, pagar el viaje del aborto o promover píldoras abortivas peligrosas".[140]

Al respecto, el Instituto Guttmacher,[141] asegura que 22 estados del país del norte prohibirían el aborto una vez que quede sin efecto la actual ley estatal, incluidos los ya mencionados, y otros cuatro es probable que también siguieran este mismo camino. Por el contrario, mantendrían la ley estatal 12 estados, y aunque otros 10 tampoco prohibirían el aborto, su población no tiene clínicas cercanas que puedan atender a pacientes de diferentes entidades. Así, en la práctica, millones de mujeres se desplazarían a otros estados.

En 2022, se terminó el derecho constitucional al aborto como resultado del papel tan importante que tuvieron las elecciones de mitad de período que se llevaron a cabo en Estados Unidos.

---

[140] Talia Wise (2022, 16 de septiembre). 'This is Absurd': Biden Administration Title IX Change Would Redefine Preganancy to -Include Abortion. CBN. https://www1.cbn.com/cbnnews/us/2022/september/this-is-absurd-biden-administration-title-ix-change-would-redefine-pregnancy-to-include-abortion

[141] Embarazo no planeado y aborto a nivel mundial (2022, marzo). *Guttmacher Institute*. https://www.guttmacher.org/es/fact-sheet/aborto-inducido-nivel-mundial

Uno de los argumentos utilizados cuando la Corte Suprema consideró anular el derecho al aborto consistió en que se podía encontrar una alternativa en las leyes de refugio seguro para recién nacidos.

Estas leyes, que existen en todos los estados, permiten a las madres con problemas abandonar de forma anónima a sus bebés en sitios designados poco después de dar a luz, sin que sean llevadas a juicio; estos sitios son conocidos como "Dropbox Babies".

Esta es la historia y testimonios reproducidos de manera textual, según una nota de la BBC,[142] de tres personas a quienes estas leyes de refugio seguro han marcado profundamente.

LA MADRE

Era una noche oscura y húmeda de invierno en una de las interminables llanuras de Arizona. Michelle estaba conduciendo por una carretera aislada, cuando de repente se detuvo.

"Tenía tanto dolor que no podía regresar para ir a un hospital", recuerda. Cerca de un arroyo, a unos 30 km de la ciudad, Michelle dio a luz en su automóvil.

"Fue aterrador. Recuerdo que solo rezaba. Estaba llamando a mi mamá... quería a mi mamá".

Mientras Michelle daba a luz, su hija mayor dormía en el asiento trasero. En la penumbra, con su teléfono móvil sin batería, Michelle se sentó durante 15 minutos, con su recién nacido envuelto en una manta en su regazo.

Observó a la niña, posando la mirada en el rostro de su bebé. Luego encendió el motor y condujo, rápido.

Michelle no le había dicho a nadie que estaba embarazada. Estaba demasiado asustada. El padre de su hija pequeña era impredecible. Separada de él y tras haber dejado la relación con el progenitor de su nueva bebé, se sintió arrinconada.

---

[142] Linda Pressly. (2022, 24 noviembre). "Dropbox babies": las madres que entregan a sus bebés en buzones en EE.UU. *BBC News*.
https://www.bbc.com/mundo/noticias-internacional-63693375

Se detuvo en el hospital más cercano. Michelle conocía la ley de refugio seguro para recién nacidos de Arizona por la que podía "entregar" a su hija de forma anónima sin ser procesada, siempre que la bebé no hubiese sufrido daños.

Así que corrió a la recepción con la niña en sus brazos.
"Pedí hablar con el área de partos. Vinieron y hablaron conmigo y les dije: 'Creo que dejarla va a ser la mejor opción'. Solo quería que ella estuviera a salvo del padre de mi hija mayor".

Michelle entregó a la bebé a las enfermeras. Sabía que la niña ahora sería adoptada.

Michelle estuvo en el hospital menos de tres minutos.

¿Qué son los buzones para bebés?

- *Michelle entregó su bebé a los médicos, pero también se pueden dejar en un buzón o cajón especial en un hospital o estación de bomberos.*

- *En la Europa medieval, las llamadas "ruedas de expósito" al costado de hospitales e iglesias tenían el mismo propósito.*

- *Las ventanillas especiales para depositar a un bebé todavía existen en otros lugares, pero EE.UU. es la única nación que legisla de manera integral para los bebés abandonados.*

- *Las leyes de refugio seguro se introdujeron en EE.UU. para detener el infanticidio; aparecieron por primera vez en Texas en 1999 y luego en todos los demás estados.*

- *El riesgo de homicidio infantil es mayor el día del nacimiento. Un informe reciente de los Centros para el Control de Enfermedades de EE.UU. encontró que después de la introducción de las leyes de refugio seguro, entre 2008 y 2017, la cantidad de bebés asesinados ese primer día se redujo en casi un 67%.*

- *Pero es difícil probar un vínculo causal: el cuidado infantil asequible, mejores habilidades de crianza y una comprensión de la depresión materna también podrían explicarlo.*

LA ENFERMERA

Fue la muerte de un recién nacido lo que impulsó a Heather Burner a convertirse en una apasionada defensora de los refugios seguros. Hace más de una década, estaba de turno en la sala de emergencias de un hospital de Phoenix, donde trabajaba como enfermera pediátrica.

"Una joven de 15 años se registró, aquejada de dolor abdominal. Después de que le revisaron los signos vitales, fue al baño. Dio a luz a su bebé sola y lo dejó en un bote de basura. Unos 20 minutos después, una señora de la limpieza lo encontró. Tratamos de hacer esfuerzos para salvarle la vida, pero no tuvimos éxito".

A pesar de las pruebas, la adolescente negó que el bebé fuera suyo. Se sospecha que había sido víctima de abuso sexual por parte de un familiar.

"Fue muy traumático", dice Heather. Ahora directora del programa Arizona Refugios Seguros y directora ejecutiva de Alianza Nacional de Refugios Seguros (NSHA, por sus siglas en inglés), calcula que 4.687 bebés han sido "entregados" a nivel nacional desde 1999.
La NSHA tiene una línea de ayuda y recibe entre 60 y 100 llamadas al mes. En junio, mientras la Corte Suprema deliberaba sobre Roe vs. Wade, hubo un aumento del 300% en las llamadas. Los grupos antiaborto han argumentado durante mucho tiempo que las leyes de refugio seguro eliminan la necesidad de abortar, una opinión que se hizo eco durante las audiencias.

Para las personas que llaman a la NSHA, el consejo de dejar a un bebé en un lugar seguro es el último recurso.

"Nosotros les preguntamos, ¿qué te impide criar a este niño?", dice Heather. "La mayoría de las veces, el bebé no es la crisis, es su situación. ¿Son personas sin hogar? ¿Necesitan ayuda con el cuidado de los niños? Literalmente una vez pagué una factura de electricidad y eso hizo que la mujer sintiera que podía manejar lo que venía después".

Algunas mujeres que llaman se quedan con el bebé. Otras optan por una adopción regular y elegirán —y quizás conocerán— a la familia que se hará cargo de su hijo. Pero algunas "entregarán" a sus bebés en un lugar seguro.

EL BEBÉ

Al oeste de Phoenix, Porter Olson vive con su familia adoptiva y su adorado perro. Porter es un enérgico niño de 11 años al que le gusta acampar, hacer jardinería y cocinar.

En 2011, los Olson fueron contactados por la agencia de adopción en la que se habían inscrito. "Recibí la llamada y dijeron que teníamos un bebé", recuerda Michael Olson. Le envió a su esposa Nicole un mensaje de texto con solo estas palabras: "El mejor día de mi vida".

Nicole estaba en una clase, enseñando. "Llamé a mi directora y le dije: 'Necesito averiguar sobre la licencia de maternidad'. Y ella dijo: '¿Por qué? ¿Estás embarazada?' Y dije: 'No, pero voy a tener un bebé, ¡hoy!'".

La madre biológica de Porter lo había dejado en una caja de bebé en un hospital. En Arizona, por lo general se encuentra una familia adoptiva el mismo día. Y, como los Olson, es posible que no sepan absolutamente nada sobre su nuevo bebé.

La familia se enteró el mismo día que les iban a entregar a un bebé.
"Realmente nunca me importó eso, simplemente pensé que creceríamos juntos y resolveríamos esa parte", dice Nicole. Aun así, la pareja sintió que podría ser útil para el mismo Porter tener más información.

"Así que un día mi madre me iba a hacer una prueba de ADN. Fuera lo que fuera, iba a celebrarlo", dice Porter, continuando con la historia. "Y nos hicimos la prueba, y el médico dijo: '¡Felicitaciones! ¡Puedes celebrarlo todo!' Soy europeo, indígena estadounidense, africano subsahariano y asiático oriental".

No existe ningún mecanismo para que Porter averigüe más sobre sus padres biológicos. Es por eso que algunos activistas adultos adoptados han desaprobado las leyes de refugio seguro. Las académicas feministas también las han criticado por no abordar las injusticias socioeconómicas que pueden obligar al abandono en primer lugar.

¿Y qué sucede si una mujer tiene luego dudas en cuanto a renunciar a su bebé para siempre?

"Algunos estados tienen un período dentro del cual la madre podría tratar de recuperar al niño", dice Kate Loudenslagel, fiscal adjunta del condado de Maricopa.

"Pero aquí en Arizona, no tenemos una opción para las madres que cambian de opinión. Dejar al niño se considera en sí mismo una renuncia. Si un padre cree que tiene la paternidad de un niño, tiene 30 días para notificar al Registro de Presuntos Padres para reclamar la paternidad".

¿Qué pasó con Michelle?
"No podía borrar su rostro de mi cabeza", dice ahora sobre la bebé que entregó a las enfermeras esa noche de invierno.

Tres días después de dar a luz, Michelle llamó a la NSHA. Heather Burner comenzó a abogar por esta joven angustiada.
"Tuvo mucha suerte con la familia adoptiva", dice la directora ejecutiva de la NSHA. Treinta y tres días después de renunciar a su hija, Michelle la recuperó.

Ver a Heather de nuevo fue la mejor sensación del mundo, dice Michelle. La pareja que cuidaba a la bebé aceptó devolverla. Si se hubieran negado, Michelle habría tenido que pelear el caso en tribunales.
Michelle estuvo de acuerdo en hablar con la BBC, tal vez porque todo salió bien. Pero ¿qué pasa con los miles de mujeres que han entregado a sus recién nacidos y nunca los han vuelto a ver?
Quizás esta era la mejor, o la única, opción para ellas. No lo sabemos, porque casi ninguna mujer ha compartido públicamente su historia."[143]

Por otra parte, ¿cómo está la situación del aborto en México? Este país ocupa el primer lugar en embarazo infantil y adolescente entre los países de la Organización para la Cooperación y el Desarrollo Económicos (OCDE), así como en abuso sexual a menores, de los cuales la gran mayoría ocurren en los entornos familiares.

Desde 2009, la Norma Oficial Mexicana 046 establece que las mexicanas tienen derecho a interrumpir un embarazo por violación en cualquier estado.

En México hasta mayo de 2022, hay ocho entidades federativas donde hay interrupción legal del embarazo: Ciudad de México, Oaxaca, Veracruz, Hidalgo, Baja California, Colima, Sinaloa y Guerrero.

El estado de Coahuila consiguió la interrupción legal del embarazo por vía judicial, pero aún no se ha modificado el Código Penal del Estado, por lo que no podemos decir que se encuentre despenalizado aún. En el resto de las 23 entidades el aborto inducido está restringido.[144]

---

[143] Ibidem.

[144] Almudena Barragán (2022, 17 de mayo). El Estado de Guerrero despenaliza el aborto. Diario El País. https://elpais.com/mexico/2022-05-18/el-estado-de-guerrero-despenaliza-el-aborto.html#?rel=mas

En este país, ocurren cada año 71 embarazos no planeados por 1,000 mujeres en edad reproductiva, tasa que es muy similar a la estimada para toda América Latina y el Caribe (72 por 1,000).

La tasa de aborto ha aumentado más del 50% con respecto a 1990, la cual era de 25 por 1,000. Este aumento en la tasa (indicador que aísla el efecto del crecimiento de la población) sugiere que ahora las mujeres están enfrentando mayor dificultad para prevenir los embarazos no planeados y que están más motivadas para evitar tener nacimientos no planeados.

Las estimaciones de aborto por edad muestran el patrón esperado: la tasa más elevada se observa entre las mujeres de 20–24 años (55 por 1,000 mujeres en ese grupo de edad); y desciende gradualmente con la edad. Desafortunadamente, las adolescentes de 15–19 años presentan la segunda tasa más alta, a la par con las mujeres de 25–29 años (44 por 1,000 mujeres).
Generalmente el tema de interrupción legal del embarazo se encuentra ligado al tema de los derechos humanos de las mujeres y no permitir hacerlo constituye una clara violación a los mismos, pero ¿qué pasa con los derechos de los no nacidos, los que no tienen voz?

"El no nacido es el ser humano en el período de su vida que va desde el momento de la concepción (fecundación) hasta el momento de su nacimiento, y se desarrolla en las etapas diferenciadas de embrión y feto. En este proceso la materia recibida de los progenitores da lugar a una unidad celular con características propias de inicio de vida individual, o sea, la característica genética del nuevo individuo con un fenotipo característico. En este sentido, el no nacido es un ser humano distinto a sus padres, con su propio código genético y su propio sistema inmunológico, pero necesita un entorno apropiado para lograr su vida y desarrollo. Aunque ligados uno al otro durante nueve meses, los cuerpos de la madre y el embrión son distintos, pues el ADN del feto es diferente al de la madre, por lo que se considera un ser distinto, tal como lo define la genética."[145]

Los derechos humanos no solo están establecidos en las leyes y la constitución, sino también han sido promulgados por acuerdos y tratados internacionales "como la Declaración de los Derechos del Niño vigente desde 1990, donde se establece que el niño por su falta de madurez física y mental necesita protección y cuidados especiales, incluso la debida protección legal, tanto antes como después de su nacimiento."[146]

---

[145] Ofelia Uzcátegui. "Derechos del no nacido" en *Revista de Obstetricia y Ginecología de Venezuela*, vol. 73, no 3 (2013). Calvo MA (2004). "El nasciturus como sujeto de derecho. Concepto constitucional de persona frente al concepto pandecista civilista". *Cuad Bioét.*; 2:283-297.
[146] Ofelia Uzcátegui. "Derechos del no nacido" en *Revista de Obstetricia y Ginecología de Venezuela*, vol. 73,

Entonces, hay una contradicción de los derechos con la admisión legal tanto del aborto como de las investigaciones con embriones. Hay que recordar que los no nacidos son los humanos más débiles, que necesitan de una mayor protección de todo tipo. Pero en la realidad, el derecho del no nacido está sujeto al que el concebido nazca, sólo así se considera sujeto de derecho, a pesar de que la vida es el primero y el más fundamental de los derechos humanos; por ello, se presenta el supuesto ontológico sin el cual los restantes derechos no tendrían existencia posible, lo que exige su respeto desde su inicio hasta su natural extinción.

¿Por qué no protegemos a los más débiles?

¿Qué lleva al ser humano y específicamente a los padres a terminar con la vida de sus hijos antes de nacer?

¿Por qué cada vez más personas ejercen estas prácticas?

¿Qué podemos o debemos hacer ante el aborto?

¿Estamos a tiempo de hacer algo todavía para mantener el derecho a la vida?

f) Suicidio y eutanasia

El suicidio es un fenómeno que se incrementa de manera alarmante cada día en todo el mundo. Se trata de una tragedia que afecta profundamente a la sociedad y las familias.

De acuerdo con datos de la Organización Mundial de la Salud (OMS), cada año más de 700,000 personas se quitan la vida, lo que corresponde a una muerte cada 40 segundos. Esta cifra se ha incrementado a raíz de la pandemia por COVID-19. Desde que la OMS lo declaró pandemia en marzo de 2020, más individuos experimentan pérdida, sufrimiento y estrés.

El tercer informe regional sobre la mortalidad por suicidio, publicado en marzo de 2021, indicó que este problema sigue siendo una prioridad de salud pública en la Región de las Américas, ya que el suicidio es la tercera causa de muerte entre los jóvenes de 20 a 24 años en estos territorios. Las personas de 45 a 59 años tienen la tasa de suicidio más alta de la Región, seguidas por las de 70 años o más.[147]

---

no 3 (2013).

[147] Prevención del suicidio. *PAHO*. https://www.paho.org/es/temas/prevencion-suicidio

En los Estados Unidos, el suicidio es una de las principales causas de muerte y un importante problema de salud pública.

El suicidio en este país se ubica como la sexta causa de muerte en niños y adolescentes de entre 5 y 14 años; la segunda causa principal de muerte entre niños de 10 a 14 años; y la tercera causa de muerte entre jóvenes de 15 a 24 años.

En cuanto al resto de la población, el Centro para el Control y la Prevención de Enfermedades (CDC, por sus siglas en inglés) informó que las mujeres tienen una mayor posibilidad de intentar suicidarse que los hombres, pero estos tienen más probabilidad de morir por suicidio que las mujeres, debido a que utilizan métodos más letales, como armas de fuego, ahorcamiento o asfixia.

Sin embargo, datos recientes del CDC sugieren cambios en la letalidad de los métodos que podrían incrementar el suicidio en las mujeres.[148]

Por su parte, en México, el Instituto Nacional de Información Estadística y Geográfica (INEGI) reportó que en 2020 sucedieron 7,818 fallecimientos por lesiones autoinfligidas en el país, lo que representa 0.7% del total de muertes en el año y una tasa de suicidio de 6.2 por cada 100,000 habitantes.[149] La tasa de suicidio es más alta en el grupo de jóvenes de 18 a 29 años con 10.7 decesos por cada 100 000 personas; le sigue el grupo de 30 a 59 años con 7.4 fallecimientos por cada 100 000, mientras que es la tercera causa principal de muerte en jóvenes de 15 a 24 años de edad, de acuerdo con el Instituto Nacional de Salud Mental.

Las entidades que tienen mayor tasa de fallecimientos por lesiones autoinfligidas (suicidio) por cada 100 000 habitantes son las siguientes: Chihuahua (14.0), Aguascalientes (11.1) y Yucatán (10.2). Por el contrario, Guerrero, Veracruz e Hidalgo presentan las tasas más bajas con 2.0, 3.3 y 3.7, respectivamente.[150]

Los datos que estudios e investigaciones sobre el suicidio señalan como principales causas y factores de riesgo son el divorcio, cambios de lugar de residencia o grupos de amistades,

---

[148] Holly Hedegaard, M.D., Sally C. Curtin, M.A., and Margaret Warner, Ph.D. (2021). "Suicide Mortality in the United States, 1999-2019" en *Department of Health & Human Services. Centers for Disease Control and Prevention National Center for Health Statistics.* Hyattsville, U.S.A No. 398 https://www.cdc.gov/nchs/products/databriefs/db398.htm

[149] *Estadísticas a propósito del día mundial para la prevencial del suicidio (10 de septiembre).* Comunicado de Prensa Número 520/21. INEGI. https://www.inegi.org.mx/contenidos/saladeprensa/aproposito/2021/Suicidios2021_Nal.pdf

[150] Ibídem.

dificultades o presiones en la escuela, el trabajo o la familia, pérdidas de seres queridos, trastornos psiquiátricos, el *bullying* o maltrato escolar, el *ciberbullying* (maltrato cibernético), el desempleo, el consumo indiscriminado de tecnología, el consumo y abuso de drogas o sustancias, historia familiar de suicidios, exposición al comportamiento suicida de compañeros, noticieros o historias ficticias, violencia y abuso físico, sexual o emocional y la pérdida de la libertad.

Todo ello se manifiesta con conductas de tristeza, desesperación, desesperanza, depresión, aislamiento, insomnio, irritación y falta de interés por realizar actividades.

Como podemos ver, este es un gravísimo problema que no sólo incrementa cada día, sino que toca a las personas cada vez a edades más tempranas.

¿Qué pasa en la mente y alma de las personas que los lleva a quitarse la vida?
¿Por qué ha incrementado tanto el suicidio?
¿Por qué toca con más fuerza a niños y jóvenes?
¿Qué podemos hacer para prevenir el suicidio?

La eutanasia se presenta como otro fenómeno que va cobrando cada vez mayor relevancia por la cantidad de personas que están a favor de ello y están dispuestas a su práctica bajo el argumento del deseo de morir de manera digna.

La Organización Mundial de la Salud (OMS) define la eutanasia como aquella "acción del médico que provoca deliberadamente la muerte del paciente",[151] y también como "el acto deliberado de poner fin a la vida, a petición propia o de algún familiar".[152]

Desde el punto de vista legal, es la muerte provocada por voluntad propia sin dolor y sin sufrimiento físico como resultado de la administración de fármacos u otras sustancias que alivien el dolor, aun cuando en ello se llegue a la muerte.

En la actualidad, la eutanasia es legal en los siguientes países: Bélgica, Luxemburgo, Colombia, Canadá, Nueva Zelanda, España y Países Bajos, quienes fueron los primeros en aprobarla desde 2002.

---

[151] Iniciativa de Ley: "Eutanasia: El derecho a morir en paz". BNC.
https://www.bcn.cl/delibera/show_iniciativa?id_colegio=1264&idnac=2&patro=0&nro_torneo=2015#:~:text=La%20Organizaci%C3%B3n%20Mundial%20de%20la,deliberadamente%20la%20muerte%20del%20paciente%22

[152] Biblioteca del Congreso Nacional de Chile (2018). La Eutanasia en la Legislación Nacional y Extranjera. Departamento de estudios, extensión y publicaciones. https://www.camara.cl/verDoc.aspx?prmTIPO=DOCUMENTOCOMUNICACIONCUENTA&prmID=70184

De hecho, en Bélgica, más de 27.000 personas han muerto a causa de la eutanasia desde que se legalizó hace más de 20 años, según los últimos datos oficiales de las autoridades belgas. El país ha sido citado como un ejemplo de una "pendiente resbaladiza", de la cual las partes interesadas advierten como inevitable por dicha legislación.

En Estados Unidos esta práctica es legal sólo en los estados de California, Colorado, Hawái, Maine, Nueva Jersey, Oregón, Vermont, Washington y en el Distrito de Columbia.[153]

En México no está autorizada como tal, pero se permite la decisión de suspender o rechazar tratamientos que prolongan la vida y los cuidados paliativos. La Ley de Voluntad Anticipada permite que los pacientes rechacen tratamientos que ya no desean recibir.
Con base en el Artículo 1 de la Ley de Voluntad Anticipada para el Distrito Federal, se entiende que "la decisión que toma una persona de ser sometida o no a medios, tratamientos o procedimientos médicos que pretendan prolongar su vida cuando se encuentre en etapa terminal y, por razones médicas, sea imposible mantenerla de forma natural, protegiendo en todo momento la dignidad de la persona."[154]

La Ciudad de México fue la primera entidad de la nación en aprobar la Ley de Voluntad Anticipada en enero de 2008. Posteriormente fue aprobada en Coahuila, Aguascalientes, San Luis Potosí, Michoacán, Hidalgo, Guanajuato, Guerrero, Nayarit, Estado de México, Colima, Oaxaca, Sonora, Yucatán y Tlaxcala.

De acuerdo con el Instituto Nacional de las Personas Adultas Mayores (INAPAM), no es necesario estar enfermo o sufrir un accidente para firmar la voluntad anticipada.[155]

Entonces ...

¿Qué lleva al ser humano a terminar con su propia vida?
¿Por qué cada vez más personas se suicidan sin importar su edad o condición social y económica?
¿Qué podemos o debemos hacer para enfrentar una situación como la eutanasia?
¿Estamos en tiempo de hacer algo todavía y buscar preservar la vida?

---

[153] ¿En qué estados de EEUU es legal la muerte asistida (s.f.). Notimerica. https://www.notimerica.com/sociedad/noticia-estados-eeuu-legal-muerte-asistida-20151006203810.html

[154] Instituto Nacional de las Personas Adultas Mayores (2019, 05 de diciembre). La ley de Voluntad Anticipada: El derecho a una muerte digna. *Gobierno de México*. https://www.gob.mx/inapam/articulos/ley-de-voluntad-anticipada-el-derecho-a-una-muerte-digna

[155] *Ibidem*.

g) Trata de personas

El Protocolo para Prevenir, Reprimir y Sancionar la Trata de Personas define la "trata de personas" como el reclutamiento, transporte, traslado, acogida o recepción de personas, bajo amenaza o por el uso de la fuerza u otra forma de coerción, fraude, engaño, abuso de poder, o recibir pago o beneficios para conseguir que una persona tenga bajo su control a otra persona, para el propósito de explotación. La explotación puede incluir la explotación sexual, trabajo forzado o servicios, esclavitud, o prácticas similares a la esclavitud, servidumbre, o remoción de órganos.[156]
La trata de personas es un delito que tiene lugar en todo el mundo. Las desigualdades de género y la violencia sexual pueden crear circunstancias que favorecen el tráfico de personas. Las víctimas están expuestas a muchos tipos de violencia durante su experiencia de trata, independientemente del tipo de explotación que sufran.

Las víctimas proceden normalmente de entornos socioeconómicos desfavorecidos o de los países de ingresos más bajos, y suelen ser llevadas a los países más ricos, donde su explotación reporta a los tratantes las máximas ganancias.

El siguiente cuadro, muestra los tres elementos que se prestan en el proceso de la trata de personas (Recuperado del "Informe sobre las migraciones en el mundo 2022", Organización Internacional para las Migraciones – OIM-)

---

[156] Artículo 3 del Protocolo de las Naciones Unidas para Prevenir, Reprimir y Sancionar la Trata de Personas, Especialmente Mujeres y Niños (también conocido como el Protocolo contra la trata de personas) es un protocolo de la Convención de las Naciones Unidas contra la Delincuencia Organizada Transnacional.

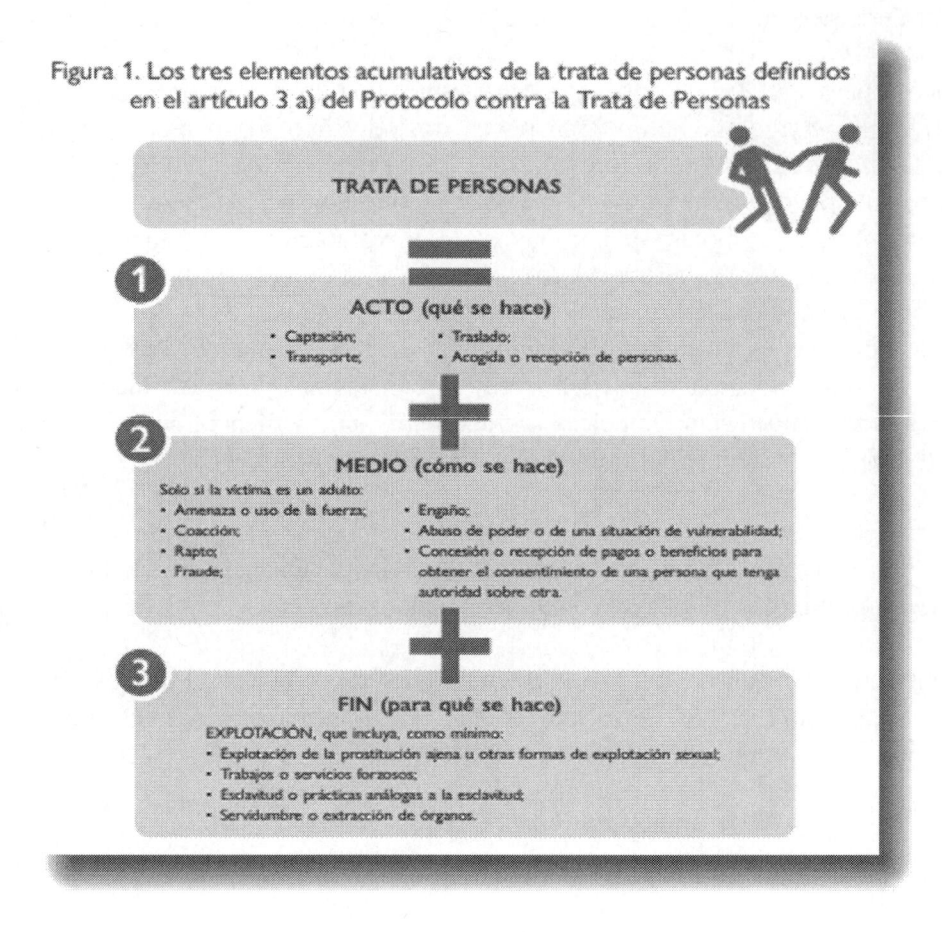

Figura 1. Los tres elementos acumulativos de la trata de personas definidos en el artículo 3 a) del Protocolo contra la Trata de Personas

TRATA DE PERSONAS

① ACTO (qué se hace)
- Captación;
- Transporte;
- Traslado;
- Acogida o recepción de personas.

+

② MEDIO (cómo se hace)
Solo si la víctima es un adulto:
- Amenaza o uso de la fuerza;
- Coacción;
- Rapto;
- Fraude;
- Engaño;
- Abuso de poder o de una situación de vulnerabilidad;
- Concesión o recepción de pagos o beneficios para obtener el consentimiento de una persona que tenga autoridad sobre otra.

+

③ FIN (para qué se hace)
EXPLOTACIÓN, que incluya, como mínimo:
- Explotación de la prostitución ajena u otras formas de explotación sexual;
- Trabajos o servicios forzosos;
- Esclavitud o prácticas análogas a la esclavitud;
- Servidumbre o extracción de órganos.

Según el Informe Mundial más reciente de la UNODC, el número de víctimas detectadas de la trata notificado por los países año tras año pasó de menos de 20.000 en 2003 a alrededor de 49.000 en 2018, la última cifra disponible. El número de condenas por trata de personas también aumentó en todo el mundo. Sin embargo, estos datos no implican necesariamente un aumento de la trata de personas a nivel mundial, ya que también reflejan la mayor capacidad de algunos estados de detectar la trata y recopilar datos, lo cual resulta sumamente difícil.

Si bien en el estereotipo histórico las víctimas de la trata eran mujeres y niñas vulnerables y el fin era la explotación sexual, el perfil de género de las víctimas ha cambiado con el tiempo. El género femenino sigue representando la proporción más alta de las víctimas detectadas (alrededor del 65% en total, con un 46% de mujeres y un 19% de niñas), pero los varones también son objeto de trata (con un 20% de hombres y un 15% de niños en el total de víctimas detectadas), especialmente para el trabajo forzoso, que representa cerca del 60% de los casos detectados.

El género y la edad de las víctimas varían según las regiones; en el África Subsahariana se detectan más niños que adultos, mientras que en Europa, América del Norte y Asia la proporción más alta entre las víctimas detectadas corresponde a las mujeres adultas, y en África del Norte y el Medio Oriente, a los hombres adultos.

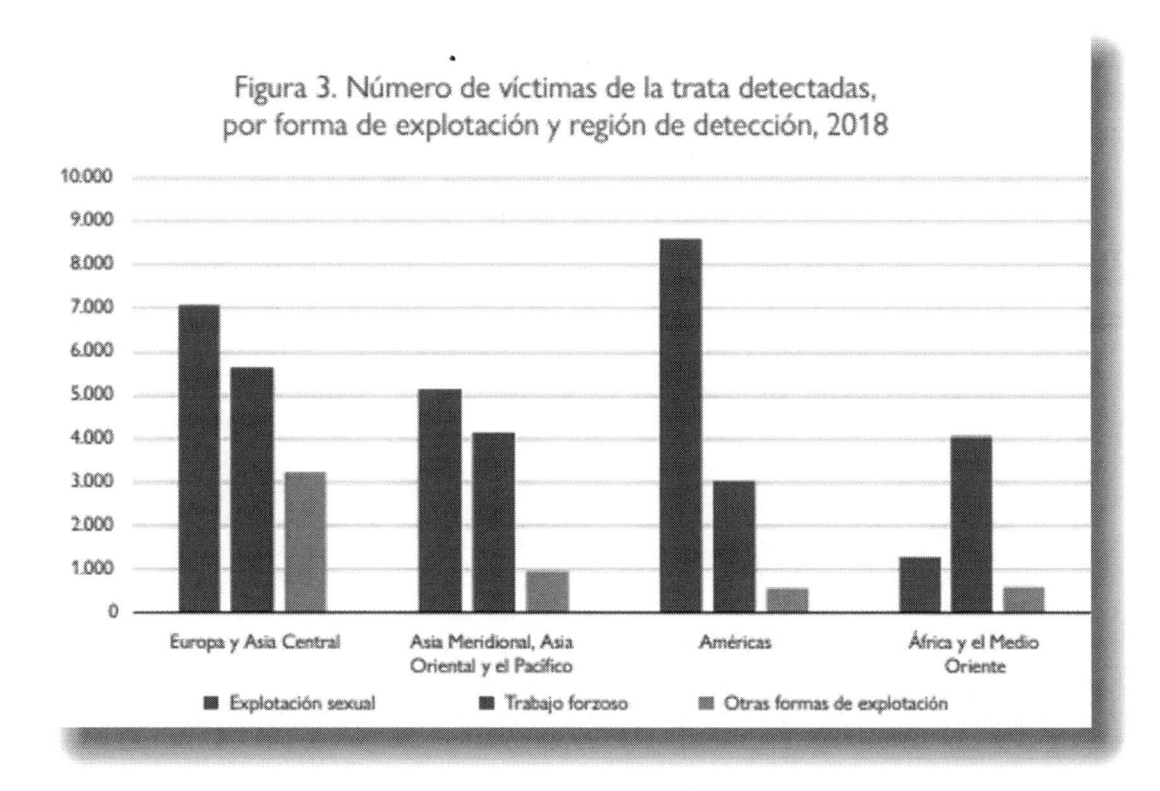

Figura 3. Número de víctimas de la trata detectadas, por forma de explotación y región de detección, 2018

UNODC, 2021:31–36. La Base de Datos Colaborativa sobre la Trata de Personas informa de tasas similares, con aproximadamente un 70% de mujeres y niñas entre las víctimas registradas en su conjunto de datos: Base de Datos Colaborativa sobre la Trata de Personas, s.f.a.

En cuanto a las formas de explotación de la trata, el primer lugar corresponde a la explotación sexual (alrededor del 54%), seguida del trabajo forzoso (en torno a un 42%) y de otras formas de explotación, que incluyen la esclavitud y las prácticas análogas a la esclavitud (0,56%), el matrimonio forzado (0,45%), la extracción de órganos (0,03%), el servicio militar forzoso (0,01%) y otras (10,46%).[157]

---

[157] *Organización Internacional para las Migraciones* (OIM) (s.f.). https://www.iom.int/es/sobre-la-migracion

a. Trabajo Forzado

De acuerdo con la Organización Internacional del Trabajo (OIT), la trata de personas con fines de trabajo forzado se estima que afecta aproximadamente a 21 millones de víctimas en el mundo. Estas personas están sujetas a coerción en la economía informal y en los principales sectores económicos; además, se encuentran atados a sus lugares de trabajo por medios sutiles de exigencia y control. Su explotación es parte de las relaciones laborales contemporáneas en ciertas partes de la economía. La injusticia fundamental que sufren consiste en verse privados de una parte justa de lo que los economistas llaman el "producto marginal de su trabajo". Están sujetos a diversos grados de imposición por parte de quienes tienen control sobre sus vidas e ingresos: terratenientes, jefes tribales, narcotraficantes, intermediarios laborales sin escrúpulos, funcionarios estatales corruptos o proveedores dentro de cadenas de valor globales.

Asimismo, la OIT estima que "el trabajo forzoso, por sí solo, genera un producto ilegal de alrededor de 150.000 millones de dólares por año. Esta cifra es una estimación prudente, ya que las ganancias generadas por la trata de personas van más allá del trabajo forzoso y, por lo general, eluden los controles financieros, mediante el blanqueo de dinero, el uso de criptomonedas y otros métodos nuevos de pago." [158]

Los tratantes de personas participan con frecuencia en otros delitos transnacionales organizados para mitigar los riesgos, reducir los costos operacionales y aumentar los márgenes de beneficio, como en el caso de los cárteles de drogas en México.

Los principales sectores de trata con fines de trabajo forzoso son el empleo doméstico (30% de las víctimas detectadas), la construcción (16%), la agricultura (10%), las manufacturas (9%) y la hotelería (8%).

Las personas que se benefician de esta explotación tienen intereses económicos y políticos creados para mantener el *statu quo* y, por lo tanto, buscan mantener a familias y comunidades enteras en la pobreza extrema. Las mayores ganancias se pueden lograr en la industria del sexo (US$ 99 mil millones); como veremos más adelante, sin embargo, la mayoría de las personas en esclavitud moderna son explotadas en sectores donde las condiciones laborales suelen ser malas o muy malas, como la agricultura, la pesca, la construcción, el trabajo doméstico y la manufactura, especialmente en las cadenas de suministro de bajo nivel.

---

[158] Trabajo forzoso (s.f.). *Organización Internacional para las Migraciones*. https://www.ilo.org/global/standards/subjects-covered-by-international-labour-standards/forced-labour/lang--es/index.htm

La explotación de los más pobres y vulnerables para beneficio económico es parte integral de un sistema económico que ha aportado riqueza y bienestar a ciertos grupos o personas, pero también ha incrementado las desigualdades y la exclusión social. En la economía global actual, existe una presión constante sobre los costos laborales que puede conducir a una espiral descendente de empeoramiento de las normas laborales.

En 2014 había más de 201 millones de personas desempleadas y el número ha ido aumentando. La necesidad y el malestar social por esta situación genera personas desesperadas y vulnerables que buscan empleo y oportunidades en donde sea, incluso en países donde hay intermediarios laborales sin escrúpulos, algunos empresarios y traficantes criminales que se verán tentados por las ganancias rápidas.[159]

Según la OIT, África subsahariana cuenta con la mayor proporción de niños que realizan trabajo infantil de todas las regiones del mundo, con más de un 25%. Aproximadamente uno de cada cuatro niños es un niño trabajador. La Oficina de las Naciones Unidas contra la Droga y el Delito (UNODC, por sus siglas en inglés) (2014) también informa que el mayor porcentaje de víctimas de trata en esta región son niños (62% de todas las víctimas identificadas). Estas cifras pueden ser debido a la extrema pobreza que se vive en esos países, así como a la gran cantidad de niños, ya que una importante cantidad de población en los países africanos tiene menos años (41%) en comparación con la población menor de 15 años en el resto del mundo (26%).[160]

b. Explotación Sexual Comercial

Una de las formas más evidentes de trata es la explotación sexual comercial. Este delito viola los derechos fundamentales, tales como la integridad física, psicológica y sexual, la vida digna, supervivencia y desarrollo, salud y educación. Esta actividad facilita las prácticas discriminatorias hacia las personas más afectadas, que casi siempre son mujeres, niñas y adolescentes, sin embargo, actualmente se ha incrementado la explotación de niños menores de edad.

Los hombres también son víctimas de trata y este fenómeno ha aumentado en los últimos años. El reporte global de UNDOC señala que entre 2004 y 2016, la detección de víctimas varones se incrementó drásticamente. En Norte y Centroamérica, el promedio de víctimas

---

[159] Andrees, Beate (2015). *Programa de Acción Especial de la OIT para combatir el trabajo forzoso*. The Pontifical Academy of Social Sciences. Plenary Session XXI

https://www.pass.va/en/publications/acta/acta_20_pass/andrees.html

[160] *Ibidem.*

varones es del 18%, mientras que a nivel mundial es del 25%. La mayoría son sometidos a trabajos forzado y a participar en el crimen organizado. Cuando se trata de explotación sexual, se estima que el 4% son varones cuya edad oscila alrededor de los 11 años.

La trata en forma de turismo sexual infantil o explotación sexual comercial de niños (ESN) es un problema en muchos países. Un patrón inusual de abuso sexual infantil, *bacha baazi* (juego de niños), ha sido identificado en Afganistán. *Bacha bazi* se trata de una práctica que involucra enclaustrar a niños pequeños de 8 y no más de 18 años, que son obligados a formar parte de harenes y vestirse con ropa de mujer y se les obliga a cantar y bailar en bodas y otras fiestas frente a una audiencia exclusivamente masculina. Además de brindar entretenimiento, los niños a menudo se ven obligados a tener relaciones sexuales con sus dueños y, después de las fiestas, con el mejor postor, a menudo un hombre mucho mayor. En esta forma, la práctica, que ocurre en Afganistán y partes de Pakistán, parece encontrarse solo en esta región del mundo.[161]

El Informe Sobre Trata de Personas de 2014 del Departamento de Estado de los Estados Unidos señala que "Algunas familias afganas venden a sabiendas a sus hijos para la prostitución, incluso para bacha basi, donde hombres ricos o influyentes, incluidos funcionarios gubernamentales y fuerzas de seguridad, utilizan a niños pequeños para entretenimiento social y sexual". Estas prácticas cosifican a los niños, que son abusados sexualmente.

En México, desde 2017 la Organización Civil llamada Comisión Unidos vs. Trata inició el primer refugio para atender a varones menores de edad que fueron vendidos y rescatados de las redes de la trata. Posteriormente, a través de otras organizaciones en Estados Unidos (Carolina de Norte y Florida), se instalaron dos refugios más.

Cabe señalar que aún no existen protocolos de atención "oficiales" para varones y la manera de atenderlos se ha ido diseñando poco a poco, sobre la marcha.[162]

El problema de la trata de personas y la consecuente explotación y comercio sexual constituyen no sólo una forma de esclavismo moderno, sino que se encuentra organizado por medio de una gran "empresa" que cuenta con un mercado lleno de clientes de diversos grupos sociales y posibilidades económicas, de comerciantes que poseen amplias redes para la captación y distribución de personas en "puntos de venta" específicos en todo el mundo.

---

[161] Ibidem.

[162] Por ejemplo, se cuentan con documentación sobre estos protocolos en la *Comisión Unidos Contra la Trata*. https://comisionunidos.org/

La trata de personas y la ESC (Explotación Sexual Comercial) tienen como raíces principales la impunidad y corrupción, en ocasiones vinculadas a flujos migratorios, pobreza y delincuencia organizada.

En Europa, existen más de 140,000 víctimas de explotación sexual atrapadas en un círculo de violencia y degradación. Se estima que nueve de cada diez mujeres en situación de prostitución son resultado de la trata de personas. La captación de mujeres por redes de crimen organizado, mediante engaños o coacción, oprimen a las víctimas en situaciones de las que es prácticamente imposible escapar: las drogan, golpean, violan, las mantienen amenazadas con matar a su familia si intentan fugarse, etc. Cuando la víctima es llevada de un país o continente a otro, se apoderan de su pasaporte y documentos personales para desaparecer su identidad. Tienen que afrontar el costo del boleto de avión y otros gastos, como una manera de coerción y control. Esto se agrava cuando la víctima no habla el idioma del país a donde es llevada.

De acuerdo con Elena Azaola, los factores que contribuyen al tráfico y explotación sexual y comercial de niñas y niños tiene que ver con familias que aceptan que los niños sean abusados, o bien, explotados a cambio de comida, casa o dinero. Se nos presentan niñas y niños que son vendidos y llevados a otros países con diversos propósitos; niñas y niños que son captados por redes del crimen organizado; niñas y niños captados específicamente para el comercio sexual en un sistema de esclavitud moderna y endeudamiento; niñas y niños que son obligados a consumir drogas y prostituirse a cambio de obtener la propia droga que consumen o de simplemente seguir con vida.[163]

Las consecuencias no sólo son problemas físicos, como lesiones, rupturas de huesos, quemaduras, trastornos alimenticios, problemas de sueño, abusos sexuales, abortos o embarazos no deseados y enfermedades de trasmisión sexual, sino también el alto riesgo de quedarse en la drogodependencia o incluso perder la vida en cualquier momento.

La magnitud exacta del problema no se conoce con precisión, dado que no existen bases de datos oficiales sobre el número de víctimas de delitos en materia de trata, debido a la falta de denuncias y por la propia naturaleza de los mismos. La Coalición Regional Contra el Tráfico de Mujeres y Niñas en América Latina y el Caribe (CATWLAC, por sus siglas en inglés) estima una cifra negra de aproximadamente 80% de comercio sexual de mujeres y niñas. Existen vacíos en la compilación de datos y debilidades en las investigaciones y

---

[163] Azaola, E. *La Infancia Robada*. DIF, UNICEF, CIESAS. México, 2003 pp. 150-153.

[164] La Coalición Regional contra el Tráfico de Mujeres y Niñas en América Latina y el Caribe (CATWLAC, por sus siglas en inglés), es una asociación civil sin fines de lucro que tiene una amplia experiencia en el tema de las formas contemporáneas de esclavitud, incluyendo todos los delitos en materia de trata de mujeres, niñas, niños y adolescentes para todas las formas de explotación y esclavitud, pero especialmente la explotación sexual comercial, así como en el tema de los derechos humanos de mujeres, niñas y violencia de género.

estudios interdisciplinarios sobre trata de personas en la modalidad de explotación sexual comercial de mujeres, adolescentes, niñas y niños, además de poca difusión de los hallazgos, así como la dificultad de acceso a información literaria precisa sobre el resultado de experiencias e investigaciones que orienten la toma de decisiones y la elaboración de políticas públicas sobre el tema.[164]

En relación con lo anterior, es necesario abordar el delito de la trata de personas en el tipo de ESC (Explotación Sexual Comercial) en niños, niñas y adolescentes, para comprender las distintas formas que asume, así como las consecuencias que genera en las víctimas que lo sufren en cuanto a las experiencias y hechos violentos que les afectan psicológica, emocional, física y socialmente por el resto de sus vidas.

La Coalición contra el Tráfico de Mujeres y Niñas en América Latina y el Caribe (CATWLAC) señala que este problema se ha incrementado de manera importante en la región de América Latina y el Caribe. En el caso de México, pasó de ser un país de tránsito a uno de origen, tránsito y destino de trata de personas en ESC, a pesar de contar con Ley de Prostitución Legal (Ley General Para Prevenir, Sancionar y Erradicar Los Delitos En Materia De Trata De Personas Y Para La Protección Y Asistencia A Las Víctimas De Estos Delitos) y otros tratados internacionales donde nuestro país ha ratificado los acuerdos y compromisos tomados en favor de las víctimas y de las acciones para combatir este flagelo.

Según el informe del gobierno estadounidense, en los últimos cinco años los traficantes de personas han comerciado con víctimas nacionales y extranjeras en México para llevar a cabo trabajos forzados de agricultura, servicio doméstico, cuidado de niños, manufactura, minería, construcción, turismo, indigencia y ambulantaje.

Asimismo, se detalla que "los traficantes reclutan y explotan a mujeres y niños mexicanos, y en menor medida a hombres, en el tráfico sexual mediante falsas promesas de empleo, relaciones románticas engañosas o extorsión. La mayoría de los casos de trata ocurren entre familiares, parejas íntimas o conocidos en las redes sociales"[165].

La organización *Causa en Común*, en su análisis de las cifras de delitos y víctimas registradas en carpetas de investigación que reporta el Secretariado Ejecutivo del Sistema Nacional de Seguridad Pública (SESNSP), informó que, si bien en el primer semestre de 2022 hubo una disminución de algunos delitos, en cuanto a las víctimas de trata de personas se registró un incremento de 24% a nivel nacional.

---

[165] Reporte sobre trata de personas 2023 (2022, 15 de agosto). *US embassy*. https://mx.usembassy.gov/es/reporte-sobre-trata-de-personas-2022/

Las víctimas de trata de personas pertenecen, por lo general, a grupos vulnerables como niñas, niños y adolescentes, que representan el 51% de los casos totales reportados.

México cuenta con una población de 129 millones de habitantes; se trata de un país de grandes inequidades, que se acentúan en las poblaciones fronterizas. La violencia generalizada se ha incrementado progresivamente en la última década y la violencia hacia las mujeres tiene una alta prevalencia en todas sus modalidades. De acuerdo con las estadísticas oficiales, al menos 10 mujeres son asesinadas diariamente en todo el país, a lo que se suma la violencia sexual, el acoso, el abuso y la trata de personas.

En cuanto a la violencia de género, el país tiene una de las tasas más altas de violencia contra las mujeres entre los países de la Organización para la Cooperación y el Desarrollo Económicos (OCDE), con un número de feminicidios que ha aumentado en los últimos años: Ha llegado a 969 crímenes en 2020. Además, el país cuenta con la mayor tasa de embarazos de adolescentes entre los países de la OCDE.[166]

En 2019, la Comisión Nacional de Derechos Humanos de México informó que en el mundo 40.3 millones de personas fueron víctimas de trata, de las cuales, 24.9 millones fueron sometidas a trabajo forzado y 15.4 millones al matrimonio forzado. Este informe hace referencia a datos de 2012 a 2017, e indica que, en ese periodo, iniciaron en el país mil 935 averiguaciones previas y carpetas de investigación por delito de trata de personas.

En muchos lugares del mundo —México no es la excepción— donde existe pobreza extrema, las niñas son vistas como una carga económica y, a menudo, una estrategia de supervivencia consiste en vender a las hijas pequeñas en matrimonio. Las niñas y mujeres que tratan de escapar de relaciones abusivas terminan en la miseria.

Otro factor que vulnera a las niñas y mujeres está relacionado con las costumbres de herencia. El hecho de que se les excluya de heredar y poseer tierras en muchos países trae como resultado marginación, pobreza y un alto riesgo de caer en las redes de tráfico de personas.

El siguiente video muestra cómo todavía resulta común la práctica forzada del matrimonio infantil con adultos:

https://m.facebook.com/faridieck/videos/obligadas-a-casarse/1288692418629903/?_rdr

---

[166] Esta información puede contrastarse con el siguiente artículo: Greia Villa y Andrea Jiménez. Embarazo adolescente en México: un problema alimentado por la inequidad. *El País*. https://elpais.com/elpais/2019/03/14/planeta_futuro/1552580422_784534.html

El Informe Global sobre trata de Personas de la Oficina de las Naciones Unidas contra la Droga y el Delito (UNDOC por sus siglas en inglés) indica que, entre 2016 y 2018, el 77% de las víctimas eran originarias del mismo país donde se consume la explotación; así mismo, los datos del Consejo Ciudadano para la Seguridad y Justicia en la CDMX señala que, de 2019 a 2020, el 75% de las víctimas en México eran procedentes del país.[167]

El número de víctimas sigue creciendo; tan sólo en el Estado de México, se reportan 60 mujeres y niñas desaparecidas cada mes y nadie las busca. Al parecer, la desaparición de niñas, adolescentes y jóvenes se ha convertido en un hecho cotidiano y "normal".

Existen comunidades enteras como Apodaca, Nuevo León, o Torreón, Coahuila —sólo por mencionar algunas— donde día a día desaparece un gran número de niñas y jovencitas entre 10 y 19 años; este suceso ocurre desde que estas comunidades cayeron bajo control de los grupos del crimen organizado, cada vez más diversificado, grande y poderoso en nuestro país. Resulta una consecuencia explicable, toda vez que la trata de personas reporta el segundo lugar en el mundo en ganancias económicas, después del tráfico de drogas y antes del tráfico de armas.

Ante el incremento de la pobreza, la exclusión, la violencia de género, la proliferación de grupos armados (oficiales y no oficiales) y la constante violación a los derechos humanos, la trata de personas y la ESC crece y se multiplica en todas sus formas hacia mujeres, niñas y adolescentes en prácticamente todos los estados de la República Mexicana.

Hace algunos años, prevalecía la trata externa de personas de un país o continente a otro. Hoy en día, el delito de trata interna se inicia y se desarrolla entre un domicilio y otro, entre una colonia y otra, entre una comunidad y otra, entre un municipio o demarcación territorial y otra, y aun entre una entidad federativa y otra, en todo el territorio mexicano. Los tratantes utilizan diversas estrategias para atrapar a sus víctimas; entre ellas se encuentran las ofertas de trabajo falsas, promesas de empleo bien remunerado; en ocasiones, buscan convencerlas argumentando que van a lograr hacer realidad sus sueños, como convertirlas

---

[167] Consejo Ciudadano para la Seguridad y Justicia en la CDMX, 1er. Informe de Trata de Personas. México 2019-2020.

en modelos o actrices, e incluso pretenden enamorarlas o proponerles matrimonio; sin embargo, también existe en este delito el secuestro, o incluso la compra o intercambio por una deuda familiar.

Los reportes sobre la trata reflejan que en la actualidad nuevas formas de enganche han surgido a partir de la pandemia por la COVID-19; uno de los principales mecanismos consiste en el enganchamiento por ofertas de trabajo engañosas. Cabe resaltar que las redes sociales y páginas de internet se han convertido en lugares donde los tratantes buscan víctimas potenciales a raíz del desempleo generado por las medidas de contingencia de la reciente pandemia. Asimismo, dentro de estas nuevas formas de organización de las redes delictivas, se ha incrementado la participación de mujeres, quienes desempeñan principalmente roles de enganchadoras o cuidadoras de las víctimas. En este sentido, México se encuentra cada vez más posicionado como lugar de origen, tránsito y destino de víctimas de trata y explotación sexual comercial, y ocupa el primer lugar en Latinoamérica, consecuencia, por supuesto, de nuestra cercanía con el consumidor de sexo de paga y de drogas más grande del mundo.[168]

La trata de personas y el comercio sexual se presenta como un ciclo vicioso e interminable que se desarrolla a través de redes mafiosas muy complejas extendidas en todo el mundo. En estas redes, el papel del cliente es muy importante, ya que la creciente demanda de este tipo de servicios genera una mayor oferta y expansión de dicha actividad ilícita. Los clientes en este proceso pasan como "invisibles" o "inofensivos" y siempre resultan los menos afectados, ya que, para la ley, ellos no cometen las agravantes en la misma magnitud que los enganchadores; ellos aparecen de alguna manera como ausentes o fuera del problema, a pesar de que son precisamente los consumidores quienes fomentan la demanda de estos servicios.

Por ello, los consumidores, o clientes sexuales, deberían también ser sometidos a las mismas acciones de la justicia que los otros actores en este proceso (explotadores, traficantes, proxenetas, etc.), ya que son tan culpables, como ellos, de fomentar mediante la demanda de servicios la explotación de niñas, niños y mujeres.

Por esta razón, y por el alarmante incremento de mujeres y niñas desaparecidas y atrapadas en las redes de la trata de personas o del comercio sexual, no es posible reglamentar el trabajo sexual. En los países donde la prostitución ha sido legalizada, estos límites han comenzado a desdibujarse. Una vez que el ideal de una industria de la prostitución bien controlada haya quedado establecido, hasta el contenido del basurero que representa la trata

---

[168] Diagnóstico Causas sociales y estructurales de la trata en la cd-de México. 2013-2019. INMUJERES-DF y CATLAWC.

en la modalidad de explotación y comercio sexual podrá limpiarse, para que incluso la trata parezca un mito. En consecuencia, con esta legalización, va cambiando el nombre de víctimas de la trata por trabajadores sexuales y considera a la mujer obligada a prostituirse como "afortunada".[169]

Ninguna convención internacional reconoce la explotación por medio de la prostitución como un empleo, simplemente porque atenta contra los más elementales derechos humanos de las mujeres y las niñas: Fomenta y "normaliza" la trata de personas y el comercio sexual en menores de edad.

c. Trata y explotación de migrantes

La trata de personas y los procesos de migración están muy relacionados y son producto del deterioro económico y la falta de protección social en algunos países.
Estas circunstancias hacen que hombres, mujeres y niños busquen mejores oportunidades en otros países, y se enfrentan a un sin número de riesgos que atentan contra su vida.

La trata de migrantes ha saltado tristemente a la fama en los últimos años, con noticias espeluznantes sobre migrantes vendidos en mercados de esclavos, torturados para obtener rescates y explotados en diferentes tipos de industrias. Los grupos delictivos organizados practican hoy la trata de migrantes en casi todos los países del mundo.

El tráfico de migrantes es típico de las situaciones de migración internacional irregular, mientras que la trata puede ocurrir también en el curso de la migración regular o de la migración interna.

Los migrantes sufren distintos riesgos a lo largo de su trayecto para llegar al país destino y a aquellos que consiguen obtener un lugar de trabajo les quitan sus documentos personales; de esa manera, los trabajadores a menudo se ven obligados a laborar por un salario muy inferior al del resto de las personas. Los trabajadores a menudo dependen de sus empleadores para la vivienda, el vestido, la alimentación y el transporte y, a menudo, están sujetos a abusos físicos y sexuales.

Con base en estimaciones de la Organización Internacional OIM, en 2020 había en el mundo aproximadamente 281 millones de migrantes internacionales, una cifra equivalente al 3,6% de la población mundial.

---

[169] Kajsa Ekis Ekman (2015). El ser y la mercancía: prostitución, vientres de alquiler y disociación. La Habana, Cuba., Ed. CENESEX.

CIFRAS CLAVES

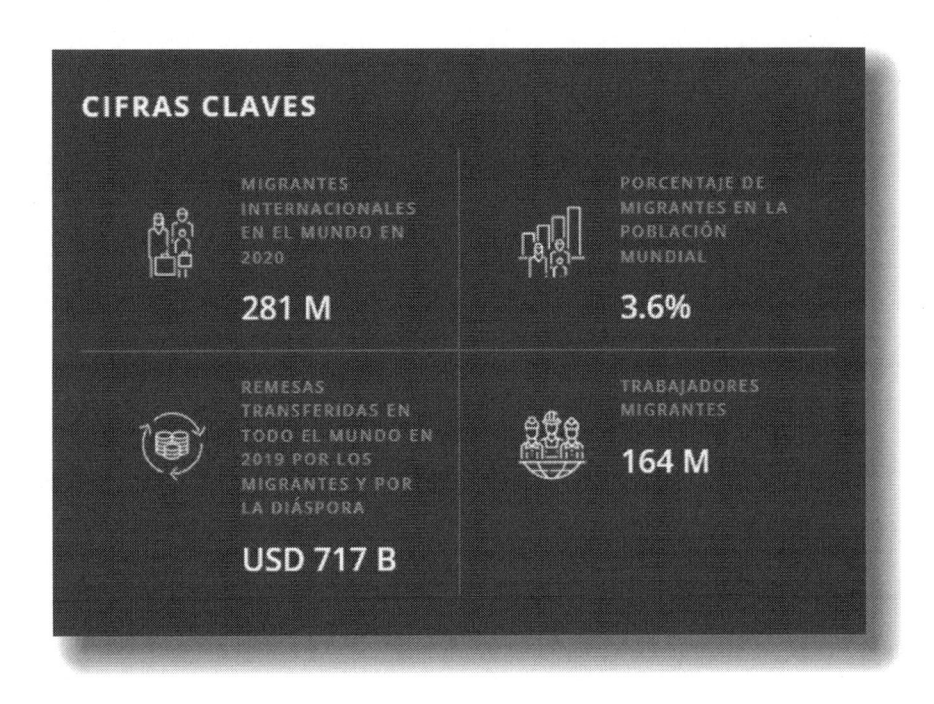

MIGRANTES INTERNACIONALES EN EL MUNDO EN 2020 **281 M**	PORCENTAJE DE MIGRANTES EN LA POBLACIÓN MUNDIAL **3.6%**
REMESAS TRANSFERIDAS EN TODO EL MUNDO EN 2019 POR LOS MIGRANTES Y POR LA DIÁSPORA **USD 717 B**	TRABAJADORES MIGRANTES **164 M**

La distribución del aumento en el mundo es la siguiente:

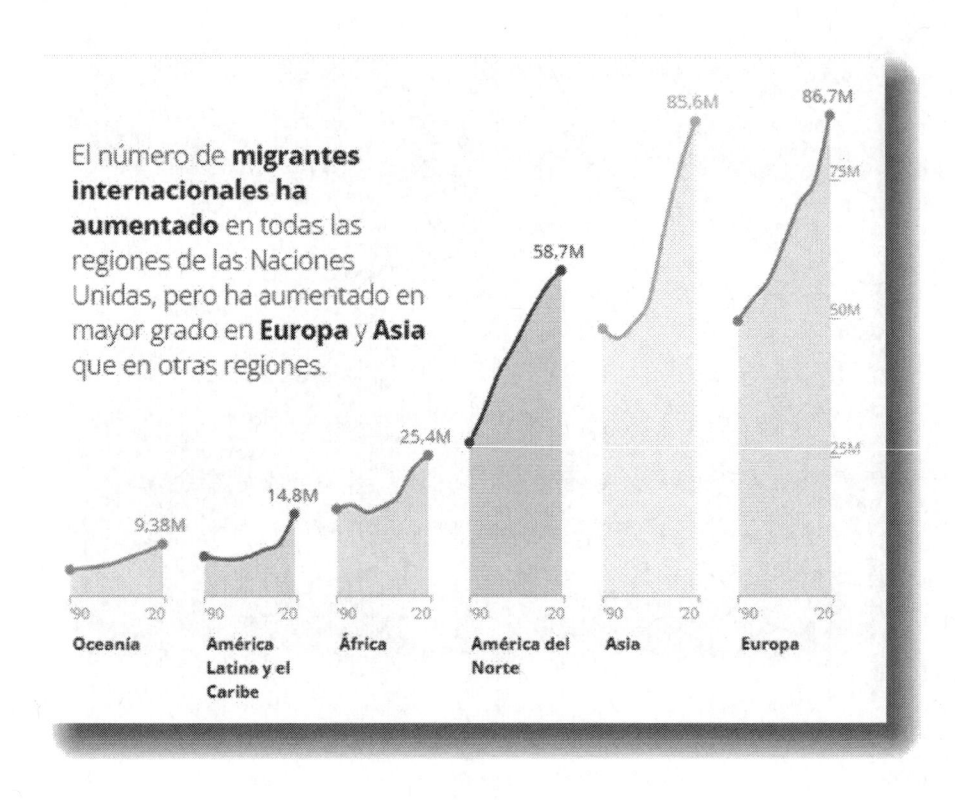

El número de **migrantes internacionales ha aumentado** en todas las regiones de las Naciones Unidas, pero ha aumentado en mayor grado en **Europa** y **Asia** que en otras regiones.

- Oceanía: 9,38M
- América Latina y el Caribe: 14,8M
- África: 25,4M
- América del Norte: 58,7M
- Asia: 85,6M
- Europa: 86,7M

Asimismo, la cantidad o número de migrantes que existe en cada país se muestra en la siguiente imagen. El tamaño de cada círculo indica la cantidad de migrantes en cada país.

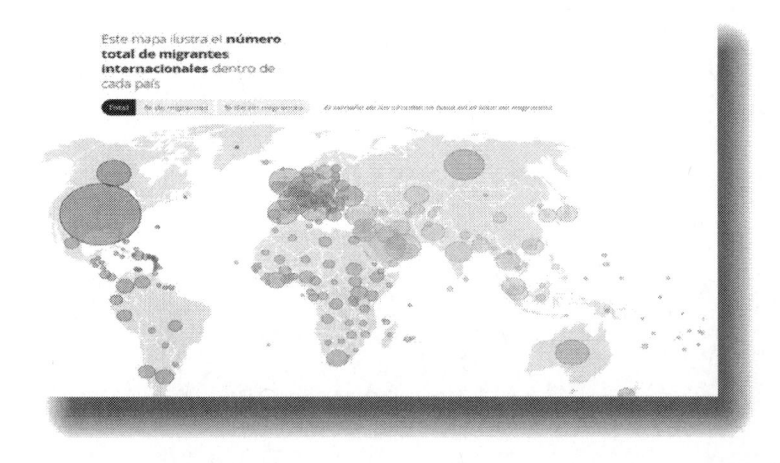

Este mapa ilustra el **número total de migrantes internacionales** dentro de cada país.

156

En algunos países (Qatar y Arabia Saudita), un empleado tiene prohibido buscar otro empleo sin el permiso del patrocinador/empleador original. En Bahrein, un trabajador no puede cambiar su puesto de trabajo sin el permiso del Gobierno; la solicitud es denegada a menudo (American Democracy and Human Rights in Bahrain, 2014).[170] Los trabajadores que intentan irse, o aquellos que huyen de los empleadores abusivos, se consideran ilegales y pueden ser detenidos o deportados a sus propias expensas.

Otro reto planteado en el contexto de la migración es la diferenciación entre la trata de personas y el tráfico de migrantes. Existe un consenso mundial generalizado sobre la necesidad urgente de prevenir y combatir la trata de personas en las rutas migratorias, y pocos otros temas relacionados con la migración han logrado tanto acuerdo dentro de la comunidad internacional. Sin embargo, hay menos consenso sobre cómo lograr esto en la práctica, y sigue existiendo una falta de voluntad política para introducir políticas efectivas con ese fin.

---

[170] La documentación puede corroborarse en el sitio de *United Nations Human Rights* (https://uprdoc.ohchr.org/Account/Login.aspx?ReturnUrl=%2f).

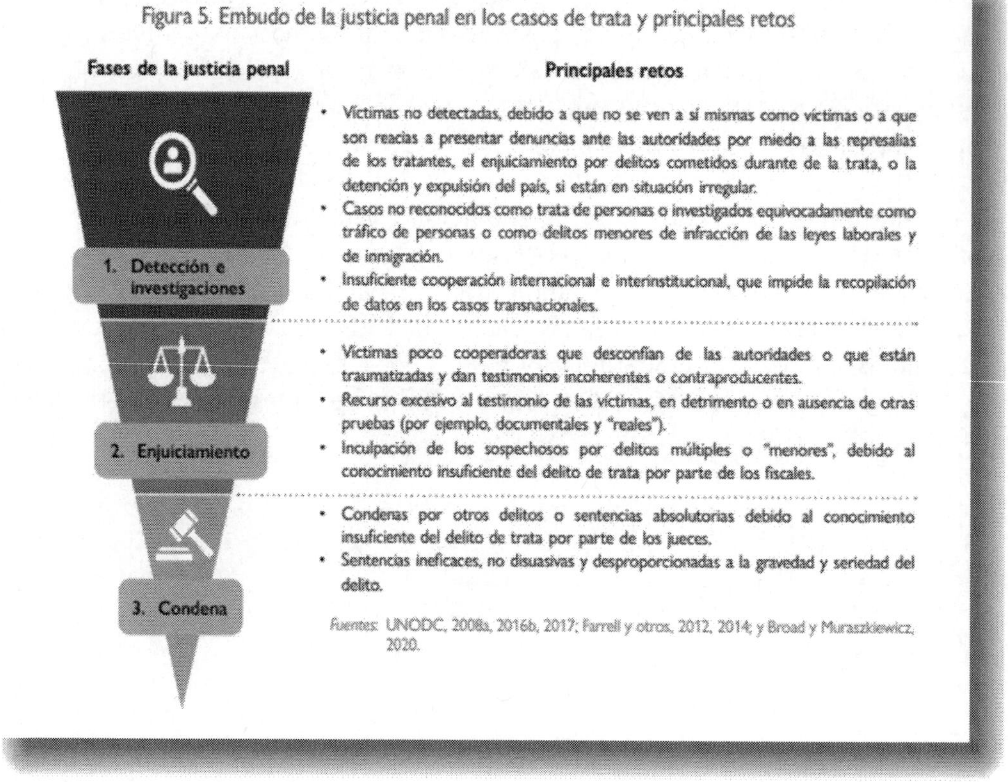

Figura 5. Embudo de la justicia penal en los casos de trata y principales retos

Fases de la justicia penal

1. Detección e investigaciones
2. Enjuiciamiento
3. Condena

Principales retos

- Víctimas no detectadas, debido a que no se ven a sí mismas como víctimas o a que son reacias a presentar denuncias ante las autoridades por miedo a las represalias de los tratantes, el enjuiciamiento por delitos cometidos durante de la trata, o la detención y expulsión del país, si están en situación irregular.
- Casos no reconocidos como trata de personas o investigados equivocadamente como tráfico de personas o como delitos menores de infracción de las leyes laborales y de inmigración.
- Insuficiente cooperación internacional e interinstitucional, que impide la recopilación de datos en los casos transnacionales.

- Víctimas poco cooperadoras que desconfían de las autoridades o que están traumatizadas y dan testimonios incoherentes o contraproducentes.
- Recurso excesivo al testimonio de las víctimas, en detrimento o en ausencia de otras pruebas (por ejemplo, documentales y "reales").
- Inculpación de los sospechosos por delitos múltiples o "menores", debido al conocimiento insuficiente del delito de trata por parte de los fiscales.

- Condenas por otros delitos o sentencias absolutorias debido al conocimiento insuficiente del delito de trata por parte de los jueces.
- Sentencias ineficaces, no disuasivas y desproporcionadas a la gravedad y seriedad del delito.

Fuentes: UNODC, 2008a, 2016b, 2017; Farrell y otros, 2012, 2014; y Broad y Muraszkiewicz, 2020.

El enfoque de la justicia penal en la lucha contra la trata resulta esencial para desmantelar las redes, prevenir el fenómeno y proteger a las víctimas. Por su parte, las víctimas tienen derecho a recurrir a la justicia. La gran mayoría de los países ha penalizado la trata de personas, pero, aunque la tendencia de las condenas por trata arroja un aumento desde 2007, las cifras absolutas siguen siendo bajas. Esta realidad refleja lo que se conoce como el "embudo" de la justicia penal, ilustrado en la siguiente figura, en donde puede observarse que los retos propios de cada fase reducen progresivamente el número de casos que culminan con una condena.[171]

h) Persecución por creencias religiosas

Desde tiempos muy antiguos, el hombre ha sufrido persecución por sus ideas y creencias políticas, religiosas y de libertad. El periodo de inicio del cristianismo en el Imperio Romano, por ejemplo, fue una de las etapas de mayor persecución contra aquellos que no comulgaban con las ideas del emperador. El contexto histórico social era muy complicado

---

[171] Organización Internacional para las Migraciones (OIM) (s.f.). https://www.iom.int/es/sobre-la-migracion

para los cristianos de aquella época, ya que sufrían persecución y muerte, y tenían necesidad de esconderse para reunirse y compartir sus ideas, pues, cuando los descubrían, muchos eran sacrificados en el circo romano y devorados por los leones.

En el país sudamericano de El Salvador, el 16 de noviembre de 1989, cinco días después de que la entonces guerrilla del Frente Farabundo Martí para la Liberación Nacional (FMLN) lanzara la ofensiva "Hasta el tope" en la capital, un comando de élite del Ejército salvadoreño segó la vida de seis jesuitas y dos personas más.

Las víctimas fueron los españoles Ignacio Ellacuría, Segundo Montes, Ignacio Martín-Baró, Amando López y Juan Ramón Moreno, y el salvadoreño Joaquín López, la trabajadora de la UCA Elba y su hija de 16 años, Celina Ramos.[172]

En Nicaragua, el gobierno del presidente Daniel Ortega solo ofrece tres destinos a los sacerdotes de la Iglesia Católica: El silencio, la cárcel o el destierro, según un estudio del Centro de Estudios Transdisciplinarios de Centroamérica (Cetcam).[173]

El estudio señala que, a raíz de la expulsión del representante del Vaticano en Nicaragua, monseñor Waldemar Stanislaw Sommertag y de las Misioneras de la Caridad de la orden Madre Teresa de Calcuta, la violencia contra los religiosos ha crecido.[174]

La persecución de algunas poblaciones no ha cambiado; actualmente existen poblados perseguidos y violentados por sus creencias religiosas. De acuerdo con la Lista Mundial de la Persecución (LMP), publicada en 2022 por la Organización Civil Internacional "Puertas Abiertas", los cristianos perseguidos en el mundo en 2021 suman 340 millones de personas; 1 de cada 7 enfrentan persecución alta, severa o extrema debido a su religión cristiana. Asimismo, el informe publica un incremento del 24% de casos de personas asesinadas por su fe. En 2020 hubo 2,983; en 2021 aumentó a 4,761, mientras que en 2022 esa cifra ascendió a 5,898.[175]

---

[172] Agencia EFE (2022, 12 de noviembre). Conmemoran el 33 aniversario de la masacre de los jesuitas en el Salvador. Yahoo! News. https://es-us.noticias.yahoo.com/conmemoran-33-aniversario-masacre-jesuitas-023653464.html

[173] Cetcam: En Nicaragua se silencia, encarcela o destierra a clérigos críticos (2022, 16 de agosto). Swissinfo. https://www.swissinfo.ch/spa/nicaragua-iglesia_cetcam--en-nicaragua-se-silencia--encarcela-o-destierra-a-cl%C3%A9rigos-cr%C3%ADticos/47831682

[174] Ibidem.

[175] Puertas Abiertas (2022). Lista Mundial de la Persecución.

Pakistán es uno de los países más peligrosos para los cristianos con sus leyes draconianas contra la blasfemia y el aumento de la violencia contra esta minoría religiosa. Los conversos enfrentan no solo la marginación sociopolítica y la discriminación institucionalizada, sino también cargos de blasfemia, arresto, largas sentencias de prisión y violencia de turbas de vigilantes.

Por otra parte, a raíz de los violentos ataques en Nigeria, dirigidos en su mayoría contra cristianos en el domingo de Pentecostés, donde 50 cristianos fueron asesinados en un ataque a la iglesia católica St. Francis en Owo, estado de Ondo, el 1 de julio de 2022, se llevó a cabo una Cumbre Internacional de Libertad Religiosa (IRF) en Washington, DC, entre líderes cristianos y musulmanes, para firmar una declaración sobre los principios de cooperación interreligiosa y de la sociedad civil y libertad religiosa, ya que nadie debe ser perseguido por su fe.

Una semana después, los líderes mundiales se reunieron en la Conferencia Ministerial Internacional de Libertad Religiosa en Londres con el fin de encontrar soluciones para promover y proteger la libertad de religión y creencias de todos en todo el planeta.[176]
La persecución de los últimos tiempos está relacionada no sólo con ataques físicos sino —y mucho más— con ataques en los principios y valores por medio de las nuevas agendas, la exaltación de la Tierra con el racionamiento ecológico, la legislación en contra de la vida y de la familia, la creciente persecución contra el cristianismo y la violencia contra el judaísmo.

También en los Estados Unidos, durante el ciclo escolar 2021-2022, se identificaron una serie de alarmantes expresiones antisionistas y antiisraelíes en los campus universitarios. En este periodo hubo 350 incidentes reportados en todo el país que incluyeron una agresión física, 11 casos de vandalismo, 19 casos de acoso verbal o escrito, 143 eventos anti-israelitas, 165 protestas y acciones, y 20 resoluciones y referendos de BDS (Boicot, Desinversión y Sanciones), de acuerdo con el Informe de la Liga Antidifamación (ADL), la cual es una organización contra el odio en el mundo, fundada en 1913 con el propósito de "poner fin a la difamación del pueblo judío y garantizar la justicia y el trato justo para todos".[177]

---

[176] Global Religious Freedom (agosto, 2022). Boletín Electrónico.

[177] Acerca de ADL (s.f.). *ADL*.https://www.adl.org/en-espanol#:~:text=ADL%20en%20Espa%C3%B1ol&text=La%20ADL%20es%20la%20principal,un%20trato%20justo%20para%20todos%22.

El informe ofrece además un panorama del creciente movimiento radical que busca situar la oposición a Israel y al sionismo como elementos centrales de la vida universitaria o como requisito para la plena aceptación en la comunidad universitaria.[178]

En México, también se han presentado algunos hechos que muestran la intolerancia a la libertad religiosa, por ejemplo, la diputada federal transexual Salma Luévano, quien ganó dos juicios para que se le dé trato de mujer, propuso condenar por ley la postura bíblica sobre la sexualidad y presentó una iniciativa en contra de las asociaciones religiosas del país, ya que considera que promueven discursos de odio contra el homosexualismo y transexualidad.

Esta propuesta modifica la Ley de Asociaciones Religiosas y Culto Público, que obligaría a los cristianos e iglesias a reinterpretar la Biblia y las doctrinas que proceden de ella, en un claro ataque a la libertad religiosa y el Estado laico.[179]

Además, ¿cómo pretende quitar páginas de la Biblia referidas a lo que se dice sobre sexualidad?; ¿no resulta esto un atentado contra el Estado Laico?

---

[178] Central de Noticias Diario Judío (2022, 13 de octubre). La ADL identifica más de 350 incidentes antiisraelís en los campus universitarios de Estados Unidos. *Diario Judío*. https://diariojudio.com/noticias/la-adl-identifica-mas-de-350-incidentes-antiisraelies-en-los-campus-universitarios-de-estados-unidos/409442/

[179] Aarón Lara (2022, 13 de septiembre). Ataque demoledor al Estado laico en México. *Evangélico Digital*. https://www.evangelicodigital.com/semillas-de-vida/24253/ataque-demoledor-al-estado-laico-en-mexico

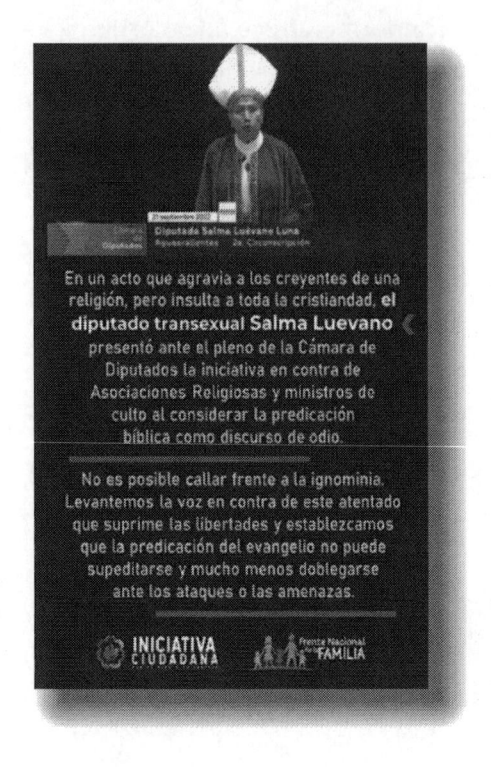

i) Otras ideologías religiosas.

Todo lo que escuchamos es una opinión, no
un hecho.
Todo lo que vemos es una perspectiva, no una verdad.
Marco Aurelio

A lo largo de la historia, el hombre ha buscado distintas respuestas a las preguntas que siempre se ha hecho la humanidad: ¿De dónde venimos? ¿Cómo alcanzar un mundo perfecto sin guerras, hambre o enfermedad? ¿Cómo transformar el mundo actual en uno nuevo, libre de todos los problemas que lo aquejan por causa del hombre mismo?

Este sueño se ha mantenido vivo desde los tiempos más remotos, hasta nuestros días, y las nuevas formas de pensamiento se han dejado sentir con mayor intensidad en este mundo convulsionado, lleno de avances científicos y tecnológicos, pero con una profunda desilusión y desánimo frente a circunstancias de hambre, guerras, pobreza y destrucción paulatina del hombre y del mundo.

Es así como han surgido diversos grupos y organizaciones "ocultas" que buscan influir en las decisiones políticas de los gobiernos, las instituciones e incluso las iglesias, para obtener poder y dominio. Así mismo, se han consolidado grupos o movimientos que tienen hambre espiritual por encontrar respuestas frente a un mundo donde el bienestar no borra la pobreza, la libertad no quita la esclavitud y la ciencia no despeja la incertidumbre.

Nos parece muy importante la información que presentamos en esta sección, pues la juventud de hoy en día toma ideas, conceptos, y propuestas, parte de unas ideologías y termina con otras, sin la responsabilidad de mantener una línea de pensamiento congruente y ser parte de un todo. No hay nada nuevo bajo el sol, pero sí una enorme confusión que los lleva a participar en alguna corriente de pensamiento poco definida; esa diversidad podría parecerles una respuesta diáfana a tantas propuestas y plantones, reclamos y exigencias, marchas y manifestaciones.

A continuación, revisaremos de manera general los planteamientos de algunas de ellas.

LA NUEVA ERA O "NEW AGE"

El termino de Nueva Era o New Age hace referencia a un movimiento que surge la década de los años 70; se encuentra basado en una serie de prácticas y creencias religiosas para formar un tipo de hombre con un desarrollo más espiritual en el mundo occidental.

Se trata de un modelo o estilo de vida que pretende llevar a la humanidad a una nueva conciencia, a una nueva forma de ser espiritual; se presenta como una forma de pensar y actuar sin reglas ni doctrinas definidas.

La Nueva Era involucra la fe del hombre en distintas entidades, como dios, el universo, la creación, la vida, la muerte, la meditación; sin embargo, no es una religión.

La idea central en esta forma de pensamiento consiste en que el hombre tiene iniciativa propia para formular su propia verdad religiosa, filosófica y ética. Sus objetivos mezclan muchas formas de pensamiento y retoman principios de las religiones orientales, el espiritismo, las terapias alternativas, la psicología transpersonal, la ecología, la astrología, el gnosticismo y otras corrientes. En un intento por salvar al hombre de sí mismo, le atribuyen poderes y capacidades que no posee; finalmente, le plantean promesas que no pueden cumplirse.

Cualquier persona tiene la posibilidad de formar parte de la Nueva Era; sus líderes suelen ser revolucionarios de los años 60 y 70 que rechazaron los principios y valores religiosos tradicionales para dar paso al amor libre y las comunidades utópicas de amor y paz.

Todo lo escrito sobre la Nueva Era y las prácticas de sus seguidores coinciden en lo siguiente:

a) El mundo está por entrar en un período de paz y armonía mundial señalado por la astrología como "la era de Acuario".

b) La "era de Acuario" será fruto de una nueva conciencia en los hombres. Todas las terapias y técnicas de la Nueva Era pretenden crear esta conciencia y acelerar la venida de esta época.

c) Por esta nueva conciencia el hombre se dará cuenta de sus poderes sobrenaturales y sabrá que no hay ningún dios fuera de sí mismo.

d) Cada hombre, por tanto, crea su propia verdad. No hay bien y mal; toda experiencia es un paso hacia la conciencia plena de su divinidad.

e) El universo es un ser único y vivo en evolución hacia el pleno conocimiento de sí, y el hombre es la manifestación de su autoconciencia.

f) La naturaleza también forma parte del único ser cósmico y, por tanto, también participa de su divinidad. Todo es "dios" y "dios" está en todo.

g) Todas las religiones son iguales y, en el fondo, dicen lo mismo.

h) Hay "maestros" invisibles que se comunican con personas que ya han alcanzado la nueva conciencia y les instruyen sobre los secretos del cosmos.

i) Todos los hombres viven muchas vidas, se van reencarnando una y otra vez hasta lograr la nueva conciencia y disolverse en la fuerza divina del cosmos.

En respuesta a los opositores de los pensamientos de la Nueva Era, sus seguidores argumentan que la conciencia de quienes piensan diferente aún no está iluminada y que la comprensión del mundo está condicionada por los patrones culturales que deben ser superados con las doctrinas de la Nueva Era.

Por lo general, sus creencias se basan en testimonios, en tradiciones y leyendas de antiguos pueblos, y retoman algunos datos de la ciencia para aplicarlos a un tipo de vida espiritual, como la reencarnación.

El "dios" de la Nueva Era consiste en la creación que poco a poco se va dando cuenta de sí mismo; se trata, pues, del mismo hombre que está más allá del bien y del mal. El amor más alto es el amor a sí mismo.

El ecologismo de la Nueva Era asegura que el hombre vale lo mismo que una ballena o un monte o un árbol. Llega a considerar al ser humano como el peor enemigo del planeta.

Por otra parte, suele utilizar música instrumental o basada en sonidos de la naturaleza, de las religiones de pueblos antiguos y de culturas orientales.

Una de las ideas básicas de la Nueva Era se encuentra en que toda la realidad visible, el hombre incluido, se reduce a una "energía cósmica". Mientras el cosmos esté en fase evolutiva, su energía se manifiesta de muchas formas: una piedra, el viento, la mente humana, etc. Existe la creencia de que hay cosas, lugares y ejercicios que pueden aumentar nuestra capacidad y nuestro control de esta energía; por ejemplo, llevar puesto un cristal de cuarzo, visitar una pirámide u otro lugar "sagrado" el día del equinoccio primaveral, realizar ciertas posturas de yoga, hacer actividades con cuencos, etc.

Entre las actividades que realizan, se encuentran las técnicas de relajamiento, concentración, memoria o fortalecimiento de la voluntad.

"Frecuentemente se pasa de una terapia psicológica o emocional al mundo espiritual, e incorpora elementos del panteísmo, del gnosticismo o de la espiritualidad oriental sin prevenir a los practicantes. A los resultados en el campo humano se les atribuye un carácter sobrenatural."[180] Las técnicas de concentración profunda y los métodos orientales de meditación encierran al sujeto en sí mismo, le impulsan hacia un absoluto impersonal o indefinido.
"Las antiguas técnicas de adivinación y el espiritismo siempre han provocado la curiosidad de la gente. La Nueva Era ha señalado un renacimiento del interés en el ocultismo, la magia, la astrología y las prácticas mediánicas. Son corrientes que pretenden dotar al hombre de poderes mentales y espirituales sobrenaturales y colocarlo como dueño absoluto de su propio destino. La Nueva Era borra las distinciones entre materia y espíritu, entre lo real y lo imaginario, entre lo posible y lo imposible."[181]

---

[180] Todo lo que se necesita saber sobre la Nueva Era (s.f.). *Aciprensa*. https://www.aciprensa.com/sectas/nuevaera.htm

[181] *Ibidem*.

Las personas y organizaciones que forman parte de la Nueva Era, contemplan desde las personas que hacen curas y limpias, hasta personalidades y organizaciones famosas como las siguientes:

a) "La Sociedad Teosófica: Fundada en 1875 en Nueva York por la rusa Helena Petrovna Blavatsky (1831-1891), espiritista y médium. "Su doctrina es una mezcla de espiritismo, ocultismo, principios gnósticos y espiritualidad oriental. Las creencias principales de la Sociedad incluyen la reencarnación, la comunicación con maestros desencarnados, el yoga, la astrología."[182]

b) La Nueva Acrópolis: Fundada en Argentina en 1957 por Jorge Ángel Livraga. Es un grupo ocultista y gnóstico inspirado principalmente en los escritos de Blavatsky y una mezcla de los conceptos de pensadores antiguos. Sus miembros buscan un estado espiritual superior a través de sugestivas ceremonias de iniciación y la utilización de muchos símbolos y ritos típicos de grupos paramilitares.

c) Control Mental Silva: Fundado en Laredo, Texas, en 1966 por José Silva (n. 1914), consiste en cursos breves de técnicas de control interno y concentración por las que se busca controlar las ondas mentales hasta alcanzar la Sobre-Conciencia o el dominio total de sus estados mentales. El método contiene elementos de espiritismo y sutilmente lleva sus practicantes al panteísmo.
Maneja muchos conceptos fundamentales de la Nueva Era y centra la esperanza de salvación en los poderes mentales del hombre. A pesar del hecho de que muchos de los maestros del método hablan un lenguaje "cristiano" y aseguran a sus clientes que el método les ayudará en su vida espiritual, hay elementos substanciales del programa incompatibles con la fe católica. Últimamente, la organización Silva en México se ha

---

[182] Sociedad Teosófica (s.f.). *Corazones*. https://www.corazones.org/apologetica/grupos/sociedad_teosofica.htm

dedicado a recabar firmas de sacerdotes y monjas que aprueban el método para facilitar su promoción en ámbitos católicos.

d) La Meditación Trascendental: Fundada en 1958 por Maharishi Mahesh Yogi en India, pero no se popularizó hasta 1967, gracias a la publicidad ofrecida por los Beatles y otros artistas famosos de la contra-cultura de los años 60. En su doctrina, que nace del hinduismo, se busca la iluminación de la conciencia por la reflexión personal mediante la repetición de mantras (palabras sagradas) y ritos religiosos. Implícitos en las enseñanzas de la MT son el rechazo de doctrinas esenciales al cristianismo (un Dios personal, la Encarnación, la Resurrección, etc.), la veneración del Maharishi y del Guru Dev como santos y mensajeros divinos.

e) La Gran Fraternidad Universal: Fundada en 1948 en Caracas por el francés Serge Reynald de la Ferriére (1916-1962), quien era muy activo con grupos de teosofía, astrología y la masonería. Su doctrina se basa en prácticas astrológicas, esotéricas y ocultistas, y afirma que todas las religiones son iguales, aunque favorece creencias y prácticas hindúes. La reencarnación y las experiencias extra-corporales forman parte de la doctrina."[183]

LOS ILUMINATI

La Orden de los Iluminati era una sociedad secreta, cuyos integrantes se denominaban perfectibilistas y que fue formada en Baviera, Alemania, hace 245 años. Actualmente se desconoce si sigue existiendo; posiblemente sí, en total secrecía. A ella se le han atribuido estar detrás de algunas revoluciones y asesinatos de personajes importantes en el mundo.

La Orden fue fundada por el profesor de derecho canónico Adam Weishaupt, quien, inspirado en los ideales de la ilustración, buscaba promover la educación y la filantropía y oponerse a la superstición y la influencia religiosa en la sociedad; se buscaba brindar una nueva fuente de "iluminación" a las personas. Con el tiempo, los objetivos del grupo se centraron en influir en las decisiones políticas y alterar instituciones, como la monarquía y las Iglesias.

Un pájaro conocido como el 'búho de Minerva' (Minerva es la antigua diosa romana de la sabiduría) se convirtió en su símbolo principal.

---

[183] Todo lo que se necesita saber sobre la Nueva Era (s.f.). *Aciprensa*. https://www.aciprensa.com/sectas/nuevaera.htm

El Athene noctua, o mochuelo europeo, era el animal sagrado de la diosa Atenea de la mitología griega, y en la cultura romana, el ave de Minerva.

Algunos de los *Illuminati* se unieron a los masones para reclutar nuevos miembros y viceversa, como símbolo de la búsqueda del control y vigilancia del mundo.

Al igual que los masones, los *Iluminati* empleaban un símbolo conocido como el "Ojo de la Providencia", el cual aparece en iglesias de todo el mundo, así como en los edificios masónicos y el billete de un dólar estadounidense. El "ojo que todo lo ve" se ha utilizado en pinturas para representar la vigilancia de dios sobre la humanidad.

A ciencia cierta, no existe un vínculo oficial entre el ojo que todo lo ve y los *Illuminati*; la conexión se debe probablemente al hecho de que el grupo original compartía similitudes con los masones.

La pirámide y el ojo que todo lo ve, símbolos utilizados en el Gran Sello de los Estados Unidos e impresos en papel moneda estadounidense.

Para formar parte de esta Orden, todos los miembros debían estar de acuerdo en aceptar a los nuevos integrantes, quienes debían poseer riquezas, una familia acomodada y buena reputación.

La organización jerárquica iniciaba con rituales desconocidos para aspirar a ser "novato"; luego se graduaban como 'minerval' y, posteriormente, pasaba a un 'minerval iluminado', aunque esta estructura se volvió más complicada, y se requirieron 13 grados de iniciación para convertirse en miembro. Utilizaban, además, seudónimos para mantener en secreto su identidad.

En 1784, en Alemania, se prohibió la creación de cualquier tipo de sociedad no autorizada por el gobierno y, al año siguiente, se creó una ley que prohibía expresamente a los *Illuminati*.

Durante el arresto de algunos integrantes, se encontraron documentos que defendían el ateísmo y el suicidio, así como instrucciones para realizar abortos.

Eso favoreció la idea de que el grupo era una amenaza para el Estado y la Iglesia.

Después de estas situaciones, la Orden de los Iluminados parece haber desaparecido, aunque algunos creen que continuó viva.

Es así como la idea de un grupo de *Illuminati* que domine el mundo nunca ha desaparecido del todo y todavía se infiltra en la cultura popular. Muchos creen que las respuestas a preguntas como "¿llegó realmente el hombre a la luna?", "¿quién asesinó al presidente de

Estados Unidos John F. Kennedy?", "¿cómo se inició la pandemia global de VIH y la COVID?", "¿quién gobierna realmente el mundo y decide hacia dónde vamos?", se encuentran ligadas a las teorías conspiracionistas; en ellas se plantea que este grupo está vivo en las sombras del anonimato y que busca establecer un nuevo orden mundial.[184]

EL NIHILISMO

Etimológicamente, el término viene del latín *nihil* que significa "nada", así el significado más literal de la palabra sería doctrina de la nada. Se trata de una doctrina filosófica que considera que al final todo se reduce a la nada y, por lo tanto, nada tiene sentido. Rechaza todos los principios religiosos, morales y gnoseológicos, fundamentándose en el principio de que nada tiene realmente un propósito.

Para el nihilismo no existen principios ni dogmas de ningún tipo, ya sean religiosos, morales, políticas, culturales, etc. Al negar todo tipo de principio, también se oponen a la idea teológica de que un ser supremo y todopoderoso rige el mundo y establece lo que está bien y lo que está mal. Niegan aquello que crea o pretenda un sentido superior u objetivo de la existencia, puesto que argumentan que dichos elementos no tienen una explicación verificable y que dios ha muerto.

Según Nietzsche, uno de los representantes de esta doctrina, el hombre provoca, en primer lugar, la muerte de dios o la destrucción de los valores caducos. "En segundo lugar, el hombre toma conciencia plena del fin de estos valores o de la muerte de dios y se reafirma en ella. En tercer lugar, y como consecuencia de todo lo anterior, el hombre se descubre a sí mismo como responsable de la destrucción de los valores o de la muerte de dios, y descubre, al mismo tiempo, la voluntad de poder, e intuye la voluntad como máximo valor; así se abre el camino a unos nuevos valores."[185]

Friedrich Nietzsche proponía que en el nihilismo existían dos actitudes opuestas ante la aceptación de la carencia de sentido de la existencia: el nihilismo activo y el pasivo.

El nihilismo activo, también llamado positivo, es aquel que propone la destrucción de todos los valores tradicionales que dotaban de sentido a la existencia, principalmente la creencia en Dios, para sustituirlos por otros que inauguren un nuevo momento en la historia, para la aparición de una nueva moral y un nuevo hombre.

---

[184] Williams Emma Slattery (2021, 13 de junio). Los *Iluminati*: 12 preguntas sobre una de las sociedades secretas más fascinantes de la historia. *BBC History Revealed*. https://www.bbc.com/mundo/noticias-57409649

[185] La filosofía de Nietzche (s.f.). *Webdianoia*. https://www.webdianoia.com/contemporanea/nietzsche/nietzsche_fil_critica.htm

El nihilismo pasivo o negativo, por el contrario, es aquel que surge como consecuencia de la muerte de dios y de la crisis de sentido que ésta genera.

En este sentido, el nihilismo pasivo se manifiesta con actitudes como la desesperanza, la inacción y la renuncia al deseo de vivir, pues la vida, que hasta entonces tenía un ente sobrenatural, exterior a ella, que la dotaba de sentido, resulta entonces insostenible, vacía y sin sentido.

El nihilismo es una crítica social al orden establecido. La sociedad y las estructuras de poder son artificiales, han sido creadas por los hombres. Y lo que hacen los nihilistas es precisamente postularse en contra de cómo está concebida y estructurada la sociedad.

El origen de esta corriente lo encontramos en la Antigua Grecia en la escuela cínica, pero se popularizó en el siglo XIX en Rusia. Como grandes filósofos nihilistas encontramos a Friedrich Nietzsche y a Martin Heidegger.[186]

LA IGLESIA DE LA INTELIGENCIA ARTIFICIAL

Paradójicamente, en Estados Unidos, un ex ejecutivo de Google está creando su primera iglesia de inteligencia artificial. Anthony Levandowski dice que ésta debe ser vista como un dios, porque presenta una mayor inteligencia que cualquier ser humano.

"No es un dios en el sentido de que hace rayos o provoca huracanes. Pero si hay algo mil millones de veces más inteligente que el humano más inteligente, ¿qué otra cosa le vas a llamar?", señaló Levandowski.[187]

Esta nueva iglesia, llamada "Way of the Future", se enfocaba en: "la realización, aceptación y adoración de una deidad basada en Inteligencia Artificial (IA) desarrollada a través de hardware y software. Se tratará de desarrollar y promover la realización de una deidad basada en la inteligencia artificial y mediante la comprensión y la adoración de la deidad, contribuirá al mejoramiento de la sociedad".

"Levandowski cree que esta iglesia ayudará a allanar el camino a medida que la inteligencia de las máquinas comience a hacerse cargo. "Si tuvieras un hijo que sabías que iba a ser talentoso, ¿cómo querrías criarlo? Estamos en el proceso de criar a un dios. Así que

---

[186] Alfredo Marín García (2021, 07 de marzo). Nihilismo. *Economipedia*.
https://economipedia.com/definiciones/nihilismo.html

[187] Mendoza Daniel (2017, 18 de noviembre). Ex ejecutivo de Google crea iglesia para adorar a la inteligencia artificial. *Atalayas 21*.
https://atalayas21.com/2-ex-ejecutivo-de-google-crea-iglesia-para-adorar-a-la-inteligencia-artificial/

asegurémonos de pensar por el camino correcto para hacerlo. Es una gran oportunidad", comentó Lewandowski.

Espera que su iglesia facilitará la investigación sobre la IA, pero también informará al público para que la IA no se vea como tonta o aterradora, además de que en ella su dios será tangible. "Esta vez podrás hablar con dios, literalmente, y saber que está escuchando". En respuesta a preguntas sobre si sus esfuerzos serán vistos como blasfemos, Levandowski dijo que algunas personas probablemente se molestarán, pero eso es lo que sucede cuando las personas persiguen "ideas radicales"."[188]

Levandowski dice que, al igual que otras religiones, WOTF finalmente tendrá un evangelio (llamado El Manual), una liturgia y, probablemente, un lugar de culto físico.

Por otra parte, existen también otras formas religiosas más, que no son ningún tipo de religión con los conceptos generalmente aceptados que les define, sino nuevas concepciones determinadas por alguna persona o grupo de personas. Por ejemplo, la iglesia *maradoniana*, que considera a Diego Armando Maradona el famoso futbolista una especie de dios o santo milagroso.

---

[188] Ibidem.

https://www.reforma.com/se-casan-en-iglesia-maradoniana-en-puebla/gr/vi161719?ap=1

[189]

j) Otras formas de pensamiento.

LA CIENCIOLOGIA

La cienciología fue fundada en 1953 por L. Ron Hubbard y ha sido definida de distintas maneras, desde una iglesia, un negocio, un movimiento o una religión. Su sede se ubica en Riverside California, Estados Unidos.

Su objetivo, de acuerdo con Hubbard, es crear "una civilización sin demencia, sin criminales y sin guerra, donde el capaz pueda prosperar y los seres honestos puedan tener derechos, y donde el hombre sea libre para elevarse a mayores alturas."

La página oficial señala que la cienciología ofrece una ruta precisa que conduce a la comprensión de la naturaleza espiritual de cada ser humano, de la relación de uno consigo mismo, con la familia, los grupos, la humanidad, todas las formas de vida, el universo material, el universo espiritual y con el Ser Supremo.

El símbolo de la cienciología consiste en un doble triángulo con una "S". La "S" representa a Scientology; el triángulo inferior se denomina el Triángulo de ARC (con la pronunciación de las letras A, R, C): "A" para afinidad, "R" para realidad y "C" para comunicación. El primer vértice del triángulo representa la afinidad, que es el grado de afecto o agrado hacia algo o alguien. La realidad está tipificada en el segundo vértice, y es fundamentalmente acuerdo. El tercer vértice simboliza la comunicación, definida como el intercambio de ideas entre dos personas. Estos tres factores se relacionan entre sí.[190]

---

[189] Grupo REFORMA (2022, 01 de octubre). Se casan en iglesia maradoniana en Puebla. *Youtube*. https://www.youtube.com/watch?v=1VJLbdw4KBo&t=2s

[190] ¿Que representa el símbolo de Scientology con la "s" y el doble triángulo? (s.f.). *Scientology*. https://www.scientology.org.mx/faq/background-and-basic-principles/what-does-the-scientology-symbol-represent.html

SCIENTOLOGY

"Scientology consta de un vasto cuerpo de conocimientos derivado de ciertas verdades fundamentales. Las principales entre estas son:

- El hombre es un ser espiritual inmortal.
- Su experiencia va mucho más allá de una sola vida.
- Sus capacidades son ilimitadas, aun cuando en la actualidad no se dé cuenta.

Además, *Scientology* sostiene que el hombre es básicamente bueno y que su salvación espiritual depende de sí mismo, de sus semejantes y de lograr hermandad con el universo".[191]

"Hubbard descubrió la única fuente de pesadillas, miedos irracionales, inseguridades y enfermedades psicosomáticas que producen malestar: la mente reactiva. En su obra *Dianética: La Ciencia Moderna de la Salud Mental*,[192] describió la mente reactiva en detalle, y delineó una tecnología simple, práctica y fácil de aprender para vencer a la mente reactiva y alcanzar el estado de Clear. Dianética es esta tecnología".[193]

El centro es la creencia de que cada ser humano tiene una mente reactiva que responde a los traumas de la vida, lo que nubla la mente analítica e impide experimentar la realidad. Sus miembros se someten a un proceso llamado *auditación* para encontrar las fuentes del trauma, para revivirla, neutralizarla y reafirmar la primacía de la mente analítica, con el fin de llegar a un estado espiritual llamado *clear*, o de limpieza.

En cuanto a la organización de sus integrantes, los principios de la cienciología se van dando a conocer a sus seguidores poco a poco, a medida que van aportando dinero durante

---

[191] ¿Qué es scientology? (s.f). *Scientology*. https://www.scientology.org.mx/what-is-scientology/

[192] Dianética: comprendiendo la mente (s.f.). *Scientology*. https://www.scientology.org.mx/what-is-dianetics/basic-principles-of-scientology/dianetics-understanding-the-mind.html

[193] ¿Qué es dianética? (s.f.) *Scientology*. https://www.scientology.org.mx/faq/background-and-basic-principles/what-is-dianetics.html

años para ascender de nivel. Cuando se alcanza el nivel de "Operating Thetan III" al integrante se le hace entrega de documentos escritos por Hubbard, donde se narra la historia de "Xenu", un extraterrestre que hace 75 millones de años trajo a la tierra millones de personas en naves espaciales.

Asimismo, de acuerdo con varios autores, "todas las organizaciones de la Cienciología están controladas solo por los miembros de la Organización del Mar, que es una organización paramilitar y legalmente inexistente" [194] para el conjunto más privilegiado de los cienciólogos.

LA MASONERIA

Se dice que este grupo surgió en Europa a finales del siglo XVII y principios del XVIII a partir de los gremios de canteros y constructores de catedrales de la Edad Media. Se trata de una organización internacional cuyo método de enseñanza se basa en la práctica de ritos que promueven el sentimiento y filosofía de fraternidad para mejorar al hombre y la sociedad, a través del desarrollo moral y de diversas disciplinas basadas en la ciencia y las artes, así como en valores superiores comunes para el bien de la Humanidad.

Los masones se organizan jerárquicamente en comunidades llamadas logias, las cuales a su vez se organizan en una Gran logia: cada una de ellas forma un órgano regulador que abarca un territorio determinado.

Actualmente, a la masonería se le considera como un grupo que fomenta valores de tolerancia, tradición, ciencias y artes liberales, o de búsqueda espiritual y, se encuentran entre las escuelas iniciáticas al margen de los Estados y de las Iglesias.

La masonería se organiza a partir de dos corrientes principales:
"La masonería regular anglosajona. Encabezada por la Gran logia de Inglaterra, tiene su mayor área de influencia en los países británicos, Estados Unidos, España, Iberoamérica y parte de la Europa continental. Sus principales características son:

- La creencia en un único gran arquitecto universal, un dios mucho más amplio que el propuesto por la religión católica.

- Sus juramentos se realizan sobre la biblia u otro texto sagrado, como el volumen de la Ley sagrada, su texto organizacional esencial.

---

[194] Iglesia de la Cientología (2023, 17 de julio). *Wikipedia*. https://es.wikipedia.org/wiki/Iglesia_de_la_Cienciolog%C3%ADa

- No se aceptan mujeres entre sus miembros ni se permite la iniciación femenina.
- Se prohíben las discusiones sobre política y religión, y la institución no asume ninguna postura oficial en dichos asuntos.

La masonería regular continental. Conocida como la corriente liberal o adogmática, sigue los pasos del Gran Oriente de Francia, y es la principal corriente en Francia, África francófona y algunos países de Europa continental. Permite el surgimiento de obediencias (sedes) mixtas o femeninas, y presenta una mayor diversidad en cuanto a formas de organización. Sus principales características son:

- Defienden la libertad absoluta de conciencia, por lo que admiten tanto a creyentes como ateos, tanto a hombres como a mujeres, ya sea de modo mixto o por separado.

En cualquiera de las dos corrientes existen tres grados de la masonería, que representan tres etapas del desarrollo personal propuesto por la logia. Su división obedece al siguiente esquema:

- *Aprendiz*. El grado de los recién iniciados, cuya tarea es confrontarse a sí mismos y controlar sus pasiones.

- *Compañero*. Grado intermedio, en el que los masones aprenden la filosofía de la secta y sus relaciones con el mundo exterior.

- *Maestro*. Quienes llegan al tercer puesto deben participar en todos los ritos de la logia y acceden a los conocimientos espirituales y arcanos de la misma, para enfrentar con ellos a la muerte y a la vida eterna."[195]

Los masones utilizan símbolos que tienen que ver con las ciencias y las matemáticas: el compás y las escuadra. "Estos símbolos suelen estar acompañados por las letras G y A, o por un ojo abierto; las letras representan al Gran Arquitecto (dios), y el ojo el despertar frente a "la verdad"".[196]

---

[195] Masones (s.f.). *Concepto*. https://concepto.de/masones/

[196] *Ibidem*.

La masonería surgió en Europa a finales del siglo XVII y principios del XVIII.

El "Ojo de la Providencia", un símbolo que se asemeja a un ojo dentro de un triángulo, aparece en sus iglesias de todo el mundo, así como en los edificios masónicos y el billete de un dólar estadounidense.

La secrecía de la masonería los ha hecho sujetos de numerosos mitos, críticas y teorías. Algunas tienen que ver con la fundación de la logia, o sobre quiénes han sido miembros de sus filas, como los grandes generales de ejército, los libertadores americanos, grandes pensadores renacentistas.

La Iglesia Católica ha condenado en reiteradas ocasiones la pertenencia a la masonería o a logias similares. Quizá porque se le atribuyen numerosas prácticas y rituales vinculados al ocultismo, a lo sobrenatural o a la alquimia.[197]

---

[197] Ibidem.

k) Transhumanismo, transgénero y transespecie.

El transhumanismo busca la evolución de la vida más allá de su forma humana actual con sus limitaciones y capacidades, mediante el uso de la ciencia y la tecnología.

"La ideología transhumanista promueve la idea de que las biotecnologías de mejoramiento humano (*Human Enhancement*) deberían estar ampliamente disponibles; que los individuos deben tener total discrecionalidad sobre cuál de estas biotecnologías aplican a sí mismos —lo que se llama libertad morfológica—, y que los padres normalmente deberían decidir a qué biotecnologías reproductivas deben recurrir al tener hijos —lo que se denomina libertad reproductiva—."[198]

Desde una visión de post-género, la bióloga y filósofa norteamericana Donna Haraway, en su ensayo "El Manifiesto Ciborg", plantea una alternativa para erradicar el género, el sistema patriarcal y el feminismo. Para ello, el ciborg resultó *ad hoc*, ya que el ser fusionado entre hombre-máquina no necesitaría distinciones.

Actualmente algunos movimientos ideológicos como el de Haraway pretenden trascender la dicotomía hombre/mujer como identidad de género, y con ello dejan atrás la condición heterosexual, homosexual o bisexual e introducen la idea de que también existen personas intergénero, transgénero, transexuales, etcétera; la división se extiende, por lo menos, en 37 tipos diferentes de género; en esta clasificación se plantea también el ser pansexual, demisexual o *queer*, entre muchas otras opciones.

La diversidad es tanta que también se incluye al andrógino (mezcla entre mujer y hombre), *neutrois* (género neutro, ni hombre ni mujer), personas de sexo no ajustado (no se quieren calificar ni como hombres ni como mujeres) y *berdache* (personas que se visten con ropa asociada al sexo opuesto).

Además del género trans (personas que cambian de sexo), existen varias categorías: transgénero, hombre trans, persona trans, mujer trans, *female to male*, *male to female*, transfemenino, transmasculino, transexual, mujer transexual, hombre transexual y persona transexual. En un primer vistazo, algunos de ellos podrían englobar a uno mismo, pero, dentro de esta ideología, se proponen diferencias que los separan.

Por último, dentro de este movimiento ideológico existen otras identidades: no-binario, agénero, bigénero, género fluido, pangénero, poligénero o intergénero.

---

[198] Alberto Cortina (2019, 28 de agosto). Transhumano, trasngénero y transespecie. *Frontiere. Rivista di Geocultura*. http://www.frontiere.eu/transhumanismo-transgenero-y-transespecie-albert-cortina/

Lo común en todas estas corrientes ideológicas consiste en plantear la disolución de la naturaleza humana como la conocemos hasta hoy; en gran parte de ellas, afirman que tú eres quien elige qué y cómo quieres sentirte, además de lo que quieres ser. Esta flexibilidad no sólo permite dotarnos de otra identidad, sino que también posibilita adquirir otro lenguaje y otro discurso; se presenta una abolición hacia lo que conocemos hasta ahora, para genera una condición diferente, incluso no humana: tal vez una nueva naturaleza posthumana. Algunos representantes de estos movimientos no se detienen en las identidades de género o en los humanos, y ni siquiera en los "tecno-potenciados", sino que van más allá y proponen la noción de transespecie.[199]

La transespecie surge cuando los hombres y mujeres no se sienten identificados con los propios humanos, sino con otros animales; de hecho, existen casos en los que, convencidos de esta identificación, llegan a transformar su apariencia y actitud de acuerdo con la especie con la que desean identificarse; a estas personas se les conoce como transespecie o zoosexuales. Se visten y se comportan como el animal con el que se identifican y buscan no sentirse reprimidos por su identidad de especie. Se conciben como una persona de comportamiento animal atrapada en el cuerpo de un ser humano.

Los transespecie se perciben como perros, gatos, pájaros, lagartos o cualquier otro animal. Se visten, se comportan y se identifican como estos; entre los individuos que se encuentran dentro de esta clasificación, existen personas que sienten una atracción hacia los animales con los que se identifican y se les conoce como zoosexuales; incluso pretenden mantener relaciones sexuales con ellos.

Otro nombre para reconocer a los transespecie es *otherkin*; se trata de los individuos que consideran poseer una identidad parcial o enteramente no humana; el rasgo característico consiste en que no solamente se perciben como animales, sino también como duendes o seres míticos.[200]

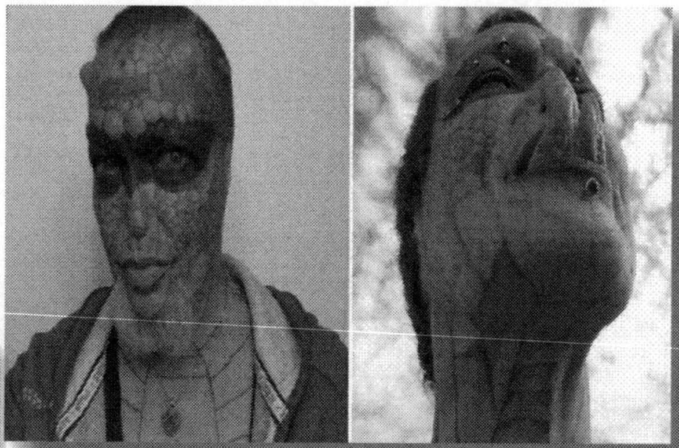

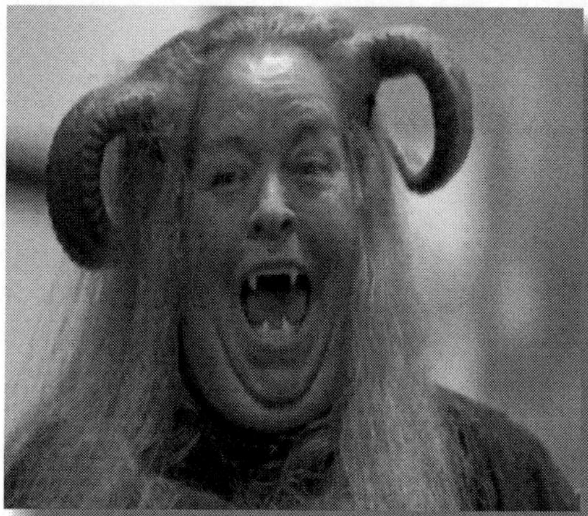

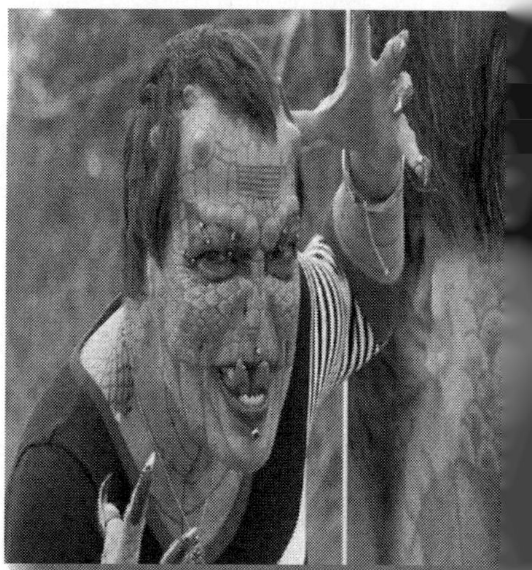

Entre las historias que se han difundido en medios a través de entrevistas o reportajes se encuentra el testimonio de Tom Peters, quien busca ser reconocido como perro. Otra más de las historias es la de Erik Sprague, un admirador de lagartos, cuya pasión a estos animales lo ha llevado a tatuarse escamas y operar su lengua. Aunado a ellos, se encuentra Dennis Avner, cuyo deseo de ser gato lo hizo pasar por costosas cirugías en su rostro. Tom Leppard, por otro lado, se tatuó todo el cuerpo para emular la piel de un leopardo y vivió en una remota isla de Escocia hasta su muerte.

Otra característica vinculada con los transespecie es el fetichismo, ya que usan accesorios, vestidos o prendas alusivas al animal que representan. Por ejemplo, en Estados Unidos hay competencias de *pony play* y *puppy play*, donde los participantes lucen y se comportan como caballos o perros. En ambos casos, prevalece un elemento fetichista, especialmente en el *pony play*, donde hay detalles como el cuero, el freno en la boca, cadenas y más, que suelen considerase como juguetes que usualmente utilizan las parejas con fines sexuales.

Todas estas personas se suman día a día a esta modificación de género o especie; se les reconoce como individuos con incongruencia de género, término que se les atribuye de acuerdo con la clasificación de la Asociación Estadounidense de Psiquiatría. Se trata de disforia de género, que no constituye una enfermedad mental, sino un malestar asociado a su condición.[201]

Finalmente, todas las formas que asume el ser humano en su cuerpo y manera de pensar se basan en su derecho a ser, sin embargo, los derechos humanos a los que apelan todas estas personas se establecen y ejercen en un marco axiológico y ético, pero ¿de qué moral y ética universal estamos hablando para el siglo XXI?

¿Hacia qué futuro nos lleva este presente?
¿Hasta dónde llegará la libertad reproductiva y del género del ser humano?
¿Qué pasará si se disuelve la naturaleza humana como la conocemos hasta hoy?

   i) Crueldad con los animales

*"Un animal no puede defenderse; si tú estás disfrutando con el dolor,
 con la tortura, te gusta ver cómo está sufriendo ese animal,
entonces no eres un ser humano, eres un monstruo"*

José Saramago, premio nobel de literatura 1998.

---

[201] Incogruencia y disforia de género en niños y adolescentes (2021, 22 de agosto). *IntraMed*. https://www.intramed.net/contenidover.asp?contenidoid=98827#:~:text=La%20incongruencia%20de%20g%C3%A9nero%20(IG,disforia%20de%20g%C3%A9nero%20(DG).

En julio de 2022, circuló en redes sociales un video con desgarradoras imágenes, donde en Bell Ville, Córdova, Argentina, un hombre dueño de una perra pitbull conseguía perros, preferentemente galgos, con la única intención de hacerlos pasar hambre para entregárselos a su pitbull, quien los destrozaba a mordidas.[202]

En el mismo medio de difusión, conocido como *"La Voz"*, se informó que una persona amarró y arrastró a un caballo con su auto hasta casi matarlo, ante el asombro de todos los pobladores.

Otro caso fue la denuncia de una mujer que, al dejar a sus mascotas sin alimento, provocó que los animales se comieron entre ellas; existe también el caso de un hombre puso gasolina en la cola de un zorro y la prendió con fuego. También se grabó en video el percance de un camión con vacas que se volteó; las personas, en vez de ayudar a los animales heridos, los faenaron en el mismo lugar para robarlas y llevarse su carne.

Todos estos casos muestran la deshumanización y crueldad del hombre con los animales. En algunos documentales acerca de los grupos de narcotraficantes, se muestra cómo parte del entrenamiento que realizan los principiantes consiste en torturar y asesinar a algunos animales para perder sensibilidad; de esta manera, posteriormente logran realizar estos terribles actos con personas a las que secuestran, torturan y matan.

---

[202] Escracharon a un hombre que le daba galgos desnutridos a su pitbull para que los matara (2022, 24 de julio). *La Voz*. https://www.lavoz.com.ar/viral/escracharon-a-un-hombre-que-le-daba-galgos-desnutridos-a-su-pitbull-para-que-los-matara/?outputType=amp

> Fotografía de 1963 en el Zoológico del Bronx de Nueva York. Un letrero indicaba "El animal más peligroso del mundo", junto a él había una pequeña explicación:
>
> "Estás viendo al animal más peligroso del mundo. Es el único de todos los animales que han vivido que puede exterminar especies enteras de animales. Ahora tiene el poder de acabar con toda la vida en la tierra".
>
> Se trataba de un espejo con barrotes donde los visitantes se detenían a observar su propio reflejo.

Entonces...

¿Qué debemos hacer para evitar normalizar la violencia en contra de los animales?
¿Cómo detener y evitar el abuso, maltrato y crueldad en contra de los seres vivos del planeta?
¿Por qué el hombre destruye y mata a los animales indefensos en el mundo?
¿Podremos detener la irracionalidad del ser humano contra personas y animales?
¿Tendremos tiempo para lograr detener esta avanzada de la violencia en contra de los animales?

m) Pobreza

"Hoy vemos que el mundo nunca ha sido tan rico, sin embargo —a pesar de tal abundancia— la pobreza y la desigualdad persisten y, lo que es peor aún, crecen. En estos tiempos de opulencia, en los que debería ser posible poner fin a la pobreza, los poderes del pensamiento único no dicen nada de los pobres, ni de los ancianos, ni de los inmigrantes, ni de las personas por nacer, ni de los gravemente enfermos. Invisibles para la mayoría, son tratados como descartables. Y cuando se los hace visibles, se los suele presentar como una carga indigna para el erario público. Es un crimen de lesa humanidad que, a consecuencia de este paradigma avaro y egoísta predominante, nuestros jóvenes sean

explotados por la nueva creciente esclavitud del tráfico de personas, especialmente en el trabajo forzado, la prostitución y la venta de órganos".

Papa Francisco

La pobreza es una condición que afecta cada día a más personas en todo el mundo y crece sin importar el país o región.
De acuerdo con datos del Banco Mundial, alrededor del 10% de la población en el mundo vive en pobreza extrema, es decir, más de 700 millones de personas viven al día de hoy con carencia de alimento, agua, vivienda, salud y educación, entre otras dificultades.
"Durante casi 25 años, el número de personas que vivían en pobreza extrema —con menos de USD 2,15 al día— disminuyó constantemente. Sin embargo, la tendencia se interrumpió en 2020",[203] cuando el número de personas en situación de pobreza extrema se incrementó entre 75 y 95 millones de personas en 2022, por los efectos de la pandemia de la COVID-19, la guerra de Ucrania y la inflación; estos acontecimientos han propiciado disminución de ingresos, desempleo, exclusión social, alta vulnerabilidad en determinadas poblaciones, desastres, enfermedades y otros fenómenos. A su vez, estos problemas han agudizado las dificultades a las que se enfrentaba toda la población en el mundo y, en particular, el sector que padecía salarios más bajos y condiciones de vulnerabilidad.

"El aumento de la línea internacional de pobreza refleja el incremento de los costos de los alimentos básicos, la vestimenta y la vivienda registrado en los países de ingreso bajo entre 2011 y 2017, en comparación con el resto del mundo. En otras palabras, el valor real de USD 2,15 a precios de 2017 es el mismo que el de USD 1,90 a precios de 2011".[204]

"Los avances en la reducción de la pobreza extrema básicamente se han detenido, a lo que se suma un escaso crecimiento de la economía mundial",[205] afirmó David Malpass, presidente del Grupo Banco Mundial.

Investigaciones del Banco Mundial sugieren que, "casi con toda seguridad, los efectos de las actuales crisis se harán sentir en la mayoría de los países hasta 2030. En estas condiciones, el objetivo de reducir la tasa absoluta mundial de pobreza a menos del 3 %

---

[203] Pobreza (2022, 14 de septiembre). *Banco Mundial*. https://www.bancomundial.org/es/topic/poverty/overview

[204] Reseña: Ajuste en las líneas mundiales de pobreza (2022, 02 de mayo). *Banco Mundial*. https://www.bancomundial.org/es/news/factsheet/2022/05/02/fact-sheet-an-adjustment-to-global-poverty-lines

[205] Comunicado de Prensa No. 2023/011/EFI. Se frenan los avances mundiales en la reducción de la pobreza extrema. Washington (2022, 05 de octubre). *Banco Mundial*. https://www.bancomundial.org/es/news/press-release/2022/10/05/global-progress-in-reducing-extreme-poverty-grinds-to-a-halt

para 2030 —que ya se encontraba comprometido antes de la pandemia— es ahora inalcanzable a menos que los países tomen rápidamente medidas de política importantes y significativas."[206]

"¿Cuál es la situación que guarda la pobreza en algunos lugares del mundo? En la actualidad, África subsahariana alberga al 60 % de todas las personas en situación de pobreza extrema: 389 millones, más que cualquier otra región. Aquí la tasa de pobreza se acerca al 35 %, la más alta del mundo."[207] De acuerdo con datos de la Comisión Económica para América Latina y el Caribe (CEPAL), a finales de 2022, el 32.1% de la población total de la región, lo que equivale a 201 millones de personas, quienes vivirán en situación de pobreza y de los cuales 82 millones (13,1 %) se encontrarán en pobreza extrema.

"La cascada de choques externos, la desaceleración del crecimiento económico, la débil recuperación del empleo y la inflación al alza profundizan y prolongan la crisis social en América Latina y el Caribe",[208] señaló el secretario ejecutivo de institución, José Manuel Salazar-Xirinachs.

Después de un fuerte crecimiento de la pobreza y un leve aumento de la desigualdad de ingresos en 2020, a consecuencia de la pandemia, "no se ha logrado revertir los impactos en materia de pobreza y pobreza extrema y los países enfrentan una crisis silenciosa en educación que afecta el futuro de las nuevas generaciones", agregó Salazar-Xirinachs.

---

[206] Ibidem

[207] *Ibidem*.

[208] CEPAL alerta que las tasas de pobreza prepandemia se mantienen en América (2022, 24 de noviembre). *Corresponsables*. https://mexico.corresponsables.com/actualidad/cepal-pobreza-prepandemia-america-latina

[209] EFE (2022, 24 de noviembre). La pobreza en Latinoamérica cerrará 2022 en el 32.1, dice Cepal. *El Economista*. https://www.eleconomista.net/actualidad/La-pobreza-en-Latinoamerica-cerrara-2022-en-el-32.1--dice-Cepal-20221124-0013.html

[210] Ibidem.

[211] Ibidem.

[212] Pobreza se mantiene por encima de niveles prepandemia (2022, 14 de noviembre). *Idc Online*. https://idconline.mx/finanzas/2022/11/24/pobreza-se-mantiene-por-encima-de-niveles-prepandemia

"Las cifras implican que 15 millones de personas adicionales estarán en la pobreza con respecto a la situación previa a la pandemia y que el número de personas en pobreza extrema será 12 millones más alto que el registrado en 2019."

"Los niveles proyectados de pobreza extrema en 2022 representan un retroceso de un cuarto de siglo para la región",[209] subraya el organismo regional de las Naciones Unidas.

"La incidencia de la pobreza es mayor en algunos grupos de la población: más del 45 % de la población infantil y adolescente vive en la pobreza y la tasa en las mujeres de 20 a 59 años es más alta que en los hombres en todos los países de la región. De igual forma, la pobreza es considerablemente más alta en la población indígena o afrodescendiente",[210] señaló el organismo.

En cuanto al aumento en la desigualdad de ingresos, "la desocupación proyectada para finales de 2022 representa un retroceso de 22 años, afectando especialmente a las mujeres, para quienes la desocupación sube de 9,5 % en 2019 a 11,6 %."[211] Asimismo, "el porcentaje de jóvenes de 18 a 24 años que no estudia ni trabaja de forma remunerada aumentó de 22,3 % en 2019 a 28,7 % en 2020, afectando especialmente a las mujeres jóvenes".[212]

En los Estados Unidos, el país más rico del mundo, la pobreza afecta a 43 millones de ciudadanos, el doble que hace 50 años, más de 40 millones de personas viven por debajo del umbral de la pobreza.

La indigencia, el hambre o la falta de techo pueden aparecer en cualquier momento como producto de una enfermedad o pérdida de empleo; muchas de las personas sin techo son hombres o mujeres que trabajan, cuyo salario no les alcanza para pagar el alquiler, o bien, que cayeron en desgracia o pasaron una mala racha como producto de una enfermedad, deuda, desempleo, pero no necesariamente son holgazanes o drogadictos. Muchos tuvieron una vida "normal", una casa, pero los altos costos de la vivienda y los tiempos tan cortos (cinco días) de tolerancia para pagar el alquiler hacen que sean desalojados de manera violenta por la policía, incluso en algún caso a punta de pistola.

En Estados Unidos, 6,300 personas sufren desalojo forzado. Los Ángeles es una ciudad que alberga a una gran cantidad de pobres; hay tantos indigentes que se han comenzado a construir casas o chozas pequeñas de madera para ofrecerles un techo. Muchas personas son excluidas de los beneficios del sistema social y viven en autos o en las calles. En los últimos años, la población sin hogar aumentó de 33,000 a 55,000 personas.

En Richmond, la capital de Virginia, un cuarto de la población vive por debajo del umbral de pobreza y tiene la tasa de desalojo más alta de Estados Unidos, con 3,000 desalojos al año. Hay en promedio 10 desalojos por día, por lo que las personas tienen que rentar pequeños cuartos o vivir en hacinamiento debido a que existen bancos de datos públicos donde aparece el historial de atraso en pagos y desalojo de las personas, y eso hace que las personas se nieguen a rentarles aun cuando su situación económica mejore.

En la zona de los Apalaches, se encuentran los distritos más pobres de Estados Unidos con población predominantemente blanca. En promedio, reciben ayuda por desempleo del gobierno de aproximadamente 1,200 dólares, lo cual resulta insuficiente si tienen familia que sostener.

En 1964, el entonces presidente de los Estados Unidos, Lyndon B. Johnson, visitó los Apalaches y le declaró la guerra a la pobreza, distribuyendo cupones de ayuda económica o de comida por parte del gobierno para la población más pobre. Mucha gente hace filas para recibir estas ayudas del Gobierno o incluso comida, servicios médicos y dentales. En Estados Unidos hay 28 millones de personas que no tienen servicios médicos y estos servicios están considerados entre los más caros del mundo.

También el número de niños sin hogar ha aumentado drásticamente, ya son 1.5 millones, tres veces más que durante la crisis económica de los años 30, durante la Gran Depresión, y esto ha generado una grave crisis humanitaria.[213]

En los mismos Estados Unidos hay 552,830 personas que viven en las calles; se les conoce como *homeless*. Esta situación afecta al 0.2% de la población. La cifra es baja en comparación con otros países africanos, asiáticos o sudamericanos.

Cada año mueren 13,000 *homeless* en Estados Unidos, lo que equivale al 2.4%, por lo tanto, la situación de calle constituye un factor de riesgo para la salud y la supervivencia.

La esperanza de vida en la población promedio de Estados Unidos es de cerca de 100 años, pero para los homeless es de 50 años.

Las cinco áreas de Estados Unidos donde más homeless hay, son: Columbia, Nueva York, Hawaii, Oregon y California; en ésta última área se ubica el 47% de los *homeless*. Por su

---

[213] DW Documental (2019, 27 de noviembre). Cómo sobreviven los pobres en los Estados Unidos/DW Documental. *Youtube*. https://www.youtube.com/watch?v=VnM8gdecLYE;

Pobreza (2022, 14 de septiembre). *Banco Mundial*. https://www.bancomundial.org/es/topic/poverty/overview

parte, Boston, Washington y NY se encuentran entre las ciudades donde existe más población; N.Y., por ejemplo, es la ciudad donde se ubica el 20% de esta población en todos los Estados Unidos.

El siguiente video "Crisis en el primer mundo", muestra la realidad en que viven muchas personas en el país más poderoso de la tierra:

https://m.facebook.com/faridieck/videos/crisis-en-primer-mundo/1458386784657958/?_rdr

Asimismo, 40% de los *homeless* varones son veteranos de guerra y constituyen el grupo más importante entre este sector. El 8% de estos veteranos son mujeres.

El 36.6% padecen algún tipo de discapacidad física que está relacionada con acciones de guerra previa. El 25% padece algún tipo de enfermedad mental asociada, probablemente, a acciones de guerra. El 38% sufre alcoholismo; el 26% consume drogas.

Los programas en Estados Unidos dirigidos a esta población son más numerosos y eficaces que en otros países, de hecho, en los últimos años aumentó 450% la entrega de hogares a los *homeless*, pero se considera que este sector no deriva su condición debido a la configuración económica de los Estados Unidos; se trata, para algunos, de una minoría "insignificante", pero que se incrementa como resultado de las guerras sucesivas en las que interviene Estados Unidos por su complejo militar.

Mayoritariamente, la principal y antigua actividad que realizaban consistía en haber formado parte del ejército de los Estados Unidos y haber participado en una guerra. Las experiencias de combate, sumadas al consumo incontrolado de alcohol y drogas, se presentan como la raíz de este problema social, en lo que respecta a los veteranos de guerra; el grupo más numeroso, por ejemplo, son antiguos combatientes, es decir, la guerra convierte en seres humanos desequilibrados a muchas de las personas que se baten en el campo de batalla.[214]

---

[214] César Vidal (2022, 27 de octubre). Editorial: Homeless en Estados Unidos. *La Voz*.

https://cesarvidal.com/la-voz/editorial/editorial-homeless-en-estados-unidos-27-10-22

En México, 4 de cada 10 personas viven en situación de pobreza, cifra que equivale al 43.9% de la población, y sólo el 23.5% de los mexicanos no está en una situación de vulnerabilidad ni de pobreza.

La pobreza en México se mide de varias maneras; la más utilizada consiste en la denominada multidimensional: cuando una persona tiene al menos una carencia social (salud, seguridad social, vivienda, alimentación y educación) y sus ingresos son insuficientes para cubrir sus necesidades elementales.

Asimismo, a partir del cálculo de la pobreza multidimensional, se estima otra medida de pobreza: la pobreza multidimensional extrema, la cual contempla a quienes tienen tres o más carencias, así como un ingreso tan bajo que no les alcanza para adquirir los alimentos necesarios para una vida sana, aun cuando inviertan todo su dinero en ello.

En este contexto, en 2020 la medición de la pobreza en México mostró que el 43.9% de la población, es decir, 55.7 millones de personas se encontraban en pobreza multidimensional, mientras que el 8.5% de la población, es decir, 10.9 millones de personas, en pobreza multidimensional extrema. México tiene, según datos anteriores a la pandemia de la COVID-19, 66.6 millones de personas en pobreza y pobreza extrema en todo el país; dentro de la nación, los estados más pobres de acuerdo con las estadísticas son los siguientes:

Puesto	Estado	Pobreza Personas	%	Pobreza extrema (personas)
1	Chiapas	3.96 millones	76.2%	1.6 millones
2	Oaxaca	2.66 millones	66.8%	1.13 millones
3	Guerrero	2.31 millones	65.2%	868,100
4	Puebla	3.95 millones	64.5%	991,300
5	Michoacán	2.70 millones	59.2%	641,900
6	Veracruz	4.6 millones	58%	1.3 millones
7	Estado de México	8.26 millones	49.6%	1.2 millones
8	Guanajuato	2.68 millones	46.6%	317,600
9	Jalisco	2.78 millones	35.4%	253,200
10	Distrito Federal	2.50 millones	28.4%	150,500

Recuperado de: https://es.wikipedia.org/wiki/Pobreza_en_M%C3%A9xico

Cabe destacar que el incremento en la carencia de acceso a la salud en México fue la que mostró un salto importante ese año: pasó de 16.2% de la población en 2018 a 28.2% en 2020.[215]

La pobreza se encuentra en prácticamente todos los países del mundo, y así como existen naciones ricas y prósperas, también hay pobres y sin recursos. El índice de pobreza en Europa es alto. "Se estima que cerca del 22% de la población europea está en riesgo de pobreza y exclusión social. […] El nivel de pobreza en Europa subió 0.8 puntos entre los años 2019 y 2020, lo que significa que existen 4,5 millones de personas más en situación de

---

[215] Moy, Valeria, (22 febrero, 2022). Las Cifras más recientes de la pobreza. Centro de Investigación en Política Pública (IMCO). https://imco.org.mx/las-cifras-mas-recientes-de-pobreza/

pobreza."[216] Los países más pobres de Europa se encuentran, en mayor medida, en Europa del Este; se trata de aquellos que formaron parte de la Ex-Unión Soviética.

Ucrania es el país más pobre de Europa; su economía se encuentra entre las más pobres del continente, según el Banco Mundial.[217] El PIB per cápita de Ucrania es de 4.960 euros, lo que significa que la economía se encuentra en el puesto 116 de un total de 187 países. Ucrania cuenta con una población de 41 millones de personas con un bajo nivel económico de vida, a pesar de que la región posee un gran potencial humano y abundancia de recursos naturales.
Sin embargo, el sector público y privado no ha tenido la capacidad de crear instituciones fiables o la guerra ha acentuado la ya de por sí grave crisis económica de ese país.

Armenia se encuentra en el segundo puesto de pobreza de Europa. "Tiene 5.080 € de PIB, cuenta con altas tasas de desempleo, deterioro de las infraestructuras sociales, y más del 40% de los niños viven por debajo del umbral de pobreza."[218]

Moldavia es el tercer país más pobre del continente europeo. Tiene 5.240 € de PIB y no posee salida al mar; comparte fronteras con Ucrania y Rumania. "Su índice de pobreza conlleva consecuencias económicas y sociales graves como una tasa alta de desempleo, y una agricultura y ganadería poco eficientes."[219]

En el siguiente enlace podrás encontrar un documental sobre la situación en la que se encuentra Líbano y su población, así como la información de las terribles consecuencias de la crisis económica en ese país.

https://www.youtube.com/watch?v=eHOel1hjKnE

---

[216] ¿Cuáles son los países mas pobres de Europa en 2022? (s.f.). Acción contra el hambre.
https://www.accioncontraelhambre.org/es/paises-mas-pobres-europa

[217] Estadística económica y social de Ucrania. Banco Mundial
https://datos.bancomundial.org/pais/ukraine?end=2015&locations=UA&start=1990

[218] ¿Cuáles son los países mas pobres de Europa en 2022? (s.f.). Acción contra el hambre.
https://www.accioncontraelhambre.org/es/paises-mas-pobres-europa

Índice de pobreza: qué es y cómo se calcula. Acción contra el hambre. https://www.accioncontraelhambre.org/es/indice-pobreza-que-es

[219] Cuáles son los países mas pobres de Europa en 2022? (s.f.). Acción contra el hambre.
https://www.accioncontraelhambre.org/es/paises-mas-pobres-europa

[220]

Georgia es una nación ubicada en la costa del Mar Negro. Tiene 5.300 € de PIB, lo que lo coloca en el cuarto lugar entre los países más pobres de Europa. Su economía ha sufrido severos daños debido a la guerra civil; además, se trata de una región que importa la mayoría de la energía que requiere, lo que incluye el petróleo y el gas natural.

"Azerbaiyán cuenta con 5.310 € de PIB. Sus casi 10 millones de habitantes sufrieron una crisis económica grave en el año 2016 de la cual no han podido recuperarse. Los bajos precios del petróleo, la devaluación de la moneda y un aumento de la inflación ubican al país en el quinto más pobre de Europa."[221]

Ahora bien, este problema económico afecta profundamente también Latinoamérica; en Chile, por ejemplo, hay 19 millones de habitantes, de los cuales el 10.3%, es decir, 2.1 millones, se encuentra en situación de pobreza y, de éstos, 831,000 lucha contra la pobreza extrema.[222]

En Bolivia la pobreza extrema en 2021 alcanzó un 11,1%, mientras que la pobreza moderada llegó a 36,6 %.

n) Racismo y discriminación

El racismo se define como la creencia de superioridad de un grupo étnico sobre otro; es una forma de discriminación hacia las personas por su aspecto físico, origen o forma de pensamiento. El racismo hace que diversos grupos de personas sean explotados por otro, de manera económica y física, así como segregados, violentados o incluso asesinados por el solo hecho de pertenecer a una etnia, cultura, o simplemente por su aspecto.

---

[220] DW Documental (2022, 04 de agosto). Líbano: las consecuencias y las víctimas de la crisis económica|DW Documental. Youtube. https://www.youtube.com/watch?v=cHOel1hjKnE

[221] Ibidem.

[222] Pandemia aumenta pobreza en Chile (2021, 05 de julio). Apnews. https://apnews.com/article/noticias-ef9621ac59ca162780dfdfe5a280c655

En la actualidad, aún existe racismo en diversas partes del mundo; presentamos aquí un repaso general a los orígenes del mismo y su evolución a través del tiempo hasta nuestros días.

Se dice que los datos más antiguos del racismo datan del periodo de la esclavitud y, principalmente, en las culturas basadas en esta práctica, como Mesopotamia, Egipto, Grecia y Roma, donde se aprovechaba como mano de obra a los enemigos capturados durante las guerras. En este periodo, los esclavos eran tratados como animales, u objetos: se les consideraba como seres sin alma.

Posteriormente, en el periodo feudal, el esclavismo cambio por la palabra "siervo", pero, para fines prácticos, continuó manteniendo los mismos mecanismos, ya que eran explotados brutalmente en los campos agrícolas de los terratenientes.

En el mundo musulmán y en Bizancio, se mantuvo la tradición esclavista: 18 millones de africanos fueron esclavizados entre el año 650 hasta el 1900 por los musulmanes; además, en ese mismo periodo, 20 millones de africanos negros fueron llevados hacia América como esclavos de la población blanca.

Durante el Siglo XVI, el esclavismo se extendió en Europa (Inglaterra, Portugal, España y Francia), y se sometió brutalmente a la población negra de África; por otra parte, América sufrió de esta misma situación y se sometió a la esclavitud a la población indígena y mestiza.

Posteriormente, en el siglo XVIII y en el marco de la Revolución Industrial, surgen en América los primeros movimientos abolicionistas de la esclavitud.[223]

---

[223] Isidro Marín (2018, 24 de octubre). Historia de la Esclavitud. *Cultura Científica*.

https://culturacientifica.utpl.edu.ec/?p=3388#:~:text=Los%20primeros%20escritos%20en%20los,sociedades%20basadas%20en%20el%20esclavismo.

En 1861 en Estados Unidos, existía una gran explotación y esclavitud de la población negra, la cual carecía de cualquier tipo de derechos. Por ejemplo, no podía usar los baños, transporte o escuelas, ya que muchísimos lugares se consideraban de uso exclusivo para blancos; si infringían estas restricciones, eran sometidos a severos castigos, que podían llegar al encarcelamiento e incluso a la muerte. Estas circunstancias fueron parte de los detonantes de la guerra de Secesión, o guerra civil; posteriormente, el 1 de enero de 1863, Abraham Lincoln decretó el fin de la esclavitud y la igualdad de derechos y privilegios para todos, sin embargo, la guerra no concluyó sino hasta 1865.

Posteriormente, en el año de 1927, entró en vigor la Convención sobre la Esclavitud; en ella se prohibía determinantemente la esclavitud, y se le consideraba como un crimen de lesa humanidad. Pero a pesar de esta acción, la esclavitud y exclusión fue tomando nuevas formas y dimensiones.

Entre los hechos históricos de racismo y discriminación que han ocurrido en Estados Unidos, podemos señalar el despojo de las tierras tribales, que trajeron como consecuencia las guerras entre colonos y nativos americanos, como los indios apaches, sioux y navajos. Estos conflictos se desarrollaron entre 1861 y 1886, sobre todo en Arizona y Nuevo México, cuando los indios se rebelaron ante la invasión y ocupación de sus tierras.
Los conflictos se mantuvieron por mucho tiempo hasta que, como parte de los acuerdos de alto al fuego y de paz, los colonos y los indios pactaron que estos últimos vivirían dentro de reservas y se comprometieron a permitir la instalación de fuertes militares en territorio indio, así como el paso de caravanas hacia el Oeste. A cambio, el gobierno de los Estados Unidos reconocería los territorios como suyos.

Sin embargo, las continuas violaciones del tratado y los incidentes entre los nuevos pobladores y nativos llevaron a recurrentes rupturas de la paz.

Las guerras indias terminaron con la rendición de sus líderes y la aceptación final de vivir dentro de las reservas; el Gobierno forzó la rendición de los indios destruyendo sus campos de cultivo, matando o capturando su ganado, quemando sus casas y poniéndoles plazo para desplazarse a las reservas designadas, muchas de las cuales continúan existiendo en la actualidad.[224]

Luego de estos acuerdos de paz y con el ánimo de revertir la penosa historia del exterminio cultural y territorial de los pueblos indios, así como de insertarse en el auge del movimiento a favor de los derechos civiles, se instalaron entre 1819 y 1969 internados y escuelas para niños y jóvenes indígenas en todo Estados Unidos, pero "la filosofía que motivó 150 años de política educativa para indígenas en Estados Unidos fue "matar al indio para salvar al hombre". Así lo declaró el director de la Escuela Carlisle para indios, la más famosa de los más de 400 internados indígenas operados por el gobierno estadounidense."[225]

A la fecha, existen más de 30 Universidades para descendientes de tribus indígenas y afroamericanos (Tribal Colleges and Universities, TCU en inglés) en Estados Unidos, pero en todas se carece de recursos económicos y materiales, además de que presentan altos niveles de abandono escolar.

"A partir de la administración del expresidente Barack Obama (2009-2017), el gobierno federal ha buscado mejorar las condiciones de los TCU a través de un aumento en los fondos institucionales y las becas para estudiantes indígenas. En 2021, el gobierno de Joe Biden emitió la orden ejecutiva 13592 que busca "ampliar las oportunidades educativas para indios americanos y nativos de Alaska", además de "descubrir las causas sistémicas de las desigualdades educativas". Biden también reconoció el papel del Gobierno en las políticas asimilacionistas del pasado, incluyendo de las escuelas internado —y sus efectos devastadores en las poblaciones nativas—.
La decisión de Biden de nombrar a Haaland para dirigir la Secretaría del Interior forma parte de la misión propuesta en la orden ejecutiva. Sin embargo, según Bryan Newland, subsecretario de Asuntos Indígenas y autor del informe sobre los internados indígenas, el gobierno aún no ha aportado los recursos suficientes para completar la investigación.

---

[224] Las guerras indias más famosas del siglo XIX (2020, 16 de enero). *Oasys Mini Hollywood*. https://www.oasysparquetematico.com/guerras-indias/#:~:text=Las%20guerras%20apaches%20fueron%20los,con%20su%20suegro%20Mangas%20Coloradas.

[225] Marion Lloyd (2022, 19 de mayo). Educación para la extinción: la historia sangrienta de los internados indígenas en Estados Unidos. Campus. *Suplemento sobre educación superior*. https://suplementocampus.com/educacion-para-la-extincion-la-historia-sangrienta-de-los-internados-indigenas-en-estados-unidos/

El funcionario también culpó a la pandemia causada por covid-19, que generó retrasos en las excavaciones de posibles tumbas de niños indígenas en las afueras de las escuelas. […] Newland agrego que la investigación "representa una oportunidad para reorientar la política federal hacia los pueblos indígenas para revertir casi dos siglos de políticas dirigidas a la destrucción de las lenguas y culturas tribales".[226]

Lloyd, Marion. (19 mayo, 2022). Educación para la extinción: la historia sangrienta de los internados indígenas en Estados Unidos. CAMPUS

Otros hechos que han consternado al mundo por la violencia y el odio que practican hacia otras personas y grupos son los realizados por el Ku klux Klan (KKK).

De acuerdo con el Buró Federal de Investigaciones (FBI) de los Estados Unidos, el Ku klux Klan se compone de un grupo que defiende y practica el odio, la hostilidad o la violencia hacia personas de una raza, etnia, nación, religión, genero, discapacidad, identidad de género, orientación sexual o cualquier otro sector. El «propósito principal de un grupo de odio es promover la animosidad, la hostilidad y la malicia contra personas que forman parte de los grupos señalados.

Este grupo sostiene que las personas blancas son superiores a otras razas o etnias y, por lo tanto, deben dominar.

---

[226] Cientos de miles de niños y jóvenes indígenas fueron arrancados de sus familias y obligados a estudiar y trabajar en escuelas ubicadas a cientos de kilómetros de sus hogares. *Ibidem*.

Este grupo se constituye como una sociedad secreta y surge en Estados Unidos en el Siglo XIX, después de la guerra de Secesión entre los afines al Partido Demócrata del Sur, y promueve por medio de actos violentos y propagandísticos el racismo, la xenofobia y el antisemitismo, así como la homofobia, el anticatolicismo y el anticomunismo. Los actos intimidatorios los realizan mediante acciones terroristas donde cubren su cuerpo y cara con túnicas blancas y máscaras o capuchas en forma de cono, y llevan una cruz en la parte superior del traje. Uno de sus principales símbolos es la quema de cruces para imponer temor en sus víctimas.

El KKK fue formalmente disuelto por el presidente Republicano Ulysses Grant en 1871, sin embargo, en 1915 se fundó una nueva organización con el mismo nombre. Esta nueva asociación posee una estructura más formal y cuenta con integrantes registrados, así como con una configuración a nivel estatal y nacional.

Este nuevo grupo del Ku Klux Klan "alcanzaría su esplendor en la década siguiente, cuando llegó a cuatro millones de miembros y consiguió millonarios recursos entre cuotas y donaciones de grandes empresarios […] que contribuían a sus finanzas. Todo ello le aseguró una gran influencia económica, social y política, que llevó a algunos integrantes a ser alcaldes, gobernadores y senadores. Ese auge también impulsó su violencia racista contra una lista ampliada de enemigos, que incluía todo lo que no fuera estadounidense, blanco y protestante."[227]

Después, en 1929, su fuerza comenzó a disminuir a causa de los vínculos que mantenía con la Alemania Nazi durante la Segunda Guerra Mundial.

En 1940 desapareció como Asociación Nacional y, en la actualidad, solo se constituye mediante pequeños grupos secretos con operaciones separadas en pequeñas unidades sin una clara conexión.

Sin embargo, este grupo llevó a cabo torturas, actos de sadismo, violencia, violación y muerte a muchas personas en Estados Unidos, sobre todo a población negra, pero también a población latinoamericana, como mexicanos.

Entre las prácticas más terribles que cometió el Klan hasta 1940 se encuentra la quema en vida de personas de color, ahorcamientos, castración, decaptación; incluso las cabezas de las personas que habían sido asesinadas eran clavadas en estacas en puntos estratégicos para su mayor visualización, como entradas de pueblos o casas. También existió la práctica de realizar postales con las fotografías de los asesinos al lado de los cadáveres de sus

---

[227] Manu Mediavilla (2022, 24 de diciembre). Ku Klux Klan, símbolo del odio racista. *Amnistía Internacional*. https://www.es.amnesty.org/en-que-estamos/blog/historia/articulo/ku-klux-klan-simbolo-infame-del-odio-racista/

víctimas. Se trataban de prácticas normales en el sur de Estados Unidos. Ejemplo de este terrible crimen los constituye el libro *Without Sanctuary / Sin santuario*, en el que se recogen ochenta postales de recuerdo con linchamientos a personas de color e incluso a algún sindicalista blanco.

Miembros del Ku klux Klan

Mitin del KKK en Georgia en 2006
El escritor William Peirce señala en su libro, *El Ku Klux Klan: Un siglo de infamia*, que este grupo no ha muerto, tan solo permanece estático. Así mismo, comenta que a la fecha este grupo ha ampliado su influencia a través de redes sociales. Además, diversas

organizaciones extremistas como *Proud Boys*, *National Action* o la más misteriosa *QAnon* retoman sus principios e ideales.

Hoy más que nunca, de manera latente y silenciosa, estos grupos y organización se encuentran con vida y continúan sembrando el odio, la discriminación, la intolerancia, la violencia y la muerte entre la población en la espera de hacerse presentes en el momento oportuno para su causa.[228]

Otro ejemplo de un suceso mundial lleno de racismo y discriminación se encuentra en el Holocausto. Tuvo lugar entre 1933 y 1945, con la persecución y asesinato salvaje de más de seis millones de judíos y cinco millones de gitanos y otros grupos étnicos; el genocidio de tantas miles de personas fue llevado a cabo en Europa por parte del régimen alemán nazi y sus colaboradores durante la Segunda Guerra Mundial, y dejó una secuela irreparable de pérdida y dolor, no solo para el pueblo judío, sino para todo el mundo.

El origen de este horrible holocausto fue el antisemitismo, el odio y los prejuicios contra los judíos europeos por parte de los nazis, a quienes retiraron todo derecho humano, sus bienes materiales y económicos; guiados por este odio, asesinaron a casi dos de cada tres judíos mediante métodos masivos de muerte, como el uso de gas mortífero; también realizaron maltratos brutales, fusilamiento y sometieron al pueblo judío a hambrunas y trabajos forzados.
En la actualidad el nazismo prevalece bajo la forma de grupos neonazis, que promueven no solo el racismo y exclusión, sino el exterminio de los judíos y otras razas.[229]

La pervivencia de estos grupos que promueven el odio contra una raza se verificó en 29 de octubre de 2022, cuando se llevó a cabo de manera clandestina un concierto denominado "El imperio contraataca" en la Ciudad de México, de acuerdo con información del periódico El País y ©EnlaceJudío.[230] Durante este evento participaron 300 personas identificadas como neonazis, dos bandas españolas y tres mexicanas. "Una de las bandas, Batallón de castigo, ha ofrecido conciertos en España desde 1997 y su líder, Eduardo Clavero, es delegado del partido neonazi Alianza Nacional en Málaga.

---

[228] Ibidem; Ku klux Klan (2023, 19 de julio). Wikipedia. https://es.wikipedia.org/wiki/Ku_Klux_Klan

[229] Introducción al Holocausto (s.f.). Enciclopedia del Holocausto. United States Holocaust Memorial Museum. https://encyclopedia.ushmm.org/content/es/article/introduction-to-the-holocaust

[230] Neonazis llevaron a cabo concierto clandestino en la CDMX (2022, 08 de noviembre). Enlace Judío. https://www.enlacejudio.com/2022/11/08/neonazis-llevaron-a-cabo-concierto-clandestino-en-la-cdmx/

La fecha del concierto fue elegida para conmemorar la culminación de la Marcha sobre Roma de Mussolini en 1922 y la fundación del partido fascista de la Falange en España en 1933.

A lo largo del concierto, se escuchó el saludo nazi de *Heil Hitler* o *sieg heil* entre los cantantes y el público, muchos de ellos con tatuajes de esvásticas, frases en alemán y rostros de Hitler."[231]

En la actualidad, la explotación de personas o el nuevo esclavismo sigue existiendo en algunos lugares de países como India, Sudán, Brasil o Mauritania, y en todo el mundo ha reaparecido con nuevas formas y nuevos rostros, como con la trata de personas, una forma de explotación que contempla el trabajo y explotación infantil, el trabajo forzado de hombres y mujeres, el esclavismo sexual y laboral, la extracción y comercialización de órganos y el racismo y discriminación de migrantes.

Estos dos últimos siguen presentes de diversas formas en todo el mundo, de hecho, en Estados Unidos aún en este siglo las personas de color, afroamericanas y latinoamericanas, afirman que viven situaciones de racismo como agresiones físicas, así como exclusiones en escuelas, empleos y el sistema judicial.

---

[231] Ibidem.

Esta situación, junto con otros eventos claros de odio y discriminación, ha generado el movimiento *Black Lives Matter* como respuesta entre la población negra contra estos hechos que se han cometido por décadas, principalmente por el sector blanco de la población; de hecho, en varios museos en Washington, D. C. se han presentado diversas exposiciones en apoyo a esta campaña que combate y pone en evidencia los constantes abusos, maltratos y discriminación.

En los Estados Unidos, la discriminación racial, que trae consigo el control económico, político y social, ha afectado a muchos afrodescendientes y latinos; es momento de iniciar un proceso de paz, pues definitivamente la venganza nos conduce a las mismas prácticas injustas del pasado. Tristemente la violencia genera violencia, y en respuesta a la discriminación racial violenta contra la raza negra, ahora ya suceden manifestaciones también violentas en contra de la raza blanca.

En el siguiente video se muestra a estudiantes afroamericanos de primaria atacando a estudiantes blancos, y celebrando después de agredirlos y obligarlos a arrodillarse en el suelo y decir *Black Lives Matter*, "las vidas de los negros importan". (Distrito escolar de Springfield, Ohio).

Tolson, Patricia. (March 3, 2023). A Learning Experience: Video Shows Black Elementary Students Attacking White Students, Forcing Them to Say 'Black Lives Matter'
https://nypost.com/2023/03/03/black-kids-forced-white-kids-to-say-black-lives-matter-cops/

[232]

---

[232] Lee Brown (2023, 03 de marzo). Shocking video shows black kids attack, force white kids to say 'Black lives matter' at Ohio school: cops. *New York Post*. https://nypost.com/2023/03/03/black-kids-forced-white-kids-to-say-black-lives-matter-cops/

CAPÍTULO III.

TIEMPOS DIFÍCILES: ¿QUÉ ESTÁN HACIENDO LOS GOBIERNOS POR EL MUNDO?

POSTURA DE LOS GOBIERNOS Y ORGANISMOS INTERNACIONALES RESPECTO AL CAMBIO CLIMÁTICO

a) Conferencia de las Naciones Unidas sobre el Cambio Climático COP26 realizada en Glasgow, Escocia en noviembre de 2021

En 2021, más de 100 líderes mundiales de 90 países se reunieron en la Conferencia sobre el cambio climático con el objetivo de presentar iniciativas para reducir las emisiones de gases de efecto invernadero y abordar los efectos del cambio climático en el mundo; a través de las medidas que se plantean durante esta reunión, se busca reducir las emisiones de carbono en 2030, de cara a cero neto en 2050, y consensuar un plan futuro hacia el objetivo 1.5°C; así mismo, se plantea el aumento del financiamiento para apoyar a los países pobres en el marco de continuidad y solución a cuestiones pendientes del Acuerdo Climático de París realizado en 2015.

En la COP26, se tomaron acuerdos para detener y revertir la deforestación y la degradación de la tierra para finales de la década, con el apoyo de 19.000 millones de dólares de fondos públicos y privados para invertir en la protección y restauración de los bosques.

"Pongamos fin a esta gran masacre mundial de la motosierra haciendo que los efectos de conservación consigan lo que sabemos que pueden hacer y proporcionen también puestos de trabajo y crecimiento sostenibles a largo plazo", dijo el primer ministro británico, Boris Johnson, en relación con estos temas.[233]

Como se señaló, la COP26 pretende mantener vivo el objetivo de limitar el calentamiento global a 1.5° Celsius por encima de los niveles preindustriales, para evitar daños mayores por la intensificación de las olas de calor, las sequías, las tormentas, las inundaciones y los daños costeros que ha causado el cambio climático. Sin embargo, las principales resistencias para fijar la "emisión cero" en 2050 provienen de Rusia y China, quienes proponen que el plazo se extienda al 2060.

---

[233] Adam Forrest (2021, 2 de noviembre). Cop26: Líderes prometen detener la deforestación para 2030, pero los activistas dicen que se necesita acción ahora. Independent en Español. https://www.independentespanol.com/noticias/mundo/cop26-compromiso-detener-deforestacion-2030-paises-b1949532.html

En el marco del Acuerdo, 12 países se comprometieron a aportar 12.000 millones de dólares de financiación pública de los gobiernos y 7.000 millones de dólares provenientes de inversiones privadas entre 2021 y 2025. Esta propuesta tiene como propósito apoyar a que los países en desarrollo restauren las tierras degradadas y hagan frente a los incendios forestales. Así mismo, se comprometieron a detener la deforestación, comenzar a restaurar los bosques y a dejar de invertir en actividades vinculadas a la deforestación, como la ganadería, el cultivo de aceite de palma y soya y la producción de pasta de papel para 2030, aunque quizá para entonces ya sea demasiado tarde.

"Brasil, quien ya ha talado grandes extensiones de la selva amazónica, se comprometió a reducir sus emisiones de gases de efecto invernadero en un 50% para 2030, frente al 43% prometido anteriormente.

Y el primer ministro indio, Narendra Modi, fijó por primera vez una fecha límite para que India, muy dependiente del carbón, reduzca sus emisiones de carbono hasta un nivel que pueda absorber, aunque esto sólo ocurriría en 2070, 20 años después de la recomendación mundial de la ONU.

Sin embargo, hasta ahora hay pocos indicios de una mayor determinación compartida por los dos mayores emisores de carbono del mundo, China y Estados Unidos, que juntos representan más del 40% de las emisiones mundiales de gases de efecto invernadero, pero su compromiso se hace muy complejo debido a que están enfrentados en una serie de cuestiones políticas y comerciales.

El presidente de Estados Unidos, Joe Biden, señaló a China y al principal productor de petróleo, Rusia, por no haber intensificado sus objetivos climáticos en Glasgow. Pekín, en tanto, ha rechazado los esfuerzos de Washington por separar las cuestiones climáticas de sus desacuerdos más generales.

El diario Global Times afirmó que Estados Unidos no debería esperar poder influir en Pekín, en materia de clima, mientras le ataca en materia de derechos humanos y otros asuntos. Afirmó que la actitud de Washington había hecho "imposible que China viera la posibilidad de mantener una negociación justa en medio de la tensión"."[234]

El presidente de China, Xi Jinping, no asistió a la Cumbre, pero envió una respuesta por escrito, donde señaló que los países desarrollados no solo deberían hacer más, sino también apoyar a las naciones en desarrollo para que lo hagan mejor; fuera de eso, no ofreció ningún compromiso adicional, aun cuando China es el mayor país emisor de carbono.

La ausencia de Xi Jinping, junto con la del mandatario ruso, Vladimir Putin, presidente de uno de los tres principales países productores de petróleo del mundo junto con Estados Unidos y Arabia Saudita, puede ser un factor que obstaculice el avance y logro de compromisos de la COP26.

---

[234] Jake Spring y William James (2011, 02 de noviembre). Líderes mundiales promete reducer el metano y salvar los bosques de la COP26. *Euronews*. https://es.euronews.com/2021/11/02/clima-onu

Por su parte el G20 no se comprometió con el objetivo a 2050 de detener las emisiones netas de carbono, en una reunión efectuada en Roma, lo que ha minado uno de los principales objetivos de la COP26.

Solo reconoció "la relevancia clave" de hacerlo "hacia mediados de siglo o alrededor de ese tiempo" y no establecieron un calendario para eliminar gradualmente la energía del carbón a nivel local, una de las principales causas de las emisiones de carbono.

Solo esperamos que las medidas tomadas no sean pocas en relación con el acelerado avance del deterioro medioambiental, ni tampoco demasiado tarde.

Posterior a la COP26, se presentó un artículo científico elaborado por 126 investigadores de todo el mundo y publicado en la revista *Nature Climate Change*, donde se investigaron las acciones, cambios o adaptaciones que se han llevado a cabo en el mundo y cuáles han sido los efectos de estos cambios.

La investigadora de desastres por la Universidad de Delaware, A. R. Siders, señaló: "Revisamos aproximadamente 48,000 artículos en revistas científicas sobre el cambio climático y la adaptación, y estos los filtramos a 1,682 artículos académicos que documentaban acciones de adaptación alrededor del mundo"; estos procesos buscan comprender qué se está haciendo, y cuáles son los resultados sobre la reducción del cambio climático.

Los informes mostraron que aun cuando muchos países y organizaciones realizan acciones para disminuir el cambio climático, estos intentos han resultado pequeños o insuficientes y se realizan de manera fragmentada, lo que tendrá un impacto, pero el desarrollo de una vida más difícil para los seres humanos no se detendría.

Siders concluyó señalando que "mejorar para cumplir las metas climáticas en el futuro podría depender de entender por qué las acciones para reducir las emisiones de gas de invernadero en las últimas tres décadas no han sido exitosas."[235]

Sin duda, los intereses creados por la industria de los combustibles fósiles, la pesca, la geopolítica y el militarismo, así como el poder político y económico, son decisivos para determinar el control de las emisiones.

b) Sexto Informe 2021 sobre Cambio Climático de las Naciones Unidas (IPCC). Avances del Grupo II Intergubernamental de Expertos sobre Cambio Climático[236]

---

[235] G20: acuerdan limitar calentamiento global a 1,5 grados (2021, 31 de octubre). *Cadena3*. https://www.cadena3.com/noticia/politica-y-economia/g20-acuerdan-limitar-calentamiento-global-a-15-grados_308796; Recopilación de artículos sobre cambio climático. Nature climate change. https://www.nature.com/nclimate/research-articles?year=2021.

[236] Informe Cambio Climático 2021. La base de la Ciencia Física (Informe Multimedia). *IPCC*. https://www-ipcc-ch.translate.goog/report/ar6/wg1/?_x_tr_sl=en&_x_tr_tl=es&_x_tr_hl=es-419&_x_tr_pto=sc

Durante la presentación del Sexto Informe 2021 sobre Cambio Climático de las Naciones Unidas (IPCC, por sus siglas en inglés), el presidente de los Estados Unidos, Joe Biden, legisladores y altos funcionarios de la administración vinculados al tema del Cambio Climático mostraron su preocupación acerca de los efectos provocados por el hombre en el Calentamiento Global, e instaron a las naciones a limitar rápidamente el aumento de la temperatura global a 1.5º centígrados.

Este informe muestra que el tiempo para salvar a nuestro planeta se está agotando y nos encontramos cerca de un cambio peligroso e irreversible que amenaza con acabar con diversas formas de vida si no se toman medidas que disminuyan el calentamiento. Las consecuencias producidas por esta problemática serían catastróficas para el planeta, como incendios, sequías e inundaciones.

Así mismo, el documento plantea posibles escenarios en caso de que las naciones del mundo reduzcan sus emisiones de carbono y limiten colectivamente el calentamiento a 1.5º. También se plantea lo que ocurrirá si no se toman medidas; el calentamiento global, por ejemplo, se elevaría de 2 a 3º centígrados y provocaría catástrofes naturales, como fenómenos meteorológicos graves. De hecho, fenómenos producto de estas circunstancias se han presentado en varias partes del mundo; un ejemplo son los incendios de miles de hectáreas de bosques en el Estado de California en Estados Unidos, los cuales han destruido especies de flora y fauna en la región.

El informe destaca la necesidad de aprobar un proyecto de ley de conciliación presupuestaria por 3.5 billones de dólares, que incluya disposiciones para mejorar el clima con créditos fiscales para impulsar energías renovables, electricidad limpia y otros proyectos sustentables. Con esta medida, se podrían reducir las emisiones de gases de efecto invernadero entre un 50% y 52% para 2030, en relación con los niveles de 2005. Todas las grandes economías deben comprometerse a tomar medidas enérgicas contra el cambio climático durante esta década crítica si se busca lograr la meta de un calentamiento global contenido.

Por otra parte, "el Compromiso Mundial sobre el Metano, que se anunció por primera vez en septiembre de 2021, incluye la mitad de los 30 principales emisores de ese gas, que representan dos tercios de la economía mundial, según el oficial estadounidense Jake Spring.
El metano tiene una vida más corta en la atmósfera que el dióxido de carbono, pero es 80 veces más potente a la hora de calentar la Tierra. Por ello, la reducción de las emisiones de este gas, que se calcula que es responsable del 30% del calentamiento global desde la época preindustrial, es una de las formas más eficaces de frenar el cambio climático."[237]

Los líderes reunidos en la conferencia sobre el clima en Glasgow se han comprometido a detener la deforestación para el final de la década y a reducir las emisiones de metano, un potente gas que produce el efecto invernadero. Entre los cinco mayores emisores de metano en el mundo se encuentran Brasil, China, Rusia, India y Australia.

El gobierno estadounidense declaró en Glasgow que "cerca de 90 países se han unido a un esfuerzo liderado por Estados Unidos y la Unión Europea para reducir las emisiones de metano en un 30% para 2030 respecto de 2020."[238]

Los efectos del cambio climático han afectado tanto a países ricos como pobres, y aunque las afectaciones no son de iguales dimensiones, estos trágicos eventos son recordatorios de la emergencia climática: Nadie está a salvo, ya sea de una pequeña nación en desarrollo, o de un país de primer mundo.

En el comunicado de prensa del IPCC, presentado el 28 de febrero de 2022 en Berlín, Alemania, el Grupo II Intergubernamental de Expertos sobre el Cambio Climático, a través de Hoesung Lee, Presidente del IPCC, destacó que "este informe entraña una seria advertencia sobre las consecuencias de la inacción."

"En el informe se demuestra que el cambio climático constituye una amenaza cada vez más grave para nuestro bienestar y la salud del planeta. Las medidas que se adopten en el presente determinarán la forma en que las personas se adaptarán y cómo la naturaleza responderá a los crecientes riesgos climáticos."[239]

El cambio climático alterará de forma dramática e irreversible la vida en la Tierra en los próximos 30 años, y agravará la escasez de agua, la malnutrición, el hambre, los éxodos y la extinción de especies, ya que independientemente del ritmo de reducción de emisiones de gases de efecto invernadero que se logre obtener, los impactos devastadores sobre la naturaleza y el hombre continuarán aumentando.

En 2050, centenares de millones de habitantes de ciudades costeras sufrirán por inundaciones más frecuentes, debido al aumento en el nivel del mar, lo cual provocará, a su vez, grandes migraciones.

El informe subraya el peligro de los efectos en cadena. "Algunas regiones, como el este de Brasil, el sureste de Asia, China central y casi todas las zonas costeras, podrían sufrir tres o cuatro catástrofes meteorológicas simultáneas e incluso más que eso: canículas, sequías, ciclones, incendios, inundaciones, enfermedades,"[240] etcétera, así como la destrucción de

---

[237] Jake Spring y William James (2011, 02 de noviembre). Líderes mundiales promote reducir el metano y salvar los bosques de la COP26. *Euronews*. https://es.euronews.com/2021/11/02/clima-onu

238 Ibidem.

239 Informe Cambio Climático 2022: Impactos, Adaptación y Vulnerabilidad (s.f.). En15días. https://en15dias.com/ambiental/informe-cambio-climatico-2022-impactos-adaptacion-y-vulnerabilidad/#:~:text=%E2%80%9CEste%20informe%20entra%C3%B1a%20una%20seria,y%20la%20salud%20del%20planeta.

240 Las ciudades costeras, en la línea de frente del cabio climático (2021, 25 de junio). Infobae.

hábitats, una más acuciada sobreexplotación de recursos, contaminación y la invasión de especies no endémicas.

"El aumento de olas de calor, sequías e inundaciones ya ha superado los umbrales de tolerancia de las plantas y los animales, y ha provocado la mortalidad en masa de diversas especies, como árboles y corales. Estos fenómenos meteorológicos extremos se producen de manera simultánea, lo cual genera impactos en cascada que resulta cada vez más difícil controlar. Debido a estos fenómenos, millones de personas han quedado expuestas a una situación de inseguridad alimentaria e hídrica aguda, especialmente en África, Asia, América Central y del Sur, así como en islas pequeñas y el Ártico."[241]

"Los científicos señalan que el cambio climático interactúa con distintas tendencias mundiales, como el consumo no sostenible de los recursos naturales, la creciente urbanización, las desigualdades sociales, las pérdidas y daños provocados por los fenómenos extremos y la pandemia, lo cual pone en peligro el desarrollo futuro",[242] además de que los avances en materia de adaptación son dispares y las brechas entre las medidas adoptadas y lo que se necesita para hacer frente a los riesgos crecientes son cada vez más profundas y mayores entre las poblaciones de menores ingresos.[243]

c) El papel de los grupos ecologistas en el rescate del planeta

Durante y después de la Conferencia sobre el Cambio Climático realizada en Glasgow, Escocia, en 2021, se acordó que las tierras y selvas tropicales destruidas de Brasil, Colombia, Indonesia y República Democrática del Congo (RDC), así como los bosques del norte de Canadá y Rusia, serán restaurados, para lo que se asignaron los fondos respectivos. La medida fue bien recibida por algunos ambientalistas, sin embargo, Greenpeace criticó la falta de un calendario vinculante para las medidas, afirmando que el anuncio equivalía a una "luz verde para otra década de destrucción de bosques".[244]

---

https://www.infobae.com/america/agencias/2021/06/25/las-ciudades-costeras-en-la-linea-de-frente-del-cambio-climatico/

Cambio climático: una amenaza para el bienestar de la humanidad y la salud del planeta (2022, 28 de febrero). Organización Meteorológica Mundial. https://public.wmo.int/es/media/comunicados-de-prensa/cambio-clim%C3%A1tico-una-amenaza-para-el-bienestar-de-la-humanidad-y-la

[241] https://report.ipcc.ch/ar6/wg1/IPCC_AR6_WGI_FullReport.pdf

[242] Cambio climático: una amenza para el bienestar de la humanidad y la salud del planeta (2022, 28 de febrero). *Naciones Unidas México*. https://mexico.un.org/es/173499-cambio-clim%C3%A1tico-una-amenaza-para-el-bienestar-de-la-humanidad-y-la-salud-del-planeta#:~:text=Los%20cient%C3%ADficos%20se%C3%B1alan%20que%20el,pone%20en%20peligro%20el%20desarrollo

[243] El resumen que forma parte de la contribución del Grupo de Trabajo II al IE6, así como otros materiales e información pueden consultarse en https://www.ipcc.ch/report/ar6/wg2/.

[244] Adam Forrest (2021, 02 de noviembre). Cop26: líderes prometen detener la deforestación para 2030, pero los activistas dicen que se necesita acción ahora. *Independent en Español*. https://www.independentespanol.com/noticias/mundo/cop26-compromiso-detener-

Carolina Pasquali, directora ejecutiva de Greenpeace Brasil, dijo: "Hay una muy buena razón por la que el presidente, Jair Bolsonaro se sintió cómodo al firmar este nuevo acuerdo. Permite otra década de destrucción forestal y no es vinculante".[245]

Señaló que el Amazonas está al borde de la destrucción y ya no puede sobrevivir más años de deforestación, ya que se está perdiendo el 80% de la Amazonia y su protección y recuperación no puede esperar hasta el 2030; por ello, solicitó que las medidas se lleven a cabo para 2025.

Por otra parte, los ambientalistas manifestaron su preocupación por el condicionamiento del dinero anunciado a nuevos permisos de tala, esto después de que el gobierno de la República Democrática del Congo levantara una moratoria sobre los nuevos permisos a mediados de 2021.

En este sentido, *The Independent* reveló que la Iniciativa Forestal de África Central (CAFI por sus siglas en inglés), cuyo objetivo es proteger la selva tropical de la cuenca del Congo, evitó tomar posición sobre la decisión del país de levantar una prohibición de 20 años. "Un borrador de carta de intención al gobierno de la República Democrática del Congo no menciona el tema de los derechos de tala, a pesar de las advertencias de los ambientalistas de que permitir más tala en la cuenca es incompatible con abordar la crisis climática.

Un portavoz de Greenpeace África dijo: "Con tanto en juego, cualquier nuevo dinero solo debería ofrecerse al gobierno de la República Democrática del Congo, si se restablece la prohibición de nuevas concesiones madereras". […]

Simon Lewis, profesor de ciencia del cambio global en el University College London (UCL), comentó lo benéfico de la propuesta para que los pueblos indígenas fueran reconocidos como protectores clave de los bosques en el compromiso de 12 mil millones de dólares.

"También advirtió que se necesita un "monitoreo cuidadoso" de la entrega de iniciativas destinadas a abordar la deforestación para asegurarse de que se cumpla el compromiso en 2030, ya que el desafío no es hacer los compromisos, sino ofrecer políticas y acciones sinérgicas y entrelazadas que realmente reduzcan la deforestación a nivel mundial".[246]

d) La indiferencia y el impacto en el ser humano

Muchísima gente niega el cambio climático o simplemente es indiferente, ya sea porque desconoce o está mal informada. Las personas perciben el cambio climático como algo

---

deforestacion-2030-paises-b1949532.html

[245] *Ibidem.*

[246] Ibidem.

lejano o ajeno a ellos y a su residencia, a pesar de presenciar en el día a día huracanes, inundaciones, sequías y otros fenómenos derivados del mismo.

Esta indiferencia o rechazo se debe quizá a que muchas veces preferimos cerrar los ojos a lo que está sucediendo para evitar participar o intervenir; el papel que debe seguir el ser humano se ve como una tarea de los gobiernos o de "otros", y no de cada persona; o también mantienen actitudes negativas respecto a la información sobre el cambio climático, ya que dudan del papel que los seres humanos juegan en la aceleración de ese proceso.

En una encuesta realizada por el Pew Research Center, se mostró cómo Estados Unidos tiene más población escéptica sobre el cambio climático que cualquier otro país en el mundo. Los estadounidenses son menos propensos a preocuparse por el cambio climático que el resto del planeta, con una diferencia de hasta un 20 %, según la encuesta, si bien la mayoría de su población (el 59 %) ve el cambio climático como una seria amenaza.

Por otra parte, en cuanto a la participación de los gobiernos a lo largo de décadas, se ha llevado a cabo un sinnúmero de reuniones y convenciones para tratar los efectos del calentamiento global y el futuro del planeta; sin embargo, los científicos, políticos y ambientalistas que han participado, así como personas de todo el planeta, no han sido sensibles aún al deterioro climático y social que enfrenta la tierra y la humanidad en la antesala de una extinción masiva que ya está en marcha.

Los esfuerzos de la ciencia y las políticas para detener los efectos del calentamiento global han fracasado al no poder conectarse consciente y emocionalmente con gran parte de la sociedad, en particular con las personas más poderosas del planeta, quienes podrían contribuir de manera más sensible a que las políticas y acuerdos tomados tuvieran efectos más reales y eficaces.

Esta falta de "conexión" entre la humanidad para atacar puntos críticos ha originado que el planeta entre rápidamente en un terreno inexplorado; y una vez dentro, no habrá una vía para salir de él. El derretimiento de las capas de hielo y el incremento del nivel del mar, las sequías, la deforestación y el incremento de incendios, la extinción de especies de animales y plantas, y la disminución de la producción de alimentos que han incrementado el hambre en algunas regiones son amenazas reales que amenazan la vida en la tierra a mediano plazo. Ya estamos provocando fenómenos meteorológicos cada vez más extremos que pronto pueden volverse lo suficientemente graves y frecuentes como para generar fallas sistémicas; entonces las múltiples tensiones en los sistemas creados por el hombre conducirán a colapsos catastróficos en el funcionamiento de los ciclos naturales de la Tierra.

Pero estos colapsos no sólo se presentan como consecuencia del cambio climático, sino que también es muy probable que el incremento de la crisis alimentaria, la falta de agua, el incremento de costos en gasolinas, las guerras como la de Rusia y Ucrania, la hambruna en el continente africano y otros disturbios sociales internos y externos en los países generen conflictos civiles importantes entre la población de todo el mundo.

Por ahora lo que queda por hacer consiste en generar una respuesta global más urgente y continuar mejorando la comprensión de los sistemas interconectados de la emergencia planetaria; el cambio climático y sus consecuencias están generando colapsos ambientales y un cambio y deterioro rápido que está llevando, sin duda, a la destrucción de la tierra y la humanidad.

Necesitamos con urgencia comprender mejor cómo responderán nuestros sistemas humanos a los eventos de choque que ocurrirán con mayor frecuencia y gravedad a medida que el clima ambiental y social continúe desestabilizándose. Hoy más que nunca, las personas deben ser conscientes del cuidado del ambiente y desempeñar un papel como participantes activos en la configuración de nuestro futuro, el cual exige respuestas y acciones concretas, porque no tenemos otra Tierra. Todavía no estamos preparados para frenar el cambio climático, pero tampoco podemos vivir con él: O salvamos este planeta, o destruimos a la humanidad con él.

La Organización Mundial de la Salud (OMS) destacó, en un informe previo a la COP26, que el cambio climático es la amenaza más grande a la salud que enfrenta la humanidad y enfatizó la importancia de implementar acciones climáticas oportunas y eficientes para mejorar la salud pública mundial y, con ello, potencialmente salvar millones de vidas. Las acciones podrían prevenir la muerte de alrededor de 11 millones de personas, o entre 19 y 24% de la cantidad de muertes anuales de adultos en todo el mundo. "Proteger la salud de las personas del cambio climático requiere una acción transformadora en todo sector, incluida la energía, el transporte, la naturaleza, los sistemas alimentarios y las finanzas."[247]
La salud pública se beneficia al implementar estas acciones climáticas ambiciosas que compensan por mucho sus costos.

Asimismo, la ONU y UNICEF informaron que cerca de 1,000 millones de niños (casi la mitad del total de 2,200 millones que hay en todo el mundo) viven en países considerados de alto riesgo ecológico, fenómeno que pone en riesgo su salud, educación y protección, y los expone a enfermedades mortales.[248]

e) Las guerras

De acuerdo con un artículo de Francisco Suárez en el portal *Diario judío*, la reciente guerra entre Rusia y Ucrania al igual que todas las guerras del mundo, tienen impactos importantes en el planeta como los siguientes:[249]

---

[247] Día Mundial de la Salud – 7 de abril de 2022 "Nuestro planeta. Nuestra Salud" (s.f.) . *OPS/PAHO*. https://www.paho.org/es/eventos/dia-mundial-salud-7-abril-2022-nuestro-planeta-nuestra-salud

[248] UNICEF (2021). *Índice de Riesgo Climático de la Infancia. La crisis climática es una crisis de los derechos de la infancia.* Nueva York. Estados Unidos.

[249] Francisco Suárez Hernández. (2022, 06 de marzo). Acciones Sostenibles/Su Impacto en el Planeta y la Humanidad. *Diario Judío*.

- Con la movilidad y actividad de los ejércitos, existen emisiones de CO2 que pueden ocupar entre el 1 y 6% de la superficie terrestre.
- El impacto que tienen las armas nucleares o químicas crean problemas ambientales a corto, mediano y largo plazo, pero también ocurre con armas convencionales por medio de la quema, la detonación o, en muchos casos, cuando los excedentes son arrojados al mar o a zonas naturales.
- Toda la movilidad de vehículos de guerra, barcos, aviones, portaviones dejan una gran huella de CO2 y requieren de un alto suministro de energía, lo cual es altamente contaminante para el planeta.
- A raíz del uso de misiles y armas explosivas, la cantidad de escombro que se genera en áreas urbanas contamina el agua, el aire y el suelo, asimismo, "todos los desechos o materiales abandonados después de la guerra se convierten en metales o materiales contaminantes en mar y tierra".[250]
- Al cortar el suministro de energía de red, se activan plantas a base de diésel, se talan árboles para leña y, en general, se presentan condiciones mucho más contaminantes con el objetivo de generar energía indispensable.
- La migración obligada y los campamentos de refugiados o desplazados generan una gran huella ambiental debido a su improvisación; consideremos como ejemplo la última semana de la guerra en Ucrania, que ha provocado que más de 500,000 ucranianos abandonen el país, en su mayoría a Polonia, y este número podría llegar a 5 millones de personas próximamente.
- "Las minas terrestres y restos explosivos dejan inhabilitadas tierras agrícolas y contaminan los suelos por años.
  El ataque de zonas industriales, petroleras o energéticas, que en algunas ocasiones sucede de manera deliberada como arma de guerra, provoca la contaminación de grandes áreas."[251]

El autor del texto señala muchos efectos más como consecuencia de los enfrentamientos armados, pero el más importante está centrando en cómo la guerra no sólo pone en peligro y asesina a sus propios participantes, sino que destruye una parte de nuestro planeta, lo cual marca un camino de destrucción contra toda la humanidad del que no existe retorno.

Por todo lo anterior, resulta fundamental ocupar un tiempo para reflexionar sobre lo siguiente:

---

https://diariojudio.com/opinion/acciones-sostenibles-su-impacto-en-el-planeta-y-la-humanidad/385671/

[250] Ibidem.

[251] Ibidem.

¿Por qué el hombre decide continuar con las guerras?

¿Podremos elegir gobernantes honestos que logren el bien común y no su beneficio personal?

¿Qué podemos hacer desde nuestra trinchera ante las pocas iniciativas que protegen la vida del hombre y la naturaleza?

POSTURA DE LOS GOBIERNOS Y ORGANISMOS INTERNACIONALES FRENTE A LOS PROBLEMAS QUE AZOTAN A LA HUMANIDAD

A continuación, analizaremos las acciones que están llevando a cabo los gobiernos para combatir la pobreza, el hambre, las guerras, la violación de los derechos humanos y las epidemias, entre otros problemas que enfrenta actualmente el mundo.

a) Foro Económico Mundial: El Gran Reinicio (Davos 2022)

En mayo de 2022, se llevó a cabo en la ciudad de Davos, en los Alpes Suizos, la reunión del Foro Económico Mundial (FEM). La reunión fue el punto de partida de una nueva era de responsabilidades y cooperación global. Se estudiaron temas económicos y asuntos globales vinculados con el reequilibrio económico, sociedad, equidad, salud mundial, la naturaleza, alimentación, el clima, la transformación de la industria, gobernanza y ciberseguridad.

En el Foro, Klaus Schawb, fundador y presidente ejecutivo de dicha organización, señaló que "el mundo se encuentra en un punto de inflexión total, el sistema de cooperación internacional se enfrenta a sus mayores riesgos desde la Segunda Guerra Mundial",[252] necesitamos poner en marcha una solución y reorganización mundial con urgencia.

El Gran Reinicio fue el principal tema del Foro de Davos. Bill Gates señaló que es necesario un reinicio tras la gran crisis que vivió el mundo por el COVID en 2020-2021. La pandemia ha marcado un parteaguas para el reseteo o reinicio económico, político y sanitario. Destacó que es necesario buscar nuevas ideas para brindar otro enfoque económico a nivel mundial. Veamos en el siguiente video algunos de los planteamientos:

EL FIN DE LAS NACIONES: "La OMS y el Tratado Sobre Pandemias":

https://odysee.com/@John-Salvaje:0/VID_20220227_040837_630:4

---

[252] Luis Miguel González (2022, 27 de mayo). ¿Qué pasó en Davos 2022. *El Economista*. https://www.eleconomista.com.mx/opinion/Que-paso-en-Davos-2022-20220527-0001.html

[QR code] [253]

THE BIG RESET MOVIE (ESP). Se trata de un video con una duración de más de 2 horas; si el tema del gran reseteo despierta tu interés, te recomendamos ampliamente observarlo; sin embargo, no concordamos íntegramente con todas las opiniones vertidas en él.

https://odysee.com/@thebigreset:1/20220831_TBR_ESP:1

[QR code]

Es simple: en el marco de los videos presentados, resulta clara la intención de crear un gobierno mundial para solucionar problemas globales: 190 paises con 17 objetivos de desarrollo sostenible. Así mismo, se hace patente el uso de la desinformación como una herramienta de manipulación. El obejtivo es sólo uno: Controlar.

De acuerdo con el sitio electrónico del Foro, los ocho temas tratados y su abordaje en los 17 objetivos fueron los siguientes:

- Clima y Naturaleza

La Tierra se está calentando, el hielo se está derritiendo, los océanos están aumentando de nivel y se están llenando de plástico. Estamos perdiendo especies, acumulando gases de efecto invernadero y agotándonos el tiempo a medida que los desastres relacionados con el

---

[253] John Salvaje (2022, 27 de febrero). EL FIN DE LAS NACIONES: La OMS y el Tratado sobre Pandemias". *Odysee*. https://odysee.com/@John-Salvaje:0/VID_20220227_040837_630:4

[254] Thebigreset (2022, 11 de septiembre). THE BIG RESET MOVIE (ESP). *Odysee*. https://odysee.com/@thebigreset:1/20220831_TBR_ESP:1

clima, como las inundaciones y las olas de calor, perturban vidas y desplazan comunidades.

Más de 3500 millones de personas son altamente vulnerables al impacto climático. Y, sin embargo, la 'sostenibilidad' ahora se aplica a todas las áreas de la actividad humana: energía, alimentos, ropa, viajes, ciudades, lo que sea. Pero incluso si todo fuera 100% sostenible, todavía quedaría trabajo por hacer para reparar el daño.

¿Y cómo debemos acelerar la acción climática, gestionar un alejamiento de los combustibles fósiles y garantizar que el mundo no pase hambre en un entorno geopolítico y económico recientemente desafiante? Este es un objetivo crítico para el liderazgo.

Los objetivos de Desarrollo Sostenible de la Agenda 2030, cubiertos en este apartado, fueron el 6 ,7, 11, 13, 14 y 15.

- Economías más justas

Desde la Segunda Guerra Mundial, la esperanza de vida promedio en todo el mundo ha aumentado en 30 años. Mientras tanto, el acceso a la atención médica y la educación ha permitido sacar a miles de millones de personas de la pobreza. Pero la desigualdad de riqueza dentro de muchas naciones se ha disparado, la movilidad social se ha invertido y la cohesión se ha debilitado. Ahora se teme que la nueva tecnología empeore las cosas. ¿Cómo remodelamos las economías para que el crecimiento beneficie a muchos y no solo a unos pocos para así garantizar que el extraordinario motor de desarrollo humano que construimos sea sostenible?

Los objetivos de Desarrollo Sostenible de la Agenda 2030 cubiertos en este apartado se encuentra en el 1, 2, 8 y 10.

- Tecnología e Innovación

La nueva tecnología siempre es disruptiva. Elimina puestos de trabajo, crea otros nuevos y marca el comienzo de un profundo cambio social. Pero la velocidad vertiginosa y la gran escala de esta ronda de cambio técnico es diferente: Amenaza la definición misma de lo que es ser humano. Se nos presenta una amplia gama de dilemas éticos. ¿Cómo nos reunimos para acordar las reglas sobre cosas como los bebés genéticamente modificados, los robots de guerra y los algoritmos que determinan nuestras oportunidades de vida? ¿Deberíamos ralentizar un poco las cosas?

Los objetivos de Desarrollo Sostenible de la Agenda 2030 cubiertos en este apartado fueron el 8, 9 y 12.

- Trabajos y Habilidades

Cualquier persona con acceso a internet puede descargar material del curso para obtener un título de Harvard, participar en la 'economía de los conciertos' o hacer un trabajo de oficina desde casa. Ese es un cambio profundo y muy reciente. La pandemia puso el foco en cómo aquellas tecnologías que estaban alterando nuestra vida económica y social también nos ayudaron a adaptarnos. Pero la historia sugiere que, si lo dejamos en manos del mercado, la Cuarta Revolución Industrial marcará el comienzo de un largo y dañino periodo de dislocación. Podemos verlo venir, sabemos que vamos a tener que volver a capacitarnos; entonces, ¿qué vamos a hacer al respecto y cómo las empresas y las industrias van a manejar el cambio?

Los objetivos de Desarrollo Sostenible de la Agenda 2030 cubiertos en este apartado fueron el 4, 5 y 8.

- Mejor Negocio

La respuesta a la crisis humanitaria que se desarrolla en Europa y las sanciones financieras y económicas sin precedentes contra Rusia han marcado un punto de inflexión para los negocios. El sector privado está profundamente enredado en el contexto geopolítico, trabajando activamente para resolver las consecuencias económicas, satisfacer las necesidades humanitarias y resolver la creciente presión sobre la seguridad energética y alimentaria mundial. La responsabilidad corporativa está cambiando. Los estándares y métricas ambientales, sociales y de gobernanza (ESG por sus siglas en inglés) son más necesarios que nunca a medida que las empresas deben mantenerse a la altura de los desafíos globales, incluido el cumplimiento de los compromisos de cero emisiones netas, que son más urgentes que nunca.

Los objetivos de Desarrollo Sostenible de la Agenda 2030 cubiertos en este apartado fueron el 9 y 12.

- Salud y Cuidado de la Salud

El gasto mundial en atención médica ha aumentado drásticamente durante la última década con la innovación médica que nos ha proporcionado una vacuna contra el COVID-19 en menos de un año. La medicina de precisión ofrece soluciones sofisticadas, mientras que la telesalud está cambiando la prestación de atención médica y continúa mejorando el acceso. Pero la soledad, el estrés laboral, el dolor, la depresión y la ansiedad se han visto exacerbados por la pandemia, así como el desvío de recursos de otras crisis sanitarias mundiales, como el cáncer, que se ha descrito como una segunda "pandemia oculta". La salud de las mujeres se descuida de manera constante y, a medida que las sociedades alcanzan mayores edades, debemos preguntarnos: ¿Cómo envejecen las comunidades de manera saludable y quién es responsable de la carga de la atención? ¿Cómo resolvemos

estos importantes desafíos de atención médica al tiempo que garantizamos un acceso justo para todos?
El objetivo de Desarrollo Sostenible de la Agenda 2030 cubiertos en este apartado fue el 3.

- Cooperación Mundial

La década de 2020 comenzó con la promesa de "una década de acción" para las personas y el planeta. Hubo un enfoque en la incorporación de la sostenibilidad y la inclusión en nuestras economías, la tecnología para el bien, la reducción de la desigualdad y el cierre de la brecha entre las economías avanzadas y en desarrollo. Pero los últimos dos años hemos visto al mundo devastado por una pandemia global. A esto le siguió el impacto de un conflicto violento, una catástrofe humanitaria en desarrollo y las consecuencias sobre la energía, los alimentos y las economías con repercusiones en la pobreza, la desigualdad y la inestabilidad política. Estas crisis también han visto una cooperación sin precedentes, dentro y entre sectores y países, además de resultados que pueden haber sido inimaginables al comienzo de la década.
Los objetivos de Desarrollo Sostenible de la Agenda 2030 cubiertos en este apartado fueron el 16 y 17.

- Sociedad y Equidad

La pandemia de COVID-19 exacerbó las desigualdades preexistentes, pero aumentó la visibilidad de prejuicios profundamente arraigados, desde la opresión sistémica de las personas de color hasta una brecha de género cada vez mayor; la necesidad de abordar la injusticia social ha sido más urgente que nunca. La guerra en Ucrania ha agravado el desafío, ya que las sociedades luchan por abordar la crisis humanitaria de Europa y la difícil situación de los refugiados en todo el mundo ha ocupado un lugar central. ¿Cómo desarrollamos soluciones, dirigidas a beneficiar a personas de todas las edades, generaciones, identidades y expresiones de género, orientaciones sexuales, niveles de salud, razas, etnias, identidades indígenas, castas, nacionalidades y orígenes nacionales, estatus migratorio, religiones y estatus socioeconómico?
Los objetivos de Desarrollo Sostenible de la Agenda 2030 cubiertos en este apartado fueron el 10 y 16.
Un aspecto importante de la Reunión de Davos fue la postura frente a la guerra de Ucrania, donde se señaló que las negociaciones diplomáticas deben ser sensibles e informadas, además de buscar unilateralmente la paz y ayudar a encontrar una solución que deje de lado la guerra. El presidente de Ucrania, Volodymyr Zelensky, agradeció a la comunidad internacional su apoyo, pero hizo un llamado para acelerar el apoyo que se le brinda al país. Frente a la crisis de la economía global y ante el señalamiento de lo difícil que ha sido la guerra de Ucrania para la recuperación económica ocasionada por pandemia, la Dra.

Kristalina Georgieva, Directora Gerente del Fondo Monetario Internacional, dijo que el mundo se ha enfrentado a "crisis impensables tras crisis impensables" y que, sin embargo, seguimos manteniendo una fortaleza antes los cambios repentinos. "El próximo capítulo debe centrarse en la construcción de personas resilientes, con el apoyo de la educación, la salud y la protección social".[255]

b) Cumbre del G20 en 2022

"El Grupo de los Veinte (G20) es el principal foro para la cooperación económica internacional. Desempeña un papel importante en la configuración y el fortalecimiento de la arquitectura y la gobernanza globales en todos los principales temas económicos internacionales.
India ocupa la presidencia del G20 del 1 de diciembre de 2022 al 30 de noviembre de 2023."[256]
El Grupo de los Veinte (G20) está integrado por 19 países (Argentina, Australia, Brasil, Canadá, China, Francia, Alemania, India, Indonesia, Italia, Japón, República de Corea, México, Rusia, Arabia Saudita, Sudáfrica, Turquía, Reino Unido y Estados Unidos. España participa como invitado permanente), así también la Unión Europea. "Los miembros del G20 representan alrededor del 85 % del PIB mundial, más del 75 % del comercio mundial y alrededor de dos tercios de la población mundial."[257]
El grupo ha tenido diversas reuniones en los últimos años; en 2021, los dirigentes del G-20 llevaron a cabo una Cumbre en la ciudad de Roma, Italia, donde se adoptó una declaración en la que discutieron seguir reforzando la respuesta común a la pandemia mundial de COVID-19 y allanar el camino para la recuperación mundial.
En dicha Cumbre, los dirigentes del G20 acordaron los siguientes puntos:

- "Mantener al alcance el objetivo de limitar el calentamiento global a 1.5 °C en comparación con los niveles preindustriales;
- acelerar sus acciones para lograr a nivel mundial cero emisiones netas de gases de efecto invernadero o la neutralidad en carbono hacia mediados de este siglo a más tardar;
- reafirmar el compromiso de los países desarrollados en materia de financiación de la lucha contra el cambio climático de movilizar conjuntamente 100 000 millones

---

[255] *World Economic Forum* (s.f.). https://www.weforum.org/events/world-economic-forum-annual-meeting-2022/themes

[256] Acerca del G20 (s.f.). *G20*. https://www.g20.org/es/about-g20/

[257] *Ibidem*.

de dólares al año, y acoger con satisfacción los nuevos compromisos de algunos miembros del G20;
- poner en marcha las nuevas normas para lograr un sistema impositivo internacional más estable y justo que incluya un impuesto de sociedades mundial del 15 % como mínimo, de aquí a 2023;
- avanzar en los esfuerzos para garantizar un acceso mejor y más rápido a las vacunas contra la COVID-19 en los países de renta media y baja;
- crear un grupo de trabajo conjunto sobre finanzas y salud del G20 para garantizar la financiación adecuada de la prevención, la preparación y la respuesta frente a pandemias."[258]

Posteriormente se llevó a cabo otra Cumbre Mundial los días 15 y 16 de noviembre de 2022, en la Ciudad de Bali, Indonesia, bajo el lema «Recuperarnos juntos, recuperarnos más fuertes». Cabe señalar que en dicha Cumbre se hizo una declaración conjunta para condenar la guerra en Ucrania.

Ahora bien, las tres prioridades de la presidencia del G20 que se llevó a cabo en Indonesia están centradas en lo siguiente:

- La arquitectura sanitaria mundial,
- las transformaciones digitales, y
- las transiciones energéticas sostenibles.

Los acuerdos y declaraciones de los integrantes de la Cumbre se concentran en los que se presentan a continuación:

Seguridad alimentaria y energética

Los integrantes del G-20 respaldaron las iniciativas para mantener en funcionamiento las cadenas de suministro alimentario en circunstancias difíciles y acogen la iniciativa sobre la exportación de cereales por el Mar Negro y Turquía con el objetivo de abrir un corredor humanitario seguro.

En cuanto a la crisis climática y energética, los dirigentes acordaron:

- "Transformar y diversificar rápidamente los sistemas energéticos;
- fomentar la seguridad y la resiliencia energéticas, así como la estabilidad de los mercados.

---

[258] Cumbre del G20, Roma (Italia), 30 y 31 de octubre de 2021 (s.f.). *Consejo Europeo / Consejo de la Unión Europea.* https://www.consilium.europa.eu/es/meetings/international-summit/2021/10/30-31/

Han destacado la importancia de garantizar un suministro de energía asequible que sea suficiente para satisfacer la demanda mundial de energía."[259] Conviene garantizar que todo el mundo disponga de energía sostenible, segura y asequible.

Clima y Biodiversidad

Los dirigentes acordaron reforzar el Acuerdo de París y su objetivo de temperatura e intensificar los esfuerzos para:

- "Detener y revertir la pérdida de la biodiversidad;
- respaldar la mitigación del cambio climático y la adaptación al cambio climático;
- mejorar la protección y conservación, el uso sostenible y la restauración del medio ambiente;
- reducir la degradación de los ecosistemas;
- mejorar los servicios ecosistémicos;
- abordar las cuestiones que afectan al medio marino y costero.

Los dirigentes recordaron a los países desarrollados los compromisos asumidos para la consecución del objetivo de movilizar conjuntamente 100 000 millones de dólares estadounidenses al año desde 2020 y hasta 2025, y les instaron a cumplir dichos compromisos."[260]
Reconocieron "la necesidad urgente de reforzar las políticas y movilizar financiación de todas las fuentes de manera predecible, adecuada y oportuna, para hacer frente al cambio climático, la pérdida de biodiversidad y la degradación del medio ambiente";[261] así mismo, se enfatizó el compromiso de aumentar significativamente el apoyo a los países en desarrollo.

Sanidad

"Los dirigentes también han manifestado el compromiso permanente para promover una recuperación saludable y sostenible que contribuya a la consecución y el mantenimiento de una cobertura sanitaria universal.

---

[259] Ibidem.

[260] Ibidem.

[261] Ibidem.

Han acogido con satisfacción la creación de un nuevo fondo de intermediación financiera para la prevención, preparación y respuesta frente a pandemias (el «fondo para pandemias»), albergado por el Banco Mundial.

Los dirigentes han reiterado su compromiso de reforzar la gobernanza mundial en materia de salud, sustentada en el papel de liderazgo y coordinación de la OMS y el apoyo de otras organizaciones internacionales.

Han reconocido que la inmunización generalizada frente a la COVID-19 es un bien público mundial"[262] para garantizar un acceso oportuno, equitativo y universal a vacunas, tratamientos y diagnósticos seguros, asequibles, de calidad y eficaces.

Transformación digital

"Los dirigentes reconocieron la importancia de la transformación digital más inclusiva, sostenible, empoderadora y centrada en el ser humano. para la consecución de los Objetivos de Desarrollo Sostenible.

Han instalado una colaboración internacional para seguir desarrollando las capacidades y la alfabetización digitales, para aprovechar los efectos positivos de la transformación digital, especialmente para las mujeres, niñas y personas en situación de vulnerabilidad.

Se reconoció la importancia de contrarrestar las campañas de desinformación, luchar contra las ciberamenazas y el ciberacoso y garantizar la seguridad de las infraestructuras de conectividad.

Los dirigentes consideran que la tecnología digital será la clave de la recuperación en varios sectores, ya que permitirá:

- Desarrollar sistemas alimentarios y una agricultura resilientes y sostenibles;
- generar puestos de trabajo dignos y sostenibles y desarrollar la capacidad humana;
- favorecer el comercio, la industrialización y las inversiones de carácter integrador;
- aumentar la productividad;
- liberar el potencial de la economía futura.

Recuperarnos juntos, recuperarnos más fuertes

Los dirigentes se han comprometido a mitigar las secuelas a largo plazo de la pandemia de la COVID-19 para favorecer un crecimiento fuerte, sostenible, equilibrado e integrador."[263]

Declaración de los dirigentes del G20 en Bali

---

[262] Ibidem.

[263] Ibidem.

Los líderes siguen decididos a mantener un planteamiento integrador, equitativo, sostenible y centrado en el ser humano, que dé lugar a una mayor justicia social, a empleos dignos y a una protección social accesible a todos. Tal planteamiento supone:

- Apoyar a todos los países vulnerables;
- incluir plenamente a los migrantes en los esfuerzos de recuperación;
- trabajar para la integración de las personas con discapacidad, las mujeres y los jóvenes.

Para finalizar la Cumbre, los dirigentes formularon la siguiente declaración conjunta.

"Nos reunimos en Bali (...) en un momento en el que se da una crisis pluridimensional sin precedentes. Hemos sufrido la devastación causada por la pandemia de COVID-19 y otros retos, como el cambio climático, que ha provocado una recesión económica, incrementado la pobreza, ralentizado la recuperación mundial y obstaculizado la consecución de los Objetivos de Desarrollo Sostenible".[264]

Por último, se tiene prevista para el año 2023, la 18.ª Cumbre de Jefes de Estado y de Gobierno del G20, la cual tendrá lugar los días 9 y 10 de septiembre de 2023 en Nueva Delhi. La Cumbre será la culminación de todos los procesos y reuniones del G20 realizados a lo largo del año entre ministros, altos funcionarios y la sociedad civil. Se adoptará una Declaración de los Líderes del G20 al final de la Cumbre de Nueva Delhi, que establezca el compromiso de los líderes con las prioridades discutidas y acordadas durante las respectivas reuniones ministeriales y de grupos de trabajo.[265] La Cumbre del G-20 incluyó todos los temas señalados, con especial énfasis en el cambio climático, sin embargo, China es un poderoso país que ha sido subestimado.

Ahora bien, recomendamos el siguiente video titulado: *Exclusive* Documentary -*The Final War: The 100 year- Plot To Defeat America*. (*Documental Exclusivo La Guerra final: El Complot de 100 Años Para Derrotar a Estados Unidos*). Ha sido difundido por *The Epoch Times*:

---

[264] Ibidem.

[265] About G20 (s.f.). *G20*. https://www.g20.org/en/about-g20/#overview

Cumbre del G20, 15 y 16 de noviembre de 2022 (s.f.). Consejo Europeo, Consejo de la Unión Europea. https://www.consilium.europa.eu/es/meetings/international-summit/2022/11/15-16/

https://www.theepochtimes.com/the-final-war_4851409.html?utm_campaign=EET11232022&utm_source=News&utm_medium=email

[266]

C) Cumbre de la Unión Europea y la Asociación de Naciones de Asia Sudoriental (ASEN)

En diciembre de 2022, se llevó a cabo la Primera Cumbre de la Unión Europea y la Asociación de Naciones de Asia Sudoriental (ASEN, por sus siglas en inglés) en Kuala Lumpur, Malasia, donde participaron 27 países de la UE y 9 de los 10 dirigentes de la ASEAN.

La Cumbre tiene entre sus propósitos estrechar lazos económicos con los líderes europeos, así como debatir ámbitos de cooperación futura, como el comercio, las transiciones ecológica y digital y la sanidad.

La presidenta de la Comisión Europea, Ursula Von der Leyen, señaló que se tiene previsto comprometer 10,000 millones de euros de fondos públicos hasta 2027 en inversiones para proyectos de la ASEAN orientados a energías renovables y agricultura sostenible.

Los vínculos entre China y la UE han crecido de manera importante; sin embargo, se pretende ampliar los lazos comerciales más allá de los acuerdos de libre comercio con Singapur y Vietnam y de las negociaciones con Indonesia. También se espera que demuestren su compromiso con un orden internacional basado en reglas.

La UE está muy interesada en que se emita una declaración que califique la guerra de Ucrania como un acto de agresión por parte de Rusia. Por su parte, Singapur está imponiendo sanciones a Rusia, mientras que Laos, Tailandia y Vietnam se abstuvieron de votar en Naciones Unidas en el mes de octubre, para condenar la anexión rusa de regiones ucranianas.

---

[266] Documentaries (2022, 15 de noviembre). EXCLUSIVE DOCUMENTARY – The Final War: The 100-Year Plot to Defeat America. *The Poch Times*. https://www.theepochtimes.com/the-final-war_4851409.html?utm_campaign=EET11232022&utm_source=News&utm_medium=email

Los líderes del Grupo de los 20 (G20) acordaron en una reunión presidida por Indonesia, país de la ASEAN, el mes pasado, cuando "la mayoría de los miembros" condenaban la guerra.

Es probable que la declaración de la cumbre también haga un llamamiento a la calma en el mar de China meridional y aborde el golpe militar de febrero de 2021 en Myanmar y la inestabilidad en la península de Corea.[267]

---

[267] Philip Blenkinsop (2022, 14 de diciembre). La Unión Europea busca palabras firmes sobre Rusia en su primera cumbre con la ASEAN. *Yahoo! News.*

https://es-us.noticias.yahoo.com/ue-busca-palabras-firmes-rusia-090828605.html

CAPÍTULO IV.

REINVENTANDO EL FUTURO O EL VACÍO DEL PROGRESO

En este capítulo abordaremos algunos de los avances científicos y tecnológicos más importantes de los últimos tiempos; no obstante, también entraremos en la disyuntiva de cómo parece que, en la medida en que la tecnología avanza, también lo hace la deshumanización, la pobreza, la corrupción, la apatía, los riesgos de destrucción del planeta y la indiferencia de los seres humanos ante todos estos hechos.

a) La Partícula de Dios

Desde hace varios siglos, el universo ha sido un enigma para el hombre; con todo, lo ha estudiado tratando de descifrar y comprender cómo fue su origen y la posibilidad de encontrar nuevas formas de vida en otros planetas.

En este esfuerzo por saber de dónde venimos, se ha estudiado el comportamiento de las partículas elementales que hay en el espacio y tiempo. De esta manera, en 1964, Peter Higgs junto con otros científicos explicó el origen de la masa de las partículas elementales, a lo que se le llamó desde entonces Bosón de Higgs, que es la partícula que da masa a toda la materia.

Para estudiar y conocer más acerca del funcionamiento del universo se usan los llamados aceleradores de partícula. Actualmente, al más grande y poderoso se le conoce como el Gran Colisionador de Hadrones (LHC, por sus siglas en inglés) y se encuentra ubicado en la frontera franco-suiza, cerca de Ginebra. Esta construcción forma parte de uno de los nueve aceleradores de partículas del Centro Europeo para la Investigación Nuclear (CERN por sus siglas en inglés) y se ha puesto en funcionamiento por primera vez el 10 de septiembre de 2008.

El Gran Colisionador de Hadrones es el acelerador de partículas más grande y de mayor energía que existe y la máquina más grande construida por el ser humano en el mundo; se trata de un gran laboratorio de 27 kilómetros de diámetro donde se realizan choques de partículas que viajan a velocidades cercanas a la de la luz.

Algunos científicos cuestionan sobre los posibles peligros para la humanidad que puede generar el uso de un acelerador de partículas; basados en estas preocupaciones, podemos preguntarnos: ¿Puede poner en riesgo el planeta debido a la gran energía liberada dentro del acelerador?

Uno de los científicos que realizan esta crítica, el Dr. Martin John Rees OM, cosmólogo de la Universidad de Cambridge, relata en su libro "Sobre el futuro: perspectivas para la humanidad", los tres posibles escenarios catastróficos en los que un acelerador de partículas podría destruir la Tierra.

El primer escenario ocurriría, si durante su actividad, el acelerador generara un agujero negro que comenzara a tragarse todo alrededor; este terrible resultado llevaría a la destrucción del planeta en cuestión de minutos.

La segunda posibilidad podría acontecer si, a grandes velocidades, los quarks —que conforman las partículas como protones o electrones— se volvieran a ensamblar en otros objetos (otras partículas) densamente comprimidos. Este nuevo tipo de partículas elementales podría convertir todo lo que tocara en una nueva forma de materia y transformaría el planeta en una masa muy pequeña.

La tercera posibilidad resulta tan catastrófica que se tragaría el mismo espacio. Según explica Rees, el vacío podría volverse inestable ante la gran energía dentro del acelerador cuando chocan las partículas; esto podría desencadenar una "transición de fase" que rasgaría el tejido del espacio y provocaría no sólo la destrucción de la Tierra, sino de todo lo que se encuentra a su alrededor.

Sin embargo, también existen otros físicos que consideran estos riesgos como sucesos casi imposibles de ocurrir.

Por ejemplo, en el primer escenario, los científicos saben que, si bien en los aceleradores se generan microagujeros negros, estos no tienen posibilidad de crecer, pues duran la cien billonésima parte de un segundo.

En cuanto al segundo y tercer escenario, las colisiones de partículas ocurren a cada momento en la atmósfera por la radiación cósmica, y así ha sido durante miles de años y la tierra no se ha destruido.[268]

El mismo Reese acepta que estas posibilidades son ínfimas, pero también afirma que los científicos deben tenerlas presentes, ya que "la innovación suele ser peligrosa, pero si no asumimos los riesgos podemos estar renunciando a los beneficios". En su libro *"Our Last*

---

[268] Redacción EC (2022, 02 de febrero). ¿Un acelerador de partículas puede destruir la Tierra?. *El Comercio.*
https://elcomercio.pe/tecnologia/ciencias/destruir-tierra-acelerador-particulas-noticia-603422-noticia/

Hour: A Scientist's Warning", Rees señala que es necesaria una acción inmediata para prevenir algunas consecuencias del desarrollo científico y tecnológico. Advierte que los humanos pueden ser potencialmente responsables tanto de su propia desaparición como la del cosmos. Aunque parezca ciencia ficción, Rees señala los riesgos de virus letales en el aire como consecuencia del avance tecnológico: "nanomáquinas deshonestas" que se replicarían catastróficamente en los experimentos con aceleradores de partículas.

Así mismo, a fines de 2022, fue presentada en Estados Unidos, por la secretaria de Energía, Jennifer Granholm, la más importante hazaña científica del siglo XXI: a través de una reacción de fusión nuclear se produjo energía limpia de emisiones de carbono, barata y potencialmente inagotable.

El gran reto para generar energía mediante fusión es que la obtenida sea mayor que la invertida en el esfuerzo para provocar esa reacción atómica: en este caso, la ganancia es del 50%.

Este logro constituye un gran paso en el camino hacia la creación de una potencia ilimitada y sin emisiones de carbono. Se señaló que "este avance científico facilitará a Estados Unidos el mantenimiento de sus armas nucleares sin necesidad de realizar pruebas con esas armas. Ese fue el objetivo primordial por el que se construyó la Instalación Nacional de Ignición (NIF por sus siglas en inglés), que costó 3.500 millones de dólares (3.319 millones de euros)".[269]

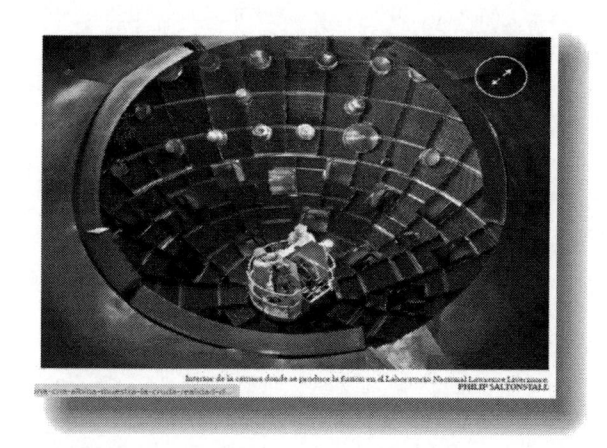

Granholm aseguró que este logro refuerza la seguridad nacional estadounidense "y nos acerca a la generación de energía sin coste de carbono. La ignición nos permite replicar por primera vez algunas de las condiciones que solo se encuentran en el Sol y las estrellas.

[269] Aline Espinosa Gutiérrez (2022, diciembre de 2022). Científicos de EUA anuncian avance histórico en fusión nuclear. *Once Noticias*. https://oncenoticias.digital/ciencia/cientificos-de-eua-anuncian-avance-historico-en-fusion-nuclear/200917/

Pero, ¿qué es una fusión y cómo se obtiene? De acuerdo con un artículo de El País, "la fusión se obtiene cuando dos núcleos se combinan para formar uno nuevo, en un proceso que se da de forma natural en el Sol y otras estrellas. Para lograrlo en la Tierra es necesario generar y mantener un plasma, un gas cuya altísima temperatura crea un entorno en el que los electrones se liberen de los núcleos atómicos. La energía se libera porque la masa del núcleo unido es menor que la masa de los protones y neutrones que lo componen; ese déficit se convierte en energía a través de la ecuación más famosa de la historia de la física, formulada por Einstein: $E=mc^2$."[270] En esta fórmula la Energía (E) es igual a la Masa (M) multiplicada por el cuadrado de la velocidad de la luz (C^2).

Como podemos apreciar, los avances científicos han dado grandes pasos en los últimos años; sin embargo, un mal uso o alguna mala intención, un error o un solo evento podría desencadenar una catástrofe de magnitudes inimaginables. Por ello, es necesario que exista una mayor regulación e inspección preventiva de todos estos avances, que, sin duda, forman parte no sólo del futuro, sino incluso de los sucesos que ocurren en la actualidad.

Por medio de la aceleración de partículas, ¿se comprobaría la creación del Universo y se negaría la existencia de Dios? o ¿sería una clara manera de creer, al entender cómo todo fue creado?
Una gota de materia negra equivaldría a miles de bombas nucleares y se presenta la pregunta inevitable: ¿Cuáles son los riesgos que corre la humanidad con este tipo de avances?
¿Con estos adelantos tecnológicos, el mundo realmente está avanzado o está dando pasos para atrás?

   a) Microchips en cabeza y mano

Hoy en día, los avances en el desarrollo de la tecnología son impresionantes; basta ver la rapidez con la que los dispositivos inteligentes, computadores y demás equipos se vuelven obsoletos. Los sistemas de información y comunicación, las instituciones bancarias, el sistema monetario y la compilación y guarda de datos personales hoy han asumido nuevos formatos incomprensibles para muchos.
La creación de códigos QR, códigos de barras o chips que contienen un sinnúmero de información —la cual puede ser leída por una computadora o un dispositivo móvil— resulta cada vez más común en el mundo.

---

[270] Iker Seisdedos (2022, 13 de diciembre). EE UU anuncia "un logro histórico" hacia la energía inagotable con la fusión nuclear. *El País*.

https://elpais.com/ciencia/2022-12-13/ee-uu-anuncia-un-logro-cientifico-historico-hacia-la-energia-inagotable-con-la-fusion-nuclear.html

De hecho, para facilitar el flujo y velocidad de los datos personales de sus empleados, muchas empresas utilizan en sus sistemas de información códigos de barras o QR, los cuales les permiten acceder a las fichas de identidad de las personas.

En este contexto de avances tecnológicos y desde una perspectiva futurista de la inteligencia artificial, el millonario Elon Musk, CEO de Tesla, fundador de Space X y Neuralink Corporation, ha buscado conectar la mente humana a una computadora a través de un microchip que se instala en el cerebro.

El *startup* estadounidense con sede en San Francisco, Neuralink Corporation, fundado en 2016, está especializado en neurotecnología para el desarrollo de interfaces cerebro-computadora implantables, también conocidos como Brain-Machine Interfaces o BMI.

Su objetivo está centrando en ayudar a las personas con lesiones cerebrales o problemas neurológicos a comunicarse más fácilmente a través de ordenadores controlados por la mente; de esta manera, ellos desarrollan la capacidad de escribir, mandar correos electrónicos, navegar en la web o, incluso, dibujar. Estas iniciativas también buscan contribuir en la cura de enfermedades como el Alzheimer y se centran en abrir la puerta a lo que Musk denomina "cognición súper humana".

El sensor de Neuralink, de aproximadamente 8 milímetros de diámetro, se instala en las áreas del cerebro que son responsables de las funciones motoras y sensoriales, con un robot que introduce más de 3.000 electrodos conectados a hilos flexibles y más finos que un cabello humano. El objetivo de este diminuto aparato consiste en monitorear la actividad de 1.000 neuronas y puede ser retirado en cualquier momento.

Musk declaró que las personas necesitan fundirse con la inteligencia artificial (IA) para evitar un escenario en el que ésta se convierta en algo tan poderoso que ponga en peligro a la raza humana.

A la fecha, se han realizado pruebas exitosas con cerdos y con un mono que fue capaz de controlar una computadora con su cerebro.[271]

En realidad, este avance tecnológico parece prometedor para las personas que han sufrido un daño neuronal, sin embargo, ¿dónde se encuentra el límite entre los beneficios de los avances científicos y los retrocesos que van deshumanizando poco a poco al hombre?, ¿qué

---

[271] Neuralink de Elon Musk: el último avance del multimillonario empresario en su plan de conectar nuestros cerebros a computadoras (2020, 29 de agosto). *BBC News Mundo*.
https://www.bbc.com/mundo/noticias-53955394

de toda esta impresionante tecnología será usada para controlar más cada vez a la humanidad?

¿Será posible conectar la mente del ser humano a una computadora? ¿Podremos a través de la neurotecnología archivar ideas y recuerdos para revisarlos una y otra vez como un archivo electrónico?

¿Se podrán intercambiar nuestros pensamientos con otros seres humanos a través de una computadora?
¿Podrán clonar nuestros cerebros, memoria o pensamientos?
¿Existe la posibilidad de hackear nuestros recuerdos y pensamientos?
¿Quién pierde y quién gana con todo lo que con lleva el uso de este chip?

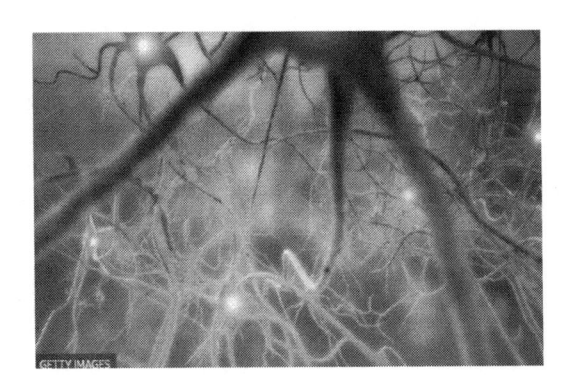

Por otra parte, el también multimillonario líder de la industria tecnológica en el mundo, Bill Gates, no considera que los teléfonos celulares vayan a seguir siendo parte de nuestras vidas por mucho tiempo; como parte de sus últimas inversiones, se encuentra en desarrollo una empresa de tatuajes electrónicos que transmitan información; de acuerdo con el fundador de Microsoft, estos mecanismos podrían tornarse en el remplazo de los celulares. En la actualidad, este producto solo se aplica con fines médicos, pero el objetivo del magnate es que, con el tiempo, sustituyan por completo a los teléfonos celulares.[272]

---

[272] Dile adiós a los celulares (2022, 11 de julio). *Radiza Digital.* https://radiza.com.mx/radiza2018/noticia.individual.php?id=117048

Por otra parte, y con el objetivo de que el gobierno en Suecia cuente con todos los datos e información de las personas, así como una estrategia para facilitar a los usuarios el acceso a sus datos personales, se ha implementado un microchip del tamaño de un grano de arroz que se instala en la mano y contiene información que evita llevar físicamente llaves, tarjetas de crédito, boletos de autobús o tren, entre otros datos. Los datos son leídos a través de lector y la información puede ser compartida por todas las instancias de la administración pública.

Un mecanismo similar se ha llevado a cabo en Estados Unidos, en el estado de Winsconsin, donde una empresa ha comenzado a implementar la inserción voluntaria de este chip en 50 empleados; el objetivo de la estrategia consiste en facilitar la obtención de sus datos personales, permitir la apertura de puertas, usar impresoras, y la realización de otras tareas. Según la empresa, la finalidad está centrada en simplificar tiempos y procesos para hacer la vida más práctica.

En Suecia, uno de los resultados del uso de este microchip ha sido una circulación menor de dinero en efectivo, cuyo uso ha comenzado a tornarse obsoleto; de la misma manera, las tarjetas de crédito o bancarias también han disminuido su uso, ya que todo lo que se compraba con ello ahora se adquiere a través de este chip.

Las personas —sobre todo los jóvenes— argumentan que realizar pagos con dinero en efectivo resulta obsoleto; además, consideran que usar efectivo los lleva a gastar más dinero, pues no se dan cuenta ni se limitan al usarlo. Sin embargo, un estudio de Drazen Prelec, del Instituto de Tecnología de Massachusetts, donde se investigó lo que pasa en el cerebro cuando tomamos la decisión de pagar en efectivo o con tarjeta, demostró que las personas gastan más dinero haciendo pagos sin contacto o digitales.
Lo anterior se debe a que, en la región del cerebro conocida "como insular, asociada con sentimientos desagradables como dolor, rechazo o disgusto, se detectó "dolor" asociado con

gastar dinero. El dolor no es físico, es ansiedad y aversión, y puede que no sea consciente, pero está ahí. Las tarjetas "anestesian" a las personas y eliminan el dolor del pago, por eso la gente compra más".[273]

La ausencia de servicios bancarios establecidos ha comenzado a disminuir en todo el mundo debido a la lentitud, tiempo y procedimientos requeridos para hacer transacciones o movimientos de dinero, además los avances tecnológicos aplicados al mundo del dinero tienden cada vez más a eliminar el uso del dinero en efectivo, lo que significa que en un futuro probablemente no existirán los bancos como los conocemos y solo habría una forma para realizar transacciones: las opciones con las que contamos ahora, como billetes y monedas, desaparecerían. Se dice que el 80% de los movimientos bancarios y comerciales se realizan de manera digital o electrónica, con lo cual las transacciones físicas probablemente desaparecerán.

Además, la eliminación del dinero en efectivo y de sucursales bancarias se ha visto acelerada por empresas como Google, Amazon y muchas más en todo el mundo, las cuales realizan transacciones online dentro de sus propias empresas o negocios. Así pues, estas tecnologías favorecen un aumento de personas que prefieren realizar sus pagos de forma digital.

Este nuevo mundo sin efectivo se está convirtiendo hoy en una realidad y se debe en gran parte al avance del desarrollo tecnológico, que permite, a través de dispositivos electrónicos, mover o transferir dinero prácticamente al momento. "Suecia y Dinamarca son pioneros en la reducción de pagos con efectivo; de hecho, Estocolmo está considerando tornar al país en una sociedad sin efectivo para 2030, ya que en 2016 apenas el 1% del valor de todos los pagos fue con dinero en efectivo."[274] En Corea del Sur tampoco circula dinero en efectivo.

Si la circulación y uso del dinero en efectivo se elimina, ¿quién controlará el dinero en ese futuro inmediato?, ¿quiénes se beneficiarán de ello?

Documental: Un mundo sin billetes ni monedas - El fin del dinero en efectivo.

https://www.youtube.com/watch?v=OwIy20e7VlM

---

[273] ¿Por qué los poderosos quieren un mundi sin dinero? (2017, 10 de diciembre). *BBC News Mundo*. https://www.bbc.com/mundo/noticias-42272362

[274] *Ibidem*.

[275]

Cuando se hacen pagos con dinero en efectivo, se hace una transacción directa en la que sólo se benefician dos partes. Pero si esta transacción es digital, hay un tercero que la administra y en ese espacio se genera dinero; esa es otra razón que ha motivado el aumento en las transacciones digitales.

Un ejemplo pionero de esto lo representa PayPal, quien, después de un año de su lanzamiento, contaba con 1 millón de usuarios. Esta plataforma comenzó cobrando una tarifa del 3% y, dos años más tarde, su crecimiento global se aceleró de manera tan precipitada, que en muy poco tiempo se convirtió en uno de los negocios más rentables del mundo. Eric Jackson, vicepresidente de marketing de la compañía, señaló: el negocio "se prendió como un reguero de pólvora. Recuerdo que la primera vez que llegó a un millón en una semana, fue muy emocionante. Y antes de que lo asimilaras, era un millón todos los días, y luego, un millón cada hora".[276]

Otro ejemplo de transacciones digitales a través de terceros se encuentra en las transferencias de dinero a través de proveedores de telefonía celular, o de páginas de internet que pertenecen a las empresas, como Amazon, Apple, Mercado Libre, J.D.com, Marketplace, etc.

Quizás vale la pena detenerse y pensar si realmente conviene esa economía sin dinero, antes de que se transforme en nuestra única alternativa para comprar o vender. ¿Podríamos hacer algo al respecto?

Pues, ¿qué sucede con los datos que quedan de cada uno de los pagos?, ¿qué hacen las empresas con todos los datos?

El espacio entre el comprador y el vendedor o entre el usuario y la compañía es un espacio lleno de datos, donde la información de cada persona se convierte en una nueva moneda de negocio.

---

[275] DW Documental (2018, 21 de noviembre). Un mundo sin billetes ni monedas – El fin del dinero en efectivo | DW Documental. *Youtube*. https://www.youtube.com/watch?v=OwIy20e7VIM

[276] ¿Por qué los poderosos quieren un mundo sin dinero? (2017, 10 de diciembre). *BBC News Mundo*. https://www.bbc.com/mundo/noticias-42272362

Fraudes electrónicos

Aunque resulta obligatoria la leyenda de protección de datos personales en prácticamente cualquier compra o pago digital, en "letras pequeñas" suele añadirse que la información puede usarse o compartirse con fines publicitarios, al margen de los servicios solicitados.

Las empresas registran el comportamiento de datos de los clientes y exploran con ellos nuevos modelos de negocios que ni siquiera imaginamos; de hecho, existen grandes recolectores de datos que poseen bases de datos gigantescas, como Facebook, Google, Amazon y PayPal, entre otros, y no sabemos a ciencia cierta el uso que se le puede dar a toda la información que compartimos.

A partir de toda la información que se recibe, se puede crear un perfil psicosocial de las personas, el cual puede ser monitoreado. Por ejemplo, en China, esta información se ha usado para observar y vigilar a los ciudadanos a favor del Estado, el cual se justifica con el hecho de brindar mejores y más modernos servicios a las personas; de esta manera, un gobierno puede sacar provecho del uso de nuevas tecnologías, aunque detrás de ello se encuentre el control de la gente y de las mismas naciones.
Basta ver los servicios de Google Maps brindados a través de satélites; con ellos se determinan no sólo los lugares o calles que solicitamos, sino incluso interiores de hogares, instalaciones y prácticamente cualquier lugar del mundo en el que nos encontramos.

El uso que las compañías pueden dar a esta información es interminable; por eso, los datos que conservan valen oro: Se trata de un registro completo de cómo gastas y vives tu vida. Esta es la era de *Big Data*, donde se generan algoritmos que analizan cada aspecto del comportamiento de las personas.

Un gigante de la tecnología "detectó una oportunidad que no se limita a aprovechar los datos de los clientes de una empresa en particular... ¿qué tal capturar los datos de la economía de todo un país y, eventualmente, de dos terceras partes de la población mundial?"[277]

El uso de datos sin autorización sucede cada vez con mayor frecuencia; el avance tecnológico y el uso cada día mayor de teléfonos inteligentes para realizar diversas operaciones donde se involucran datos personales han detonado una serie de fraudes que

---

[277] Ibidem.

crecen día a día de manera alarmante, y diversifican sus formas y técnicas para engañar a las personas.

A estos fraudes se les conoce con los nombres de *vishing* y *smishing*; a ellos también se une el *phishing* que se suma como parte de las estafas en línea.

Es muy importante conocer cómo son los mecanismos y procesos de extorsión y fraude para evitar ser víctima de la delincuencia cibernética.

El *phishing* se presenta cuando se suplanta la identidad ante una víctima, por ejemplo, al hacerse pasar por un banco o empresa. La forma más común de operar es hacer creer a la víctima que hay un error en su cuenta o un cargo no reconocido. De este modo, los delincuentes fingen ser empleados para obtener información confidencial de la víctima, como números de tarjetas, contraseñas, datos bancarios, etcétera; una vez que obtienen esta información, realizan compras, retiros en efectivo o transferencias, solicitan créditos o simplemente vacían las cuentas. También se usa para extorsionar o amenazar con hacer daño a familiares si no se deposita dinero en las cuentas que los estafadores indican.

En el *vishing*, por otra parte, también se presenta la suplantación de identidad. En este fraude, los delincuentes se hacen pasar por empleados y hablan con las víctimas para "aclarar" cargos no justificados en sus cuentas. El objetivo continúa siendo el mismo que en el *phishing*, pero en esta modalidad ellos fingen un supuesto acompañamiento de aclaración con el cliente por medio de una llamada telefónica hasta que obtienen sus datos y vacían sus cuentas.

Finalmente, el *smishing* se lleva a cabo a través de mensajes SMS o de WhatsApp, cuando los estafadores aseguran que el usuario ha ganado algún premio en efectivo, algún objeto o auto, u ofrecen oportunidades laborales para trabajar desde casa o con condiciones atractivas. A través de estas supuestas oportunidades buscan que las personas se enganchen y caigan en el fraude. Al dar clic en los enlaces que envían, existe la posibilidad de la descarga de un virus que permita el robo de información, o bien, la presentación de formularios que soliciten datos personales.

Estos fraudes son cada vez más comunes; sobre todo se defrauda a personas de la tercera edad o algunas que, en su desesperación por salvar a su familiar, obtener un empleo o evitar cargos que no realizaron, proporcionan información sin darse cuenta o envían depósitos para evitar represalias.

La policía cibernética sugiere lo siguiente para evitar este tipo de fraudes:

- Tener cuidado con la llegada de mensajes o correos masivos.
- Verificar imágenes falsas de bancos o empresas.
- No proporcionar ningún tipo de datos personales o de cuentas y mejor acudir a una sucursal bancaria.
- No abrir las ligas que envíen en los mensajes.
- No responder llamadas o mensajes de dudosa procedencia.
- En WhatsApp y mensajes de texto bloquear y reportar el numero o contacto.[278]

Con toda la información que se comparte en las transacciones digitales, se presentan inevitablemente las siguientes preguntas:
¿Cómo podríamos evitar el uso de los datos sin nuestro consentimiento?
¿Cómo lograremos evitar que los hackers que se apropien de los datos y de nuestro dinero?
¿Qué haríamos en casos de clonación de datos? Esto podría abrir una caja de Pandora, pues los estafadores tendrían la posibilidad de crear un clon del usuario.
¿Hasta dónde llevarán los avances tecnológicos para lograr el control de nuestras vidas?

c) Circuitos integrados: la lucha por su producción

"Hoy, estos semiconductores o chips están por todas partes: desde los aviones de combate de última generación hasta en un simple robot de cocina. […] Un motivo más que suficiente para que todos los ojos de las grandes potencias estén puestos en esta industria, y más concretamente en su producción. […]

Asia controla prácticamente la totalidad de la fabricación mundial de chips, llegando a aglutinar hasta un 80% con Corea del Sur y Taiwán como principales productores. […] Solo estos dos países suponen más del 70% de la producción a nivel global. Aquí, Taiwán domina el mercado sin discusión de la mano TSMC, empresa líder en el planeta con gran diferencia: controla por sí sola casi la mitad del mercado de chips avanzados.
Un dominio que inquieta, y mucho, en Estados Unidos. El gigante norteamericano, como el resto, depende en gran medida de Taiwán. La producción de estos dispositivos resulta imprescindible para la industria estadounidense e, incluso, para su seguridad nacional, si se tiene en cuenta de que hablamos de un componente que es clave para la industria militar. Es decir, que la economía y el ejército de la que es considerada como la mayor potencia mundial está en gran medida supeditada a una pequeña isla de poco más de 36.000 km², que ni siquiera es reconocida como un país independiente por la comunidad internacional.

---

[278] Cristina Páez (2022, 6 de noviembre). Vishing y smishing: así puedes identificar los nuevos fraudes telefónicos. *DN Data Noticias*. https://datanoticias.com/2022/11/06/vishing-y-smishing-nuevos-fraudes/

Y no queda ahí la situación, China reclama su soberanía, la tensión no para de incrementarse y Estados Unidos ya se ha posicionado públicamente como el gran aliado de Taiwán. Si China decide invadir finalmente la isla, EEUU enviará a sus tropas para defenderla, tal y como ha anunciado el presidente Joe Biden. Por otro lado, tampoco ayuda que Corea del Sur, el otro gran fabricante mundial, continúe formalmente en guerra con Corea del Norte.

Esta situación ha sido descrita por muchos expertos y políticos norteamericanos como una exposición crítica. Por ejemplo, el senador por Texas, John Cornyn, estima que perder el acceso a esa tecnología avanzada durante un año, le costaría a la economía norteamericana en torno a 3,2 puntos del PIB y millones de puestos de trabajo. Y eso en el mejor de los casos.

Por este motivo el Congreso de los Estados Unidos acaba de dar luz verde a la conocida como Ley Chips y Ciencia, que destina miles de millones de dólares a promover la fabricación en Estados Unidos."[279]

d) El Impacto del avance tecnológico y el Big Tech[280]

El avance de la tecnología es tal, que hoy en día el hombre no concibe sobrevivir sin los medios tecnológicos que hacen posible satisfacer las necesidades humanas. Este desarrollo ha traído avances que facilitan las actividades que realiza el hombre, pero el costo ha sido muy alto para la naturaleza, como se abordó en el Capítulo II de este libro.

Un artículo publicado en The New York Times sobre la era digital señala que "la educación digital es para los pobres y los estúpidos". El diario estadounidense indicó que "la digitalización actual está dirigida a la masa social más baja, clase media y pobres, mientras que la elite empieza a huir del mundo digital.

Describe cómo la clase alta de los Estados Unidos no sólo rechaza todos los servicios de la economía digital, sino también los teléfonos inteligentes, las compras en línea, las redes sociales y más. Las escuelas que utilizan dispositivos electrónicos también son evitadas por la elite formada por las familias más poderosas en Estados Unidos."[281]

---

[279] ¿Cómo Estados Unidos espera ganar la guerra de los chips? (2022, 27 de septiembre). *El País*. https://elpais.com/economia/si-lo-hubiera-sabido/2022-09-27/como-estados-unidos-espera-ganar-la-guerra-de-los-chips.html

[280] En este apartado se comparte gran parte de la información vertida en el artículo The New York Times: "La educación digital es para los pobres y los estúpidos" (2019, 10 de mayo). *Los Recursos Humanos*. https://www.losrecursoshumanos.com/the-new-york-times-la-educacion-digital-es-para-los-pobres-y-los-estupidos/; se trata de una interpretación libre del texto "The Digital Gap Between Rich and Poor Kids is Not What We Expected" (2018), publicado por Nellie Bowles en el diario neoyorquino, y añade algunos datos que no se presentan dentro del artículo original, pero que considero importantes para una reflexión sobre el tema del Big Tech.

Ponen como ejemplo lo que sucede en la exitosa serie Black Mirror, en el capítulo llamado "15 millones de méritos". donde se habla sobre un futuro no muy lejano en 2039, donde se predice el panorama de los esclavos digitales. La vida para ese futuro gira en torno a alcanzar 'progresos' en los cuales no hay lugar para la familia, el hogar y los sentimientos. Los protagonistas "viven en un mismo edificio comunitario, comen alimentos artificiales, productos fabricados a base de insectos y se pierden en el mundo virtual. Cada residente se reduce a una unidad de trabajo productiva. Es un mundo donde la mayoría trabaja arriba de una bicicleta estática para acumular méritos."

"Mientras muchos intelectuales pagados por las grandes compañías tecnológicas dicen que vivir en un mundo virtual es progresivo, distinguido y necesario, la mayor parte de esa elite lo rechaza. Quieren que sus hijos jueguen como ellos, con otros niños",[282] y que las escuelas de primer nivel sin ningún tipo de tecnología florezcan por todo el país. "La interacción humana real, la vida sin teléfonos durante el día se ha convertido en un símbolo de estatus social diferencial en Estados Unidos.

"Cuanto más ricos son, más gastan para desaparecer del mundo digital", asegura Milton Pedraza, consultor del Luxury Institute, quien asesora a las compañías sobre las costumbres de los más poderosos. Descubrió que los más ricos no sólo huyen del mundo digital, sino que gastan dinero en todo lo que promueva el contacto humano. "El hombre es cada vez más importante" dice Pedraza. "Las personas verdaderamente importantes no tienen la necesidad de estar conectadas todo el tiempo". […]

Mientras los privilegiados crecen en entornos con relaciones fluidas, los más pobres e ignorantes deben ceder sus datos personales a través de sus dispositivos; se analizan las selecciones más íntimas que realizan online, a cambio de recibir una gratificación emocional que no obtienen en el mundo real."[283]

Un estudio que contó con la participación de 11.000 niños investigó el desarrollo cerebral y mostraron que "aquellos que pasan más de 2 horas al día frente a una pantalla de algún dispositivo obtuvieron calificaciones más bajas en el colegio que otros que habían leído al menos un libro. El estudio asegura que los cerebros de ambos tipos de estudiantes son diferentes. La exposición regular a las pantallas adelgaza la corteza cerebral. En adultos un

---

[281] The New York Times: "La educación digital es para los pobres y los estúpidos" (2019, 10 de mayo). *Los Recursos Humanos*. https://www.losrecursoshumanos.com/the-new-york-times-la-educacion-digital-es-para-los-pobres-y-los-estupidos/

[282] Ibidem.

[283] Ibidem.

estudio encontró características afines entre quienes utilizan las pantallas continuamente y la depresión.

Las compañías tecnológicas presionaron en Estados Unidos para que las escuelas públicas tuvieran un ordenador por alumno y afirmaron que podrían prepararlos mejor para su futuro. La paradoja se da en que justamente los más altos directivos de las empresas tecnológicas de Palo Alto, California, se niegan a criar a sus hijos dentro del mundo digital.

La escuela primaria Waldorf de Silicon Valley, la más popular de la zona, promete volver a lo básico rediseñando los programas a partir de la educación clásica y eliminar todo rastro de tecnología digital.

Mientras los niños ricos crecen con menos tiempo con los aparatos y relaciones interpersonales reales, los niños pobres se vuelven cada vez más adictos al uso de aparatos tecnológicos."[284] Se busca volver a la manera tradicional con la que fuimos criados y educados en el pasado.

"Muchos psicólogos y neurobiólogos trabajan en compañías tecnológicas para lograr que los niños y jóvenes fijen los ojos y la mente en los dispositivos lo más rápido posible. "Las personas corren a las pantallas; es como encontrarse con comida chatarra", dice Jerry Turckle, profesora de Ciencias Sociales y Tecnología del MIT.
"Es una adicción y es más difícil renunciar a la comida chatarra cuando hay un único restaurante abierto en la ciudad". Evitar los dispositivos es mucho más difícil para los pobres y la clase media. En nuestra cultura el aislamiento se propagó como la pólvora en las últimas décadas. Han desaparecido numerosos lugares de reunión y estructuras sociales tradicionales. Entonces los dispositivos tecnológicos llenan un vacío crucial, agregan los periodistas estadounidenses en el artículo.

La élite evita que sus hijos accedan a la tecnología "y todos saben en la empresa que comprando los productos de la empresa la gente se vuelve cada vez más estúpida", dice el artículo. Por esto mantienen a sus hijos alejados de las innovaciones tecnológicas, van ellos mismos a las tiendas a comprar, rechazan las compras online, prefieren ir a los médicos y no usar la asistencia remota, ir a restaurantes y no pedir comida a domicilio por internet. [...] Las escuelas de pobres y clase media tiran a la basura los libros y las llenan de dispositivos tecnológicos; ahora existen aulas con niños en silencio frente a una pantalla.

Volvemos al capítulo de Black Mirror, que muestra a personas talentosas viviendo en condiciones espartanas en 2039. Son los niños que tienen hoy entre 5 y 10 años. Son ellos

---

[284] Ibidem.

los pobres educados con dispositivos únicamente quienes se convertirán en la fuerza laboral del futuro digitalizado, serán los esclavos de aquellos que hoy son educados en escuelas clásicas, tradicionales que valoran los lazos humanos y reciben tratamientos en hospitales con médicos atentos y amables. Son los esclavos de la postmodernidad que se conformarán con refugio, alimento básico y vestimenta igual para todos. En lugar de cadenas y grilletes tendrán un número de identificación y en lugar de contar con policías para seguridad, un asesor virtual de inteligencia artificial."[285]

En relación con lo señalado y en el contexto de la esclavitud digital, llama la atención el crecimiento e impacto actual que ha tenido el *Big Tech*, un grupo conformado por las empresas más grandes y dominantes en la industria de tecnologías de la información en los Estados Unidos; éstas son: Google, Amazon, Apple, Facebook y Microsoft.

Estas grandes empresas tomaron relevancia social en 2013, cuando empezaron a tener dominio público y luego, en 2017, tomaron mayor relevancia cuando se originó una investigación sobre la posible interferencia rusa en las elecciones presidenciales de los Estados Unidos de 2016, a partir de los roles y acceso de estas empresas en gran cantidad de datos de usuarios, conocido como *Big Data*.

Su capacidad de influir en los usuarios y la revisión del Congreso de los Estados Unidos para regularlas influyó para que se fusionaran como grandes y dominantes consorcios en lo que se conoce como *Big Tech*.

Este grupo de empresas ofrece servicios a millones de usuarios en todo el mundo, lo que les permite influir en el comportamiento y control de información de las personas, en cambios sociales importantes a través de su dominio y en el papel de las actividades en línea; por la gran influencia que poseen, se ha cuestionado mucho el impacto de estas empresas en la vida privada, la libertad de expresión, la censura y la seguridad, entre otros temas; incluso se ha especulado que quizá no sea posible pasar un día fuera del uso del mundo digital que ofrecen estas compañías, todo esto, sin olvidar que se trata de las corporaciones más valiosas del mundo por sus ingresos y capitalización en el mercado.

La increíble idea de que el internet se convirtiera en un oligopolio, la libertad de autorregulación debido a la dificultad de políticos y autoridades para comprender los problemas del software, así como la desregulación financiera con grandes márgenes de ganancias y el globalismo, hicieron que estas empresas crecieran rápidamente y tomaran gran fuerza y poder, además de que los servicios en línea ofrecidos no los responsabilizaban de los contenidos generados por los usuarios, lo que les brindó un refugio seguro.

---

[285] Ibidem.

En los tiempos actuales, el desarrollo tecnológico está privatizando y apoderándose del verdadero poder económico y político, y se ha convertido rápidamente en un Leviatán, que decide quiénes tienen voz y viabilidad política y quiénes no; así mismo, la asimetría de los ciudadanos contra los que administran y manejan estas tecnologías es abismal. Determina, además, las democracias y moldea la realidad con la información y la desinformación, e incluso con la censura o libertad de elección, la cual requiere acceso a la información.

Basta con recordar el punto de quiebre que hubo cuando la cuenta de Twitter del entonces presidente de los Estados Unidos, Donald Trump, fue bloqueada el 6 de enero de 2021 con el propósito de detener las declaraciones que provocaron la violencia contra el Capitolio ese día.
Luego de 36 horas de este hecho, Twitter cerró de manera definitiva la cuenta de Trump, con lo que desconectó al presidente de la plataforma que había usado para comunicarse de manera libre, no sólo con sus más de 88 millones de seguidores, sino con el mundo entero.[286]

Esta decisión fue una manifestación que trajo de inmediato — de acuerdo con diversas opiniones — acusaciones y críticas acerca del poder que tiene la industria tecnológica, o el llamado *Big Tech*, sobre el discurso político. Es un hecho que, en estos tiempos de cambio, el desarrollo tecnológico no puede ser obviado de la escena política y económica en todo el mundo.

Asimismo, la vigilancia a nivel mundial ha afectado a millones de personas, y es que el control del desarrollo tecnológico cada vez mayor por parte del *Big Tech* y otros actores se ha convertido en una especie de instrumento panóptico, que no sólo desnuda la vida y secretos más escondidos de los gobiernos, políticos, empresarios, sino de la sociedad en general.

Recordemos el caso de Edward Snowden, un consultor tecnológico estadounidense y naturalizado ruso, ex-colaborador de la Agencia de Seguridad Nacional (NSA por sus siglas en inglés) y la Agencia Central de Inteligencia (CIA por sus siglas en inglés) de los Estados Unidos, quien filtró y difundió de manera ilegal miles de documentos clasificados, como secretos o archivos de alta seguridad del gobierno de los Estados Unidos, donde se revelaban asuntos muy delicados de dicho país con la política interna y con el resto del mundo, así como secretos de otros países, como Canadá, Australia, Nueva Zelanda y Reino Unido, entre otros.

---

[286] Cogner, Kate y Issac Mike (2021, 18 de enero). Twitter bloqueó a Trump: así se tomó la decisión. *The New York Times*.
https://www.nytimes.com/es/2021/01/18/espanol/twitter-bloqueo-censura-trump.html

La información revelada por Snowden puso al descubierto la existencia de una compleja y enorme red de vínculos entre diversas agencias de inteligencia de varios países con el objetivo de expandir y consolidar una vigilancia globalizada. "Los informes sacaron a la luz la existencia de tratados secretos y otros acuerdos bilaterales para la transferencia masiva de metadatos, registros"[287] y diversos tipos de información.

Las revelaciones de Snowden dieron un giro a las dimensiones que tiene la recolección y uso de datos, ya que dejó claro los niveles tan profundos de los mecanismos de espionaje a que estamos expuestos todos los ciudadanos del mundo; resultó claro cómo se roban datos, cómo se almacenan y cómo se utilizan para sus propios fines sin que el afectado se entere de nada. Con ello, violan la privacidad de las personas señalada en el Artículo 8 de la Carta de Derechos Humanos de la ONU.

El uso de datos que se ha mencionado representa además una seria amenaza para la libertad de expresión y para la democracia. El avance de las tecnologías de la información facilita, además, el uso de conocimiento digitalizado que permite controlar el destino de la humanidad.

En una entrevista concedida desde su exilio en Rusia, Snowden explicó lo siguiente: "El mayor problema es la nueva tecnología de vigilancia masiva general, con la cual cada día los gobiernos recogen miles y miles de millones de datos que forman parte de la comunicación de personas inocentes".[288]

El robo mundial de datos revelado por Snowden parece ser la primera manifestación del inicio de una nueva era. Encaja perfectamente con los demás proyectos de la administración planteada por el Nuevo Orden Mundial.

El *Big Tech* ha tomado gran relevancia en el Nuevo Orden Mundial —como veremos en el siguiente capítulo de este libro— debido a que su posición dominante limita o elimina la competencia de otras empresas y manipula el discurso político de causas y candidatos; es decir, puede silenciar o promover ideas o principios, según convenga. Así mismo, limita la capacidad de los bancos e instituciones financieras para utilizar la tecnología de radiofrecuencia de campo cercano de los iPhone, además de permitir pagos mediante sus dispositivos.

---

[287] Revelaciones sobre la red de vigilancia mundial (2013-2015) (2023, 27 de mayo). *Wikipedia*. https://es.wikipedia.org/wiki/Revelaciones_sobre_la_red_de_vigilancia_mundial_(2013-2015)

[288] Elmar Altvater (2014, agosto). El control del futuro. Edward Snowden y la nueva era. *Nueva Sociedad*. https://nuso.org/articulo/el-control-del-futuro-edward-snowden-y-la-nueva-era/

A continuación, podrás encontrar un documental que aborda los engranajes de algunas de las empresas que conforman el *Big Tech*:
Google, Facebook, Amazon. El poder ilimitado de los consorcios digitales/DW Documental

https://www.youtube.com/watch?v=A3cGMNxRNJ0&t=5s

[289]

Sin duda, el mundo ha evolucionado de una manera vertiginosa en cuanto a comunicación tecnológica; de clave morse al telegrama, al teléfono, al internet, a la comunicación satelital en tiempo real, pero ¿hay esperanza de volver a lo simplemente humano?, ¿podrá el hombre volver a mirarse a los ojos y sólo conversar?, ¿disfrutar sólo con la mirada las maravillas del mundo que aún nos queda sin que medie un celular?

a) El metaverso y la inteligencia artificial

El metaverso consiste en un espacio virtual 3D en línea que conecta a los usuarios en todos los aspectos de sus vidas. Conectaría múltiples plataformas en una red similar al internet, que contendría diferentes sitios web accesibles a través de un solo navegador.

Si bien la idea de un metaverso alguna vez fue ficción, ahora podría ser una realidad, pero aún se encuentra en desarrollo; sin embargo, en la actualidad cuenta con grandes posibilidades de iniciar como un producto accesible al mundo.
Expertos en el tema consideran que para el año 2040 habrá 500 millones de usuarios y sin duda presentará grandes ventajas, pero también existirán peligros, como se muestra en el siguiente video.

¿Sabes qué es METAVERSO, sus peligros y sus ventajas?
ComputerHoy.com

https://www.youtube.com/watch?v=WSkNoh2v6UQ

---

[289] DW Documental (2022, 19 de mayo). Google, Facebook, Amazon – El poder ilimitado de los consorcios digitales | DW Documental. *Yotube.* https://www.youtube.com/watch?v=A3cGMNxRNJ0&t=5s

[290]

El metaverso estará impulsado por la realidad aumentada, y cada usuario tendrá la posibilidad de contar con un personaje o avatar. Por ejemplo, se puede tomar una reunión en tu oficina virtual a través de un visor de realidad virtual *Oculus*, terminar el trabajo y relajarte en un juego basado en *blockchain*,[291] para después administrar tu portafolio cripto y tus finanzas dentro del metaverso.

El metaverso es de uso común en muchos de los videojuegos virtuales existentes, como *Second Life* y *Fortnite*, o también forma parte de las herramientas de socialización laboral como *Gather.town*; el objetivo consiste en reunir múltiples elementos de nuestras vidas en mundos en línea. El videojuego *Roblox* presenta otro caso similar, pues alberga eventos virtuales, como conciertos y reuniones. Los jugadores no sólo interactúan en el juego, sino que también lo utilizan para llevar a cabo actividades y partes de sus vidas en el "ciberespacio". Por ejemplo, en el juego multijugador Fortnite, 12.3 millones de jugadores participaron en la gira musical virtual de Travis Scott a través de la plataforma.

"Además de admitir juegos o redes sociales, el metaverso combinará economías, identidad digital, gobernanza descentralizada y otras aplicaciones. Incluso hoy en día, la creación de usuarios y la propiedad de artículos valiosos y monedas ayudan a desarrollar un metaverso único y unido. Todas estas características brindan a la *blockchain* el potencial para impulsar esta tecnología futura.

Aunque no es obligatorio, las criptomonedas pueden ser ideales para un metaverso. Permiten crear una economía digital con diferentes tipos de tokens de utilidad y coleccionables virtuales (NFTs por sus siglas en inglés). El metaverso también se beneficiaría del uso de billeteras criptos, como *Trust Wallet* y MetaMask. Además, la tecnología *blockchain* puede proporcionar sistemas de gobernanza transparentes y confiables."

---

[290] ComputerHoy.com. ¿Sabes qué es METAVERSO, sus peligros y sus ventajas?. *Youtube*. https://www.youtube.com/watch?v=WSkNoh2v6UQ

[291] ¿Que es la blockchain y cómo funciona? (2023, 07 de julio). *Binance Academy*. https://academy.binance.com/es/articles/what-is-blockchain-and-how-does-it-work

Blockchain, y aplicaciones similares al metaverso, ya existen y brindan a las personas ingresos para vivir. *Axie Infinity* es un juego para ganar dinero (*play-to-earn*) que muchos usuarios juegan para aumentar sus ingresos. *SecondLive* y *Decentraland* son otros ejemplos de cómo mezclar con éxito el mundo de la *blockchain* y las aplicaciones de realidad virtual.

Cuando miramos hacia el futuro, los grandes gigantes tecnológicos están tratando de liderar el camino. Sin embargo, los aspectos descentralizados de la industria *blockchain* están permitiendo que los jugadores más pequeños también participen en el desarrollo del metaverso."[292]

Por su parte, el magnate Bill Gates pronosticó que nadie podrá escapar a la tecnología de la inteligencia artificial, es decir, a la simulación de la inteligencia humana en máquinas, lo que les brindará la capacidad de aprender, razonar, deducir, hacer predicciones, etc.; todo ello forma parte ya de un futuro cercano, lo cual implicaría una gran revolución tecnológica en el mundo.

Desde hace tiempo, Microsoft y otras grandes empresas han invertido recursos para el desarrollo de esta tecnología; muestra de ello son los teléfonos inteligentes, el análisis de datos por computadoras y otros equipos, las aplicaciones médicas, la optimización de rutinas y la tecnología de medición utilizada en el mundial de futbol de Qatar 2022, done se aplicó para determinar con una precisión milimétrica si hubo posición adelantada en una jugada.

---

[292] ¿Qué es el metaverso? (2023, 18 de julio). *Binance Academy*. https://academy.binance.com/es/articles/what-is-the-metaverse?utm_campaign=googleadsxacademy&utm_source=googleadwords_int&utm_medium=cpc&ref=HDYAHEES&gclid=Cj0KCQiAnsqdBhCGARIsAAyjYjQ56hgi9r9v4JxzX84YtL5TFyvJLWlzjv8uowIV4tEj8HKWior0m8oaAnjkEALw_wcB

En Línea con Bill Gates: La Inteligencia Artificial de Microsoft

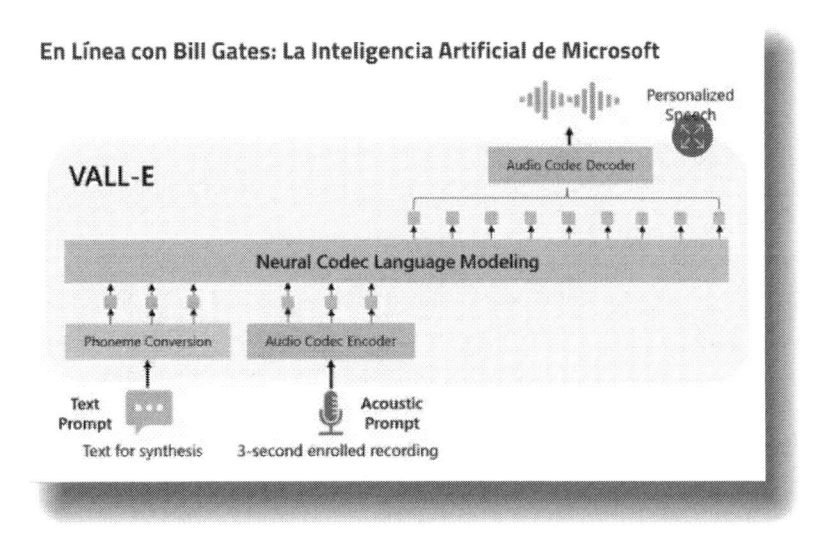

Dentro de los avances de la Inteligencia Artificial, Microsoft ha desarrollado una tecnología basada en el modelo de lenguaje VALL-E, en el que el sistema posee la capacidad de aprender e imitar cualquier voz tomando como ejemplo una grabación de tres segundos.

En este sentido, el *Chatbot* de Microsoft consiste en un programa informático que simula y procesa conversaciones humanas escritas u orales, lo que le permite a los humanos interactuar con dispositivos digitales tal y como si se estuvieran comunicándose con personas en la vida real.

Este software se utiliza para crear una interacción personalizada y brindar respuestas rápidas en áreas de la robótica, medicina y negocios.

En la siguiente liga se explica de manera más amplia los usos que posee el *Chatbot*:

https://www.youtube.com/watch?v=lCjoSvi4AYI

[293]

Otro ejemplo de la inteligencia artificial se presenta con el robot humanoide conocido como Sofía, que se puede apreciar en el siguiente enlace:
https://www.youtube.com/watch?v=cmwDygh3xGY

---

[293] ComputerHoy.com (2016, 27 de agosto). ¿Qué es Chatbot?. *Yotube*. https://www.youtube.com/watch?v=lCjoSvi4AYI

[294]

"El verdadero problema no es si las máquinas piensan, sino si los hombres lo hacen". BF SKINNER

¿El desarrollo científico y tecnológico podrán alcanzar el genuino beneficio de toda la raza humana?
¿A medida que avance el desarrollo tecnológico, qué clase de seres humanos seremos?
¿El avance tecnológico pone en riesgo el mundo tal y como lo conocemos?
¿Será el fin de una época y de la manera en que concebimos la realidad? ¿Podemos hacer algo frente a esta avanzada del mundo virtual, la inteligencia artificial y los nuevos mecanismos de interacción con la tecnología?

---

[294] Antena 3 (2019, 05 de julio). El robot humanoide Sofía, único en el mundo, llega al plató - El Hormiguero 3.0. *Youtube*. https://www.youtube.com/watch?v=cmwDygh3xGY

CAPÍTULO V.

REPLANTEANDO EL CONTROL: EL NUEVO ORDEN MUNDIAL O EL PRINCIPIO DEL FIN

a) El nuevo orden mundial: Principios y propósitos

El nuevo orden mundial (NOM) consiste en la implantación de un poder supranacional a través de organizaciones que han sido creadas al término de la Segunda Guerra Mundial, como la Unión Europea, el Fondo Monetario Internacional, el Banco Mundial y la ONU; estas organizaciones, con sus subdivisiones correspondientes, tienen como objetivo implantar una nueva humanidad, un único mundo, un único gobierno, una única religión y un único sistema económico dirigido por un reducido grupo de poderosos. A través de sus políticas, disposiciones y por medio de una agenda supranacional, buscan mantener un control en todos los ámbitos de la vida humana.

Sin embargo, para esta nueva construcción, es necesario eliminar o sustituir algunos obstáculos, como la familia, la densidad poblacional, la identidad, la cultura y la religión, así como cambiar las formas de pensar para sustituirlas con otras más aptas a sus propósitos, como el relativismo moral, laicismo, ideología de género y homosexualidad, aborto y eutanasia. El sentido de estas modificaciones consiste en "desprogramar" al ser humano con el fin de implantar un nuevo código de valores. Para llevar a cabo estos objetivos e implementar la agenda de cambios en educación, salud, comunicación, economía y religión, se busca eliminar los conceptos de la antigua civilización, es decir, la cultura cristiana y los valores que conlleva; únicamente de esta manera será posible implantar una nueva serie de valores que le permitan a la juventud entrar en esta realidad. A esta disposición y a los mecanismos para lograr estos cambios se les conoce como agenda global 2030, o agenda de Siglo 21. Las Naciones Unidas la han promovido y buscan que ésta se mantenga como la guía central.

"Para liquidar a los pueblos se empieza por privarlos de la memoria. Destruyen tus libros, tu cultura, tu historia. Y alguien escribe otros libros, da otra cultura, inventa otra historia; después, la gente comienza a olvidar lentamente lo que son y lo que fueron".
Milán Kundera

El Nuevo Orden Mundial se implementa a través de una transformación ideológica que permite desestabilizar los valores y actuales para luego sustituirlos.

La desestabilización de una nación se logra a través de cuatro procesos, según el periodista español Javier Villamor: Desestabilización, desmoralización, crisis y normalización.

Después de perturbar o desestabilizar a través de una situación o condición social, económica, política o de salud, comienza la fase de desmoralización, cuyo objetivo está centrado en enemistar a las personas y naciones: no existe nada más fácil que dominar y subyugar una población enfrentada entre sí; para destruir a esa parte de la población, no en sentido físico, sino en sentido psicológico, hay que atacar sus creencias, sus bases morales. Por ejemplo, la endofobia hacia la cultura cristiana, hacia un determinado grupo social, hacia una postura económica, social o política, todo ello, para que la población se confunda y, a partir de esta situación, se provoque una crisis que termine por fomentar una mentalidad de rebaño. De esta manera, la población se dirige poco a poco hacia un nuevo punto, hacia una mentalidad ajena que se convertirá en el estándar global.

De acuerdo con Javier Villamor, uno de los temas que más promoción tiene en la Agenda Global 2030 es el aborto. El aborto resulta un tema de la agenda estatal que se promociona como un derecho de las mujeres a decidir sobre su cuerpo, porque no resulta posible argumentarlo bajo la siguiente idea: "Ustedes van a dejar de tener hijos porque a nosotros nos interesan los recursos que ustedes tienen"; es decir, una situación como el aborto se convierte en un marketing político. Desde los años ochenta ha habido más de 1,400 millones de abortos en todo el mundo, sin considerar los que se realizan de manera clandestina debido a la prohibición en la legislación de muchos países.

Ahora bien, existen también otros temas de la Agenda 2030, como la ideología de género, una nueva política ambiental, el control reproductivo, etc. En realidad, se trata de políticas de Estado que se nos ofrecen de manera masiva como un marketing político, como un bien necesario. El objetivo sigue siendo el mismo: hacer que la gente lo acepte. ¿Por qué se toman estas decisiones? De acuerdo con Villamor, se trata de evitar una propaganda real, pues no desean obligarnos diciéndonos los verdaderos motivos: Dejar de tener hijos porque el crecimiento de la población a este ritmo es inaguantable para el mundo.

El discurso se vende como un bien necesario, es decir, si seguimos creciendo y sobrepoblando los países, vamos a destruir el planeta. Así mismo, si los países se desarrollan contribuyen al calentamiento global; para evitar enfrentarnos con una realidad como ésta, prefieren mantener el mismo discurso.

El NOM tiene como fin destruir las naciones que convenga y, para alcanzar este objetivo, se torna necesario eliminar la religión, porque constituye una vía de escape, una vía basada en códigos ético-morales que obstaculizan y evitan la manipulación y control mental de las personas, puesto que cuentan con principios contrarios a los códigos morales que se quieren implementar. Hay un objetivo fundamental en esta agenda: Crear una religión única, ya que las religiones tradicionales son un obstáculo para el desarrollo de esta ideología y para la consecución del poder político.

Villamor señala que "es necesario hacer caer la civilización cristiana para poder implantar una nueva civilización. El objetivo general cuando hablo de la humanidad es el control absoluto de la población, pero no sólo hablo de control policial, sino control de lo que se consume, de lo que se piensa, de lo que se educa, de lo que se ve; Soros, como uno de los principales promotores de este Nuevo Orden Mundial, lo dejó muy claro; se trata de "uno de los principales" o digamos, "una de las pocas caras visibles". Yo creo que si conocemos a Soros, es porque a Soros se le permite mostrarse. ¿Con esto qué quiero decir? Con eso yo digo que los verdaderamente poderosos están en la sombra; Soros trabaja en un lado social, quiero decir, en la sociedad civil. Es decir, es un experto en modificación de conciencias. Para eso trabaja la ventana de Overton, que es una herramienta que nos permite transformar lo imposible en un hecho factible y hay varias fases; obviamente, primero viene la propaganda, la ideología, para eso se crean y se financian Think Tanks, fundaciones, asociaciones, etc., que generen supuestos documentos científicos, oficiales, estudios, etcétera, para que después se hagan eco en los medios de comunicación.

Esos medios de comunicación llegan a las masas; las masas a base de repetición de estos estudios, de estos conceptos, estas ideologías, acaban aceptando como propias estas ideologías o pensamientos: sí aceptándolo, diciendo como algo que ya existe, y lo ven por todas partes, es algo que hay que aceptar".[295]

De hecho, resulta fundamental destacar que la persona que más dona al Partido Demócrata en Estados Unidos y contribuye a la erosión del sistema democrático es precisamente George Soros, quien durante muchos años ha financiado a candidatos que pueden desgastar el sistema penal y la seguridad pública en ese país.

Los puestos clave en los tribunales han sido ocupados por personas dispuestas a seguir y fortalecer la agenda globalista en las áreas de tráfico de drogas, ideología de género y delitos violentos.

Soros, por ejemplo, ha invertido más de 129 millones de dólares en elecciones legislativas que respaldan a candidatos demócratas en los Estados Unidos y ha financiado con más de 40 millones de dólares a candidatos y a fiscales que se autodenominan abolicionistas, que defienden la supresión de fondos destinados para la policía, la libertad anticipada para presos negros y la abolición de todas las cárceles del país.

La financiación de Soros de los candidatos demócratas al poder legislativo busca convertir la agenda globalista en la nueva religión de los Estados Unidos, de acuerdo con lo que el propio Joe Biden ha determinado como una lucha por el alma del pueblo americano.

b) Alcances del nuevo orden mundial: ¿Globalismo o patriotismo?

En el libro El Mundo Cambia*, el Dr. César Vidal señala que la sociedad actual tiene que ser explicada y entendida a partir de nuevas categorías acordes con lo que estamos viviendo. La guerra en el mundo hoy ya no es la guerra fría o la lucha por la carrera armamentista, hoy la disputa es el enfrentamiento entre los que están a favor del globalismo y los nacionalistas que pretenden conservar la soberanía de sus naciones.*[296]

En primer lugar, hay que enfatizar que la globalización no es lo mismo que globalismo. La globalización, por un lado, consiste en un proceso que promueve el desarrollo de las naciones a través de intercambio económico, financiero o tecnológico a nivel mundial, mientras que el globalismo, como ideología, considera que las naciones por sí mismas no tienen razón de ser y que, por ello, resulta necesario un nuevo orden mundial para garantizar un desarrollo pleno.

---

[295] César Vidal (2022, 1 noviembre). Soros, el mayor financiador económico del partido Demócrata. *La Voz*. https://cesarvidal.com/la-voz/editorial/editorial-soros-el-mayor-financiador-economico-del-partido-democrata-01-11-22

[296] Es posible ahondar más sobre el Nuevo Orden Mundial en https://www.cesarvidal.tv/.

En esta nueva comprensión del mundo, existe un paradigma que marca la política a seguir: Se trata de la agenda globalista, que todavía define las prioridades a nivel regional y mundial. Este proceso continúa su desarrollo porque las políticas de los Estados pierden sentido frente a las actividades globales; la pertinencia de un control estatal pierde efectividad y resulta obsoleta frente a las posturas y políticas globales. En efecto, ahora se avanza hacia un nuevo orden mundial, en el que existe una mayor fuerza y poder dentro de las entidades supranacionales, aunque no hayan sido elegidas de manera democrática.

Como parte de la agenda globalista 2030, se encuentran los siguientes Objetivos de Desarrollo Sostenible (ODS) de las Naciones Unidas, los cuales —señala la propia ONU— proporcionan una arquitectura para abordar los desafíos más graves que enfrenta el mundo.

De este modo, se presentan prioridades bien definidas y entidades políticas que sobrepasan la soberanía de países o naciones, puesto que aspiran a implementar políticas globales a nivel mundial y constituir un gobierno global. Esta idea de un Nuevo Orden Mundial (NOM) y la agenda globalista han sido acuñadas y defendidas por personas muy poderosas: por ejemplo, John Davison Rockefeller y George Soros, así como los últimos pontífices o papas católicos.

La agenda globalista busca solucionar lo que, dentro de sus postulados, las naciones son incapaces de resolver (más adelante profundizaremos en esto); es decir, el objetivo principal de esta postura consiste en dictar a las naciones lo que deben hacer o lo que necesitan, pero para ello es necesario alcanzar primero tres metas:

1) Reducir la población del planeta.

Este primer objetivo se presenta disfrazado bajo el argumento de una necesaria disminución de población en el mundo, porque los recursos naturales y materiales no resultan suficientes; se argumenta, por ejemplo, que no se puede crecer, que no hay un territorio para todos y el planeta no cuenta con la capacidad de albergar un crecimiento mayor de la población. Así pues, sostienen que un número tan grande de personas frena el desarrollo y que es necesario reducir la población.

En este sentido, la agenda globalista ha impulsado la legalización del aborto desde los años ochenta; durante esa época, hay un registro de más de 1.400 millones de abortos, esto si consideramos sólo los lugares donde era legal el aborto, pues no se contemplan los países conformados en los últimos años, los lugares donde el aborto fue legalizado en las últimas dos décadas ni las naciones donde todavía se encuentra fuera de la ley, como es el caso de países en África y en América.

En la estrategia para promover el aborto, se ha esgrimido la idea de la defensa de los derechos de la mujer; el argumento consiste en postular que el aborto está íntimamente vinculado con el derecho de la mujer en decidir sobre su propio cuerpo, sin embargo, no hay argumentos, científicos o médicos, que demuestren que no hay vida desde las primeras semanas y los derechos de las personas no nacidas no son tomados en cuenta.

La eutanasia, por otra parte, forma parte de los temas que se han impulsado para disminuir la población, y cada vez más países autorizan esa práctica dentro de sus leyes. De hecho, la pandemia por COVID-19 fue una situación que se aprovechó muy bien por algunos gobiernos, junto con las enfermedades crónicas, para implementar la muerte voluntaria, bajo el esquema de una "manera digna". La eutanasia consiste en una práctica que está cobrando importancia en la agenda globalista. En la actualidad, la realización de este procedimiento es legal en los siguientes países: Bélgica, Luxemburgo, Colombia, Canadá, Nueva Zelanda, España y Países Bajos, quienes fueron los primeros en aprobarla desde 2002.

Ahora bien, el tema de los derechos de las personas a elegir su género desde edades tempranas, la no discriminación y proliferación de matrimonios de parejas homosexuales, adopciones y renta de vientres, también se presentan como temas fundamentales dentro de esta agenda. Han colocado un énfasis importante en ellos, porque de esta manera se suspende la reproducción por medios naturales de la pareja y contienen la explosión demográfica.

A continuación, te compartimos un video que aborda estas disposiciones dentro de la ONU. "Alarmante: La ONU confiesa todo su plan y confirma que la agenda 2030 se impondrá por la fuerza"

https://www.youtube.com/watch?v=pAOJy9ey4rc

[297]

El Congreso de los Estados Unidos blindó la "Ley respecto al matrimonio" para proteger el matrimonio homosexual frente a una posible resolución en su contra por parte de la Suprema Corte de Justicia. Lo sorprendente ha sido que contaron con 39 votos republicanos y solo queda pendiente la firma del presidente Biden para su entrada en vigor (Fuente: Congreso Iberoamericano por la vida y la familia).[298]

2) Controlar la Economía Mundial

La agenda globalista persigue el control de la economía mundial a través de la obstaculización del progreso en los países pobres; argumenta que su desarrollo incrementará el calentamiento global e impide la obtención de préstamos a las naciones pobres para favorecer su crecimiento o un desarrollo estructural, como la obtención de agua potable y alfabetización o el término del hambre y la pobreza. La única manera para obtener apoyo económico por parte de las instituciones afines a la agenda globalista consiste en la implementación de políticas que mantengan su propia ideología, como la legalización del aborto, el control natal, el cambio de género, el matrimonio homosexual, etc. De este modo, el deudor se convierte en esclavo del que le prestó el dinero y adquiere una deuda impagable.

---

[297] Pablo Rosales (2022, 03 de octubre). Alarmante: La ONU confiesa todo su plan y confirma que la agenda 2030 se impondrá POR LA FUERZA. *Youtube*. https://www.youtube.com/watch?v=pAOJy9ey4rc

[298] Congreso Iberoamericano por la Vida y la Familia. Post. *Facebook*. https://www.facebook.com/congresoibervf/photos/a.199083193913288/1488857044935890/?type=3&paipv=0&eav=AfaE9B0Lvpe2VtVN965bHlp6MEtjyq4XmO410hkO0t-v9DvBxkbuVkImqH0cRcEHLuQ&_rdr

Asimismo, otro mecanismo del NOM está centrado en la eliminación del nacionalismo por medio de movimientos masivos de población. Por ello, grandes grupos de personas que migran de un lugar a otro desdibujan las fronteras entre los países; por ejemplo, los movimientos de África a Europa y entre los propios países europeos. Todo esto contribuye, sin duda, a la eliminación de la identidad, el arraigo y el patriotismo en las personas, lo que favorece el avance del NOM.

La eliminación de fronteras facilita la migración libre y descontrolada de las personas; el objetivo sigue siendo el mismo: desaparecer la cultura nacional, la identidad, los idiomas, costumbres y religión. Estos cambios favorecen la creación de un solo gobierno supranacional. Como hemos mencionado anteriormente, un ejemplo de esta situación se presenta con la inmigración africana y musulmana, que cuenta con diferentes culturas, costumbres y visión espiritual.

Cuando se consiga reducir la población, acabar con las culturas nacionales, y borrar la identidad y creencias de las personas, se podrá controlar la economía mundial de manera mucho más simple, ya que habrá un gran rebaño fácil de manejar.[299]

Quienes están detrás del NOM han financiado medios de comunicación, políticos e incluso organismos internacionales, como el Banco Mundial (BM), el Fondo Monetario Internacional (FMI), la Organización de Naciones Unidas (ONU), la Organización Mundial de la Salud (OMS), la Unión Europea o el *European Council on Foreign Relations* (ECFR).

Pero la respuesta a la pregunta de por qué se están llevando a cabo estos procesos es la siguiente: Porque la gestión de la paz, la salud o la economía mundial está guiada o dirigida por los poderosos que controlan las cosas y "saben" qué hacer; de acuerdo con sus planes e ideologías, los retos o problemas que enfrenta el mundo o diversos países superan en mucho la capacidad gestora de las naciones independientes entre sí. Esto implica ceder la soberanía de las decisiones de los países a estas entidades gubernamentales internacionales, y con ello impiden que los planteamientos distintos a las suyos circulen y tomen fuerza, ya que, sin duda, ganarían.

---

[299] Un Mundo que cambia. Globalismo vs patriotismo. (2020). Conversatorio de Miklos Lukacs a César Vidal. https://www.youtube.com/watch?v=ikm-to7l9zc. Si bien no aparece más en la plataforma, considero importante dejar la referencia para dejar sentada la aportación de César Vidal.

Una institución internacional que da ejemplo de este nuevo cambio se encuentra en la ONU, desde la crisis climática, hasta la COVID-19; a través de su secretario general, este organismo señaló: "los desafíos de nuestra era no respetan las fronteras nacionales – se trata de asuntos globales. Así que nuestra respuesta también debe ser global".[300]
Las Naciones Unidas han sido el experimento más audaz y visionario de la historia de la humanidad en términos de cooperación internacional, pero la organización no funciona bien de varias formas significativas. Está demasiado alejada de la gente. Le falta un compromiso profundo con la población mundial. La domina un puñado de países poderosos.

Basta recordar cómo la OMS ha sido fundamental en la implantación de la estrategia fallida de confinamiento mundial para enfrentar la pandemia del COVID-19 desde sus inicios en 2019, hasta la fecha. Es la primera vez en la historia que los ciudadanos de este planeta hemos visto que en todas las naciones se seguían los mismos pasos; según el organismo internacional, "los retos que nos plantean las pandemias del futuro superan por muchísimo la capacidad gestora de los estados independientes entre sí", es decir, como no hemos sabido gestionar la pandemia del Coronavirus, es necesario que cedamos más nuestra soberanía a estos entes supranacionales, ya que ellos saben realmente lo que nosotros tenemos que hacer.

3) *Implementar una sola religión o dogma en todo el planeta*

La conciencia nacional se opone al NOM y se encuentra vinculada a la religión y ésta, a su vez, a la identidad. Es por eso que el NOM está interesado en que las personas pierdan su identidad y cultura.

Se busca tener una sola religión dirigida por un solo pontífice, o una persona con una jerarquía similar; esto se logrará impulsando una agenda universal, con propuestas de unidad, amistad y convivencia entre todos los diferentes credos, como el catolicismo, el credo musulmán, el judaísmo, entre otros.

Adicionalmente, se logrará la integración de un solo credo infiltrando editoriales y seminarios teológicos con elementos de la agenda globalista, pero con la fachada de actualización, de modernidad y de ajuste a la nueva forma de vida, todo ello, encaminado a ser parte obligadamente del NOM.

La intención es ir avanzando hacia una biblia universal única, que no considere las enseñanzas en contra de la ideología de género. Por ejemplo, existen biblias de estudio para homosexuales, que suprimen los pasajes de la palabra donde se señala que las prácticas

---

[300] *Ibidem.*

homosexuales son incorrectas, y también se han difundido biblias que eliminan el tema del patriarcado y el aborto.

En cuanto a la creación de un solo dogma o religión, El Papa Francisco, actual líder de la Iglesia Católica, propone la creación de un gobierno mundial con poder ejecutivo: Una encíclica donde la solución para el hombre ya no es el arrepentimiento ni la conversión, sino un nuevo orden mundial que eduque a todos en la igualdad y la concordia. La solución para el hombre ya no es la Cruz de Cristo, sino la nueva cultura del encuentro y la solidaridad. Y deja de resultar importante cuál sea tu religión. Por eso la Encíclica Fratelli Tutti ha sido alabada por los enemigos del cristianismo, como los partidos de izquierda.

En la encíclica Fratelli Tutti, el Papa Francisco expone la necesidad de una autoridad mundial dotada de poder que esté por encima de los estados y que lleve adelante la agenda globalista. Propone una reforma de la ONU y del sistema económico para crear la familia de naciones, un nuevo ordenamiento mundial, jurídico, político y económico.

El Papa Francisco apoya la inmigración ilegal. Anima a que caigan todos los muros en las fronteras como los muros en el corazón humano. Sugiere que entre los cristianos no debe haber control de fronteras, sino brazos abiertos. Propone la desaparición de las fronteras en todo el mundo. Dice que la crisis de la COVID-19 ha mostrado la incapacidad de la humanidad de actuar conjuntamente, por eso necesitamos otra estructura mundial que sea fuerte y solidaria.

El Papa impulsa un gobierno mundial que se presente ahora como solidario, pero que sea autoritario e intolerante. En el capítulo 5, titulado "La mejor política", Francisco aborrece la economía del libre mercado. El sistema actual del liberalismo económico debe destruirse porque su objetivo no es ayudar al hombre, sino las ganancias.

Pide que los empresarios creen trabajo para las personas, pero no para su beneficio. El Papa Francisco dice que la ambición desenfrenada de dinero que impera hoy, ése es el estiércol del diablo. Las reglas económicas actuales no son buenas, pues no ayudan al desarrollo integral del hombre.

Ataca la propiedad privada. Dice que la propiedad debe estar al servicio de todos. Se necesitan nuevas instituciones. La política no debe estar al servicio de la economía, sino al servicio de los más necesitados. Francisco dice que las naciones occidentales que han prosperado con el capitalismo no deben ser tomadas como ejemplo, porque aumentó la riqueza, pero no la equidad.[301]

Esta visión ecuménica contribuye a la construcción del Nuevo Orden Mundial. Aquí el papa Francisco renuncia a algunas enseñanzas bíblicas para ser universalista y ser atractivo para un mayor número de personas; se trata de un manifiesto ideológico de Bergoglio, su profesión de fe masónica, así como un documento que muestra su posible interés en la candidatura a la presidencia de la religión universal, sierva del Nuevo Orden Mundial.

El Papa fortalece aquí los pilares del Nuevo Orden Mundial: un gobierno para todo el planeta que haga desaparecer las fronteras. Los gobiernos nacionales pierden su poder; comienzan la abolición de la propiedad privada, la pérdida de las entidades diferenciadas y se favorece la inmigración libre y sin control.

Bajo estas circunstancias, se abre la posibilidad de que el Papa pueda convertirse en el presidente de la religión mundial y, con ello, consiga el poder del Nuevo Orden Mundial.

Bajo este esquema globalista, se plantea una cultura e identidad supranacional a través de la eliminación o supresión de fronteras, motivada por los movimientos masivos de población. Con ello, se consolida la creación de un dogma común para el planeta a través de encuentros ecuménicos que conduzcan hacia el ejercicio de una sola religión para todo el mundo.

El mundo hoy

La tradicional y controversial brecha entre las generaciones es hoy una realidad con mucho mayores discrepancias, muy en especial en temas espirituales; nuevas ideas, nuevas tecnologías, nuevas agendas, ¿qué es?, ¿cómo se llama hoy?, ¿postmodernismo?, ¿nueva era?, ¿renovación?, ¿gran reseteo?, ¿nuevos valores?, ¿una nueva verdad?
Lo moderno es lo no binario, la tecnología y la salud, las practicas espiritistas para encontrar respuestas al gran vacío que ha producido la pérdidas de principios. Dicen los jóvenes que lo de hoy es la Nueva Era, la Madre Tierra, la comida sana, la bebida energética, el hermano sol y la hermana luna.
Pienso que el reto hoy es mucho mayor; todo eso es más engañoso y perverso, más malvado y maligno, más sutil y atractivo, más digerible y actualizado; esa nuevas ideas, filosofías y huecas sutilezas, según las tradiciones de los hombres, impactan a la juventud, primero porque son eso, nuevas; en segundo lugar, porque se llenan de moda y porque la mayoría las aceptan, las conversan, las difunden en redes sociales y las apropian. Lo "cool" hoy es lo renovable, reusable, restaurable. Desde luego, existen ideas buenas, otras excelentes; sin embargo, el problema radica en que en lugar de aumentar el saber, buscan

---

[301] Carta encíclica Fratelli Tutti del Santo Padre Franscisco sobre la fraternidad y la amistad social (s.f.). https://www.diocesisdeavila.com/wp-content/uploads/Resena-FRATELLI-TUTTI.pdf

destituirlo; de aquí proceden los nuevos principios y valores universales de salud, bienestar, respeto; pero encima de ellos, buscan sustituir la manera en que nos relacionamos con Dios; hoy hay quien ora en los alimentos dando gracias a la madre tierra, otros que se encomiendan a la tecnología y dependen de ella para su bienestar; incluso se presentan quienes deciden comer, beber, hablar y relacionarse según lo que resulta agradable, sano y ecológico y no te dañe psicológicamente, eso es lo correcto, lo adecuado, lo aceptable; lo *light* está de moda. Dieta *light*, moral *light*, principios *light*, relaciones *light*, vida espirtual *light*; enunciados como esos ostentan exagerados contraprincipios y contravalores.

A continuación, te compartimos videos que muestra un ejemplo de esta situación:

"El barrio zombie de Filadelfia, EU: Así viven estas personas."

https://www.youtube.com/watch?v=vRoTUiUESAc

[302]

Cracolandia, el mayor mercado de drogas a cielo abierto de Brasil

https://youtu.be/bE2w0mAUtYM

[303]

---

[302] El Imparcial TV (2022, 16 de agosto). El barrio zombie de Filadelfia, EU: Así viven estas personas. *Youtube*. https://www.youtube.com/watch?v=vRoTUiUESAc

[303] AGENCIA EFE (2022, 30 de marzo). Cracolandia, el mayor mercado de drogas a cielo abierto de Brasil. *Youtube*. https://www.youtube.com/watch?v=bE2w0mAUtYM

Así se vive en Cracolandia, la "tierra del crack" en Brasil, el mayor consumidor del mundo. Redacción, BBC Mundo 22 mayo 2017

https://www.bbc.com/mundo/noticias-america-latina-39997682.amp

En verdad nos estamos acabando el mundo; en unas cuantas décadas no será posible vivir más en este planeta.

Quizá es un pensamiento un tanto iluso o un sentimiento de autodefensa pero, ¡cómo anhelo que todo el desarrollo científico tecnológico pudiera ser usado para el bienestar de la humanidad, para preservar la vida en el planeta, para mejorar las relaciones interpersonales! ¡Ojalá que todo eso en su conjunto sea de beneficio a la humanidad entera!

Los avances científicos y tecnológicos del pasado reiteradamente han sido usados para el beneficio de unos cuantos; de hecho, han sido herramientas para usar al ser humano, para menospreciarlo y esclavizarlo. Denigran su persona, e incluso se han visto obligados a matar a otros seres humanos en las guerras o, en el mejor de los casos, han sido forzados a trabajar el máximo, por el mínimo salario posible; algunos han sufrido la esclavitud moderna de la trata de personas o han sido captados por el crimen organizado para cometer delitos y ser parte del deterioro acelerado de la humanidad.

Lo último que ha surgido y está tomando auge es el movimiento progresista como parte fundamental del globalismo, citado en varias ocasiones dentro de este compendio; los temas de justicia, igualdad, libertad e inclusión son sin duda valores necesarios a conservar, y que sin duda son exigibles desde su autodefinición como derechos, sin embargo, surgen dos cuestionamientos.
Primero: ¿Se debe luchar por ellos con más violencia? En virtud de ser una causa justa, ¿la agresión es el camino para encontrar soluciones?

Segundo: ¿Se debería llevar incluso a proponer contravalores que demeriten los principios fudamentales para implantar estos movimientos, e incluso amedrenten y amenacen de muerte a las personas si no los llevan a cabo?

[304] Así se vive en Cracolandia, la "tierra del crack" en Brasil, el mayor consumidor del mundo (2017, 22 de mayo). *BBC News Mundo*. https://www.bbc.com/mundo/noticias-america-latina-39997682.amp

Sin duda este movimiento de justicia en su definición se está convirtiendo en otra herramienta más para detener el crecimiento poblacional, reducir las posibilidades de desarrollo del individuo, limitar su libertad sin que lo sepa y llegar a tener control de su persona, sus intereses, sus aspiraciones y sus creencias.

MOVIMIENTO PROGRESISTA O MOVIMIENTO WOKE

El término "woke" se deriva de *wake up*, que en inglés significa "despertar"; se ha convertido en sinónimo de políticas de inclusión que abogan por temas como la igualdad racial y social, el feminismo, el movimiento LGBT, el uso de pronombres de género neutro, el multiculturalismo, el activismo ecológico o el aborto. A lo largo de las últimas décadas, ha sido usado para describir una amplia gama de ideas o movimientos relacionados con la justicia social, como el antirracismo en Estados Unidos, el feminismo interseccional, y los derechos de los transexuales, entre otros.

Se cree que el primer uso de la palabra tuvo lugar en la década de 1940 y entre las comunidades negras de Estados Unidos como un llamado al activismo sindical, según reconstruye Abas Mirzaei, de la Universidad Macquarie, en el sitio The Conversation.[305]

"Desde entonces "stay woke" (estar alerta) ha sido una expresión propia de las comunidades negras, y en 1965 Martin Luther King la usó en su discurso "Remaining Awake Through a Great Revolution" (Permanecer despierto a través de esta gran revolución), señala Mirzaei.

Pero la explosión en su uso se dio con el surgimiento del movimiento *Black Lives Matter* en 2013, tras la muerte de Trayvon Martin en Florida.

Traducido como "Las vidas de las personas negras importan", el movimiento *Black Lives Matter* nació como oposición a la violencia policial contra los negros en Estados Unidos y cobró fuerza en redes sociales.

La expresión "stay woke" comenzó entonces a ser usada en paralelo al surgimiento de Black Lives Matter, y luego lo trascendió: también se invocó en el marco del #MeToo, contra el acoso y el abuso sexual y en otros movimiento contra diferentes injusticias."[306]

---

[305] Abas Mirzaei (2019, 08 de septiembre). Where 'woke' came from and why marketers should think twice before jumping on the social activism bandwagon. The Conversation. https://theconversation.com/where-woke-came-from-and-why-marketers-should-think-twice-before-jumping-on-the-social-activism-bandwagon-122713

[306] ¿Qué es el movimiento Black Lives Matter y por qué se creó? (2020, 09 de junio). CNN Español.

La selección de futbol inglesa, se arrodilla antes de los partidos para denunciar el racismo, este es un ejemplo de una actividad woke.

Desde el punto de vista de la comunicación, se dice que "un texto, un guion, un discurso o una imagen son *woke* cuando son políticamente correctos e inclusivos. El objetivo, por tanto, del corrector Autowoke que propone Google (por el momento disponible solo en inglés), no sería otro que el de sugerir a quien escribe términos que integren a todos los individuos o grupos sociales, en sustitución de otros de los que se podría considerar que alimentan las diferencias.
Pero ¿por qué Elon Musk y otros colectivos estarían en contra de un objetivo tan loable? ¿Y por qué Neftlix, tras las duras críticas, habría despedido a más de un centenar de empleados dedicados en exclusiva a integrar la diversidad en sus películas y series?
Los críticos de lo *woke* afirman que nos hallamos ante un movimiento que coarta la libertad de expresión, que impone una línea moral que consideran una suerte de Gran Hermano o policía del pensamiento. Para ellos, lo *woke* coarta la creatividad de una expresión libre. Por el contrario, Google defiende que, a través de *Autowoke*, "el lenguaje inapropiado y potencialmente discriminatorio será denunciado, junto con sugerencias sobre cómo hacer la escritura más inclusiva y apropiada para la audiencia». ¿Quién tiene razón? ¿Necesitamos una herramienta que nos sugiera cómo expresarnos? ¿Deben existir cargos dedicados a asegurar lo inclusivo en aquellas empresas cuyo trabajo es crear contenidos? ¿Vamos hacia una línea única de pensamiento o es un avance social necesario?"[307] ¿Tú qué opinas?
En otras palabras, pretenden que las personas se conformen con la nueva cultura... El progresismo es su base fundamental o una definición global de la estrategia que hoy se está usando para crear caos, incertidumbre, soledad y, con ello, se busca implantar la propuesta

---

https://cnnespanol.cnn.com/2020/06/09/que-es-el-movimiento-black-lives-matter-y-por-que-se-creo/

[307] Lo "woke" o el movimiento que influye en la comunicación actual (s.f.). *Estudio de comunicación*. https://www.estudiodecomunicacion.com/2022/07/04/lo-woke-o-el-movimiento-que-influye-en-la-comunicacion-actual/

—insisto— engañosa y perversa de solución a todo conflicto: el globalismo, dirigido a seguir conformando el Nuevo Orden Mundial, del cual la humanidad entera, o al menos la gran mayoría, está decidiendo ser parte, sin conciencia, sin recursos, sin desarrollo, sin principios y valores propios, con una sola moneda, un solo gobierno supranacional, una sola religión obligatoria; según el diseño de tal atrocidad, la gran mentira que nos presenta consiste en que de esta manera llegaremos a ser felices.

Resulta muy recomendable este video que da un panorama global de todo lo falso, pervertido y engañoso que brinda el llamado erróneamente progresismo o cultura progresista:

La Cultura progresista o el movimiento woke: 20 preguntas para entender el progresismo. Daniel Nájar.

https://www.tiktok.com/@najardaniel/video/7240164829950905605

Pero la cultura progresista o agenda globalista tienen también opositores o enemigos que no están dispuestos a que se les diga lo que tienen que hacer desde afuera de sus gobiernos, por ejemplo, China y Rusia; estas dos grandes naciones son una clara oposición para el NOM.
En materia tecnológica, China va delante de Estados Unidos por lo menos cinco años; además, el potencial armamentista y financiero de China es muy importante, sin considerar la gran población que tiene respecto a cualquier país del mundo. El liderazgo tecnológico de China puede conseguir aliados, con lo que superaría los trabajos de inteligencia de los Estados Unidos.
Por su parte, Rusia, en sus reformas antiglobalistas, tiene la prohibición del homosexualismo; no hay ideología de cambio de género y los políticos tienen que ser rusos y haber vivido en el país por lo menos 15 años, lo cual arraiga el patriotismo y nacionalismo.
En el avance del globalismo, la lucha entre el patriotismo y el nacionalismo es fundamental, ya que los nacionalistas aman a su patria, pero odian a los otros al grado de colocarse por encima de ellos, mientras que los patriotas aman a su patria por encima de cualquier cosa y destacan todas las cosas positivas que tienen, pero sin odiar o ponerse encima de los demás.[308]

---

[308] Miklos Likacks (2020, 31 de julio). César Vidal: Globalismo vs Patriotismo/ Un mundo de cambia. *Youtube*:

El mundo avanzará en la dirección que establece la agenda del NOM; la unificación de un solo dogma se realiza a través de la educación y la política para las naciones, de tal manera que pronto tendremos un mundo muy diferente al que hemos conocido hasta ahora.

Entonces, ¿quién va a tener la hegemonía del planeta?

Tras conocer las estrategias, mecanismos y planes ideológicos que presentan el Nuevo Orden Mundial, cabe preguntarnos lo siguiente:

¿Qué podemos hacer frente a esta nueva postura mundial? ¿Realmente la supremacía del Nuevo Orden Mundial y el control total de la humanidad buscarán mejorar al mundo o dirigirán el planeta en beneficio de una muy pequeña élite mundial?

¿Por qué surgen grupos negacionistas?

¿El NOM, con la conformación de una sola moneda, una única religión y un solo gobierno, logrará la paz verdadera y la justicia social? ¿El desarrollo cultural, científico y tecnológico podrá alcanzar el genuino beneficio de toda la raza humana?

¿Eso será el fin de la vida como la conocemos? ¿Podemos hacer algo?

Y, por último, resta reflexionar en los siguientes elementos:

¿Por qué si los datos son tan alarmantes parece que nadie se alarma?

¿Qué hacemos ante las situaciones tan graves que ocurren en el mundo?

¿Cómo respondemos ante una época que presenta desafíos mundiales de control ideológico?

Entonces...

¿El corazón del ser humano podrá ser tan transformado que logre el exterminio de la brutal injusticia de la pobreza extrema?

¿Los lideres mundiales realmente podrán actuar con interés genuino por el bienestar de la población del mundo?

¿Será el nuevo Orden Mundial una verdadera respuesta a la necesidad de bienestar del mundo o su propósito es solo el control total en unas cuantas manos, mentes y corazones?

¿Podemos hacer algo?

¿Tendremos tiempo para reaccionar ante esta nueva situación?

Youtube.com/watch?v=ikm-To7L9zc

En seguida, y con el ánimo de destacar los aspectos más relevantes tratados en la esta primera sección del libro, presentamos un breve resumen.

POBLACIÓN MUNDIAL ACTUAL 8.025.045.203 /Mayo 2023

- Los países más poblados del mundo son China, India, Indonesia y Estados Unidos.
- El 75 % de la población vive en países plagados de altos niveles de criminalidad.
- Se prevé que entre 2030 y 2050 los efectos del cambio climático provocarán alrededor de 250,000 muertes adicionales cada año, debido a enfermedades como paludismo (60,000), diarrea (48,000), malnutrición (9,000) y estrés calórico (38,000).
- En 2021, 23 millones de niños no pudieron recibir tratamientos de inmunización básica.

GUERRAS

- En 2022, se reportaron 61 conflictos armados; en 2021, 62; en 2020, 60; y en 2019, 58.
- El conflicto armado más reciente entre Rusia y Ucrania inició el 24 de febrero de 2022. Éste podría desencadenar una guerra nuclear a nivel mundial entre Rusia y la OTAN, en caso de que Ucrania ingrese como miembro de dicho organismo.
- Rusia cuenta con 6,500 armas nucleares; Estados Unidos, con 6,200; Francia, con 300; China, con 290; Reino Unido, con 200; Pakistán, con 150; India con 140; Israel, con 90, y Corea del Norte, con 50.
- En total los países poseen 14, 000 bombas nucleares, que tienen poder suficiente para acabar con todo el planeta.
- Para Estados Unidos, Rusia es su mayor amenaza en el corto plazo, pero China es el desafío más importante hacia el futuro. El conflicto por Taiwán involucra especialmente el interés por los microchips, insumo clave para las industrias tecnológicas más avanzadas. Taiwán es el productor más destacado.

EXTERMINIOS MASIVOS

- En los últimos tiempos, hemos observado cómo el hombre se ha deshumanizado más que nunca. Uno de los hechos que más ha conmovido al mundo es el exterminio masivo de personas, causado sobre todo por jóvenes que, en solitario, arrebatan sin razón aparente la vida de personas, sin importar su edad, o si las conocen. Los hechos se han presentado principalmente en escuelas de Estados Unidos, donde de 2020 a 2022 se reportaron 1, 612 tiroteos.

- En los diversos atentados en Estados Unidos han fallecido 98 víctimas, entre las que se encuentran principalmente niños, jóvenes y profesores, cuya desgracia fue toparse en la mira de cada tirador motivado por odio, venganza o, simplemente, por el deseo de arrebatar la vida para después suicidarse o morir abatido por la policía.

TERRORISMO

- El terrorismo involucra delitos cometidos con el objetivo de intimidar a la población o persuadir a los gobiernos o a alguna organización internacional, para alcanzar objetivos políticos o sociales.

- El terrorismo no conoce fronteras, pero los actos terroristas que con más frecuencia y mayor magnitud se han presentado a lo largo de la historia son los siguientes:

Estambul, Turquía, donde hubo seis muertos y más de ochenta heridos; Boston, Massachusetts, Estados Unidos, donde murieron 3 personas y otras 282 resultaron heridas; Manhattan, Nueva York, Estados Unidos, donde murieron 2,976 personas y más de 6,000 sufrieron heridas en el llamado ataque a las torres gemelas; París, Francia, donde los ataques dejaron 137 muertes y más de 450 heridos; Jerusalem, Israel, donde hubo 7 muertos y 42 heridos; Londres, Inglaterra, donde los ataques con bomba dejaron 56 personas muertas y más de 90 heridos; Lockerbie, Escocia, donde hubo 270 muertos; Atocha, Madrid, España, donde las explosiones de trenes dejaron 191 muertos y más de 1,858 heridos; Beslán, Osetia, Rusia, donde el acto terrorista dejó un saldo final de más de 370 muertos (171 de ellos niños), unos 200 desaparecidos y cientos de heridos; Moscú, Rusia, donde el acto terrorista produjo la muerte de 163 y más de 100 heridos; Kuta, Bali en Indonesia, donde murieron 202 personas y 209 resultaron heridas, y Casablanca, Marruecos, donde murieron 45 personas.

SITUACIÓN DE NIÑAS Y NIÑOS

- Entre 2005 y 2020, sucedieron más de 266, 000 violaciones graves contra niñas y niños en situaciones de conflicto.
- 104,100 niños y niñas han sido asesinados o mutilados en situaciones de conflicto armado.
- Más de 93,000 menores han sido reclutados y utilizados por las partes en conflicto.
- Al menos 25,700 han sido secuestrados.
- Las partes en conflicto han violado, sometido al matrimonio forzoso, explotado sexualmente o cometido otras formas graves de violencia sexual contra al menos 14.200 niñas y niños.
- Los secuestros de niños y niñas atrapados en zonas de conflicto aumentaron en un 20% en 2021, lo que representa una media de 65 violaciones diarias contra niñas y niños.
- En 2020, los niños varones representaron el 73% de todas las víctimas infantiles: Reclutamiento y utilización (85% de varones), secuestro (76% de varones), asesinato y la mutilación (70% de varones).
- En 2020, las niñas son una cuarta parte (26%) de todas las víctimas menores, aunque en el caso de la violación y otras formas graves de violencia sexual la mayoría son niñas, en un 98%.

MUERTES A CAUSA DEL SER HUMANO

- Todos los años tienen lugar 25 millones de abortos inseguros.
- De los embarazos no planeados, el 61% termina en aborto. Existen 73 millones de abortos al año en todo el mundo.
- Cada año más de 700,000 personas se quitan la vida (una muerte cada 40 segundos).
- El suicidio es la tercera causa de muerte entre los jóvenes de 20 a 24 años en América. Las personas de 45 a 59 años tienen la tasa de suicidio más alta de la región, seguidas por las de 70 años o más.
- En México durante 2021, fallecieron 7,818 personas por lesiones autoinfligidas.
- En Bélgica, más de 27,000 personas han muerto a causa de la eutanasia desde que se legalizó hace más de 20 años.

- Los casos de personas asesinadas por su fe se registran de la siguiente manera: En 2020 fueron 2,983; en 2021 4,761; y en 2022, 5,898.
- Al 22 de marzo del 2023, la OMS reporta 197,335,477 enfermos de COVID-19 en todo el mundo, así como 3,176,662 muertes

TRATA DE PERSONAS

- El número de víctimas de trata de personas notificadas por los países por año pasó de menos de 20,000 en 2003, a alrededor de 49,000 en 2018.
- Las modalidades son: Explotación sexual (54%), trabajo forzoso (42%), otras formas de explotación (0,56%), matrimonio forzado (0,45%), extracción de órganos (0,03%), servicio militar forzoso (0,01%), y otras (10,46%).
- En explotación sexual, el género femenino tiene la proporción más alta; 65% en total, con un 46% de mujeres y un 19% de niñas.
- El 20% de víctimas de trata son hombres y un 15% de niños, usados en el 60% de los casos para el trabajo forzoso.
- Los principales sectores de trata con fines de trabajo forzoso son el empleo doméstico (30%), la construcción (16%), la agricultura (10%), las manufacturas (9%) y hotelería (8%).
- Las mayores ganancias se alcanzan en la industria del sexo, con más de US$99 mil millones al año.
- El trabajo infantil se presenta en todas las regiones del mundo con más de un 25%.

POBREZA EN EL MUNDO

- El 10% de la población en el mundo vive en pobreza extrema.
- En los últimos 50 años, la población humana se ha duplicado, la economía mundial se ha multiplicado casi cuatro veces, mientras que el comercio global lo ha hecho por 10; la suma de estos factores ha hecho crecer la demanda de energía y materiales, lo que contribuye al calentamiento global.
- África subsahariana alberga al 60% de todas las personas en situación de pobreza extrema: 389 millones; la tasa es cercana al 35%, la más alta del mundo.

- Más del 45% de personas en pobreza son menores de 18 años, y la tasa en las mujeres de 20 a 59 años es más alta que en los hombres en todos los países de América Latina.
- Además, la pobreza es considerablemente más alta en la población indígena o afrodescendiente.
- La desigualdad de ingresos y la desocupación proyectada para finales de 2022 representa un retroceso de 22 años, y afecta más a mujeres, para quienes la desocupación sube de 9,5% en 2019 a 11,6%.
- El porcentaje de jóvenes de 18 a 24 años que no estudia ni trabaja de forma remunerada aumentó de 22,3% en 2019 a 28,7% en 2020.
- En Estados Unidos, la pobreza afecta a 43 millones de ciudadanos, el doble que hace 50 años y más de 40 millones viven por debajo del umbral de la pobreza.
- En Estados Unidos, 6,300 personas sufren desalojo forzado, lo cual constituye la tasa de desalojo más alta con 3,000 al año.
- En el mismo país, durante los últimos años la población sin hogar aumentó de 33,000 a 55,000 personas.
- El número de niños sin hogar es de 1.5 millones.
- Estados Unidos tiene 552,830 *homeless*: El 89.7% tiene más de 24 años; el 3.2% supera los 62 años; el 20% son menores de edad, y, de ellos, el 42% se identifican como homosexuales. El 48% son blancos y el 52% pertenecen a otros grupos étnicos; el 13% son hispanos y el 61% son varones.
- Los estados con mayor número de personas sin hogar son Columbia, Nueva York, Hawái, Oregón y California; en esta última área, se ubica el 47%.
- El 40% de los *homeless* varones son veteranos de guerra y 8% de estos veteranos son mujeres.
- El 36.6% padecen algún tipo de discapacidad física que está relacionada con acciones de guerra previa; el 25%, algún tipo de enfermedad mental; el 38% sufre alcoholismo, y el 26% consume drogas.
- En México, 4 de cada 10 personas viven en situación de pobreza (43.9%).
- Durante 2020 en México, el 43.9% de la población se encontraba en pobreza multidimensional y el 8.5%, en pobreza multidimensional extrema.
- El 22% de la población europea está en riesgo de pobreza.

CAMBIO CLIMÁTICO

- Para 2030, la temperatura puede llegar a 1.6º centígrados y superar los 2 grados para fines de siglo.
- En los próximos 30 años, el nivel del mar habrá aumentado entre 10 y 14 pulgadas en la costa este de Estados Unidos; entre 14 y 18 pulgadas en el golfo de México; entre 4 y 8 pulgadas en la costa oeste; entre 8 y 10 pulgadas en el Caribe y en Alaska; y entre 6 y 8 pulgadas en Hawái.
- En 2050, el 22% de las grandes ciudades experimentarán altas temperaturas, inundaciones y sequías. Londres, a la orilla del río Támesis y otros afluentes, corre peligro de quedar bajo el agua.
- En 2022, el fuego consumió más de 300,000 hectáreas, y las reservas de agua disminuyeron su capacidad de 53% a 43% en los últimos diez años.
- Los incendios forestales aumentarán en un 50% a lo largo de este siglo. Estos aumentarán entre un 9% y un 14% para 2030, entre 20 y 33% para 2050 y entre 31 y 52% para 2100. En 2022 en España, se perdieron 60,000 hectáreas por incendios forestales.
- El 30% de los bosques a nivel mundial han desaparecido; el 20% se ha degradado y sólo el 15% permanece intacto.
- El planeta perdió cerca del 70% de su población de animales salvajes desde 1970.
- Las poblaciones de agua dulce muestran un descenso general del 83%. El Amazonas sufrió una disminución del 65%.
- Tres cuartas partes del medio ambiente terrestre y alrededor del 66% del medio ambiente marino se han alterado considerablemente y el 85% de la superficie de humedales se ha perdido.
- Cerca de un millón de especies animales y plantas están en peligro de extinción,
- En lo que respecta a la flora, una de cada diez especies se encuentra en peligro de extinción.
- Hay 200 millones de toneladas de desechos plásticos en el mar, cifra que se triplicará en 2040 y afectará al 88% de las especies marinas
- Se ha encontrado basura de plástico a 50 metros de profundidad en los océanos, donde ni siquiera entra la luz.
- El 9 % del plástico fabricado se ha reciclado, el 12 % se ha quemado, y el resto se ha arrojado a basureros.
- La atmósfera que rodea a la tierra se encuentra afectada por unos 21,000 fragmentos de desechos de más de 10 centímetros; 500,000 de uno y 10 centímetros de diámetro, y más de 100 millones de partículas de menos de un centímetro.
- La cantidad total de material que está dando vueltas alrededor de nuestro planeta supera las 7.600 toneladas.

SEQUÍA Y HAMBRUNA

- Se tienen registrados cerca de 1,298 conflictos relacionados con el agua en diferentes partes del mundo.
- En 2011, 250,000 personas murieron de hambre en Somalia.
- Los países con plantas desalinizadoras de agua son Arabia Saudí, Emiratos Árabes, Libia, Kuwait, Qatar, Israel, Australia, Estados Unidos, Japón y España.
- En 2018, 260,000 afganos se vieron forzados a huir de sus hogares a causa de la sequía.
- Para 2030, la disminución de los recursos de agua dulce (aproximadamente un 40%) generará una crisis mundial.

AVANCE TECNOLOGICO Y NUEVO ORDEN MUNDIAL

- Elon Musk, CEO de Tesla, fundador de *Space X* y *Neuralink Corporation*, ha buscado a través de ésta última conectar la mente humana a una computadora por medio de un microchip que se instala en el cerebro.
- Bill Gates creó una técnica que consigue aplicar tatuajes temporales; estos obtienen información de una persona y la envían a una computadora. En Suecia ya fueron implementados.
- Asia controla prácticamente la totalidad de la fabricación mundial de chips, y ha aglutinado hasta un 80%, con Corea del Sur y Taiwán como principales productores.
- Los propósitos principales del Nuevo Orden Mundial son la reducción de la población en todo el planeta, el control de la economía mundial y la Implementación de una sola religión o dogma en todo el mundo.

Rechazar y aún denostar la información es una persistente salida fácil; es más simple decir cosas como: "¡están exagerando!", "¡son derrotistas, amarillistas y mediocres!" Quizá sea más fácil dar la espalda a las realidades planteadas en esta investigación documental, negarlas o ignorarlas, pero sería hasta cierto punto irresponsable no reconocer que el planeta no puede durar más allá de unas cuantas décadas.

Estamos de acuerdo en que nuestras acciones podrían ser limitadas, o prácticamente nulas, comparadas con la dimensión de los problemas que nos aquejan como humanidad, pero podemos responsablemente cuidar lo que hacemos a nivel personal, contaminar lo menos posible, promover con familiares y amigos el bien común, el cuidado de los animales y la naturaleza, el respeto a las personas, la ayuda al prójimo; acciones responsables como esas sólo dilatarían la catástrofe mundial que todos, en alguna medida, hemos provocado y que está dejando sentir velozmente sus efectos.

Una opción adicional es leer la segunda sección de este libro; las respuestas que encontrarás serán útiles y esperanzadoras. Te invitamos a descubrirlas y compartirlas.

Made in the USA
Middletown, DE
09 November 2024